鸢飞鱼跃
民族学家的田野故事

色 音 宋小飞 主编

图书在版编目(CIP)数据

鸢飞鱼跃:民族学家的田野故事/色音,宋小飞主编.—北京:商务印书馆,2019
ISBN 978-7-100-17921-8

Ⅰ.①鸢… Ⅱ.①色…②宋… Ⅲ.①民族学—调查研究—中国 Ⅳ.①C955.2

中国版本图书馆CIP数据核字(2019)第250393号

权利保留,侵权必究。

鸢飞鱼跃:民族学家的田野故事
色 音 宋小飞 主编

商 务 印 书 馆 出 版
(北京王府井大街36号 邮政编码100710)
商 务 印 书 馆 发 行
北京顶佳世纪印刷有限公司印刷
ISBN 978-7-100-17921-8

2019年11月第1版   开本880×1230 1/32
2019年11月北京第1次印刷   印张10⅛
定价:38.00元

目录

001 序

第一部分　田野漫步

002 在东巴教圣地白地：1989～1991年田野考察拾零　杨福泉（云南省社会科学院、云南民族大学）

008 巴西森林深处土著居民夸鲁普节探访记　吴金光（国家民委）

012 探访加拿大第一民族保留地　彭雪芳（中国社会科学院）

019 我在故宫做田野　多丽梅（故宫博物院）

025 满族的安巴萨满　于洋（吉林师范大学）

029 丝绸之路上最完美的废墟：交河故城　古春霞（复旦大学）

033 一个人的行囊与他者的温情壮乡　凌晨（广西艺术学院）

039 记忆中的那道亮丽风景　高源（知识产权出版社）

043 那年夏秋，在阿克塞　徐文奇（南京大学）

048 文港：火与冰的记忆　刘爱华（江西师范大学）

054 心中的马缨花：记2012年昙华彝族插花节　翟羽西（北京市密云区第二中学）

060 湘西土家山歌王的传奇人生　梁聪聪（辽宁大学）

064　麻山苗族"吻若"　黄镇邦（贵州大学）
069　充满诗意的"辽中满族祭祀"　李泽鑫（辽宁大学）
074　我在家中做田野　魏　娜（辽宁大学）
080　满族萨满神鼓制作：长春市九台区其塔木镇刘家村瓜尔佳氏关云德田野调查　孔朝蓬　刘乃千（吉林大学）
087　舟山人是这样乔迁新居的　刘海琪（华侨大学）
090　庙会上的年轻人　杜　谆（天津工业大学）
095　羊拉的神山　窦　薇（云南农业大学）
105　在敖鲁古雅的一堂田野调查课　宋　莹（苏州大学）
110　旅游田野偶记：温情的搭载和尴尬的饭局　王佳果（中央民族大学）

第二部分　田野感悟

116　"清真"何处寻？　马斌斌（云南民族大学）
119　藏区古树：作为一种信仰的分与合　陈　昭（清华大学）
125　"互为他者性"的人类学田野调查　李文钢（贵州大学）
130　谁解鱼之乐　张　帆（四川大学）
134　"我"在田野中的身份问题　安丽哲（中国艺术研究院）
138　阳光总在风雨后　张　鑫（鄂尔多斯应用技术学院）
141　以子之矛陷子之盾，何如？　陈秋蓉（云南大学）
145　因心造境：联合国开发计划署中国少数民族青年和女性创业就业发展项目田野调查　郭　鹤（中央美术学院）

151 有亲情味的田野 纳 倩（云南民族大学）

155 我的桦皮船情结：纪念鄂伦春族民间工艺师郭洪强 方 征（中央民族大学）

159 田野路上的"见招拆招" 宋 丹（中国社会科学院研究生院）

163 民族村发展实践的文化反思 王 华（江南大学）

168 挖掘文化，热闹社会，快乐自己 刘文娟（山西大学）

第三部分 田野记事

172 新疆纪行：近距离的坎儿井文化体验 萧 放（北京师范大学）

175 诙谐幽默的老锅头 郭淑云（大连民族大学）

180 怀念"三家寨" 张 晓（华南师范大学）

187 废墟中的废墟：长城与长城脚下的村庄 康建国（内蒙古社会科学院）

193 古尔邦节小记 苏 林（安阳师范学院）

198 我的首次田野经历 萨敏娜（中央民族大学）

206 那些不能唱的与能唱的：保安族"花儿"记 宋 颖（中国社会科学院）

210 天津回族村落宗教文化掠影 王津捷（中国社会科学院研究生院）

220 绣花鞋垫：彝族的定情信物，我收到两双 李 赛（北京启行青年发展基金会）

224 四月南山漫花儿 卢芳芳（中国社会科学院）

234 午后的曼谷街头，时空是我的了　黄龙光（云南师范大学）

237 仫佬族依饭节小记　刘洁洁（广西师范大学）

241 牛郎官庄神人多　郭俊红（山西大学）

245 在希望的田野上　李文娟（辽宁大学）

250 岜沙行　张　池（四川农业大学）

256 难忘的边疆田野之夜　黄尚茂（广西民族师范学院）

259 诗酒江湖：大理白族自治州白族作家访谈纪实　张　歆（中央民族大学）

264 七步场村的豆腐文化旅游节　李　芳（云南师范大学）

269 师公丧场法事田野考察杂记　孙丰蕊（广西民族大学）

276 民族小学的笑声　杨　阳（北京市海淀教育书院）

280 斋月纪事　张治乾（宁夏吴忠市红寺堡区第三中学）

286 寺庙风韵　赵巍悦（西北民族大学）

291 占里：我所能想到的世外桃源　侯林英（中国艺术研究院研究生院）

298 非遗田野普查故事两则　王永年（哈尔滨市阿城区非物质文化遗产保护中心）

304 守护者　哈森其木格（内蒙古民族大学）

309　后　记

序

田野调查是民族学者的立身之本。民族志田野调查是民族学标志性的学科研究方法,自民族学学科产生以来,基于长期深入田野调查的经典民族志层出不穷。田野调查方法不仅限于民族学本身,还为人文社会科学诸多学科借鉴采用,愈加显示其重要性和活力。

民族学这门学科传入中国之后,自20世纪20年代末30年代初,中国民族学田野调查和实地研究蓬勃开展起来,为中华人民共和国成立后的民族学学科建设打下了坚实的田野调查基础。

1956～1964年,中国民族研究和民族工作中的一项重要任务就是开展全国性少数民族社会历史大调查。1956年在彭真同志亲自指导下,由全国人大民族委员会负责组织了内蒙古、新疆、西藏、四川、云南、贵州、广东、广西等8个少数民族社会历史调查组,要求在4～7年内基本弄清各少数民族社会形态和在各个发展阶段上的具体材料。在蒙古族、藏族、维吾尔族、壮族、傣族、彝族、黎族、景颇族、佤族、鄂伦春族等20个少数民族地区广泛开展调查研究工作。

1958年6月,全国人民代表大会民族委员会和中国科学院民族研究所联合召开了一次民族研究工作科学讨论会。根据党的指示,研究制定了对全国各少数民族普遍地进行社会历史调查工作,并在此基础上编写各少数民族的"简史""简志"和各民族

"自治地方概况"等三种民族问题丛书的具体规划。在历时8年的少数民族社会历史调查过程中,还收集了大量少数民族文物和民俗用品。

我们的前辈学者们给后人留下了珍贵的田野调查资料和精神财富,就像郝时远先生在《田野调查实录:民族调查回忆》前言里写的那样,"老一辈学人不仅给后人留下诸多献身事业的精神启示,而且也给后人留下诸多继续耕耘的工作线索"。他们的回忆录"充满思想感情、奋斗精神、治学态度和学术价值的无形财富,不仅应该留给后人,而且应该成为后人接续的阶梯。学人不仅应该为社会留下科学的成果,也应该为社会留下治学的经历","那一代学人可贵的艰苦奋斗、吃苦耐劳的敬业精神就是后人攀登学术高峰的动力,他们丰厚的学术积累是后人攀登学术高峰的阶梯,他们艰辛的田野实践是后人攀登学术高峰的起点"。

1978年十一届三中全会的召开,标志着中国的历史进入了改革开放的新时期。与之同步,中国的民族学也迎来了学科的新生与春天,学界同人在国内外积极开展了民族学田野调查,积累了丰富的田野经验。

我本人也是从改革开放初期开始进行田野调查的,并收集了大量有关北方少数民族萨满文化的第一手资料。由于萨满教没有固定的庙宇和宗教场所,因此正好看到萨满的宗教仪式并不容易。1998年7月,我专程去哲里木盟(今通辽市)科左中旗找远近闻名的色仁钦萨满,到他家之后才知道三天前他已被来自兴安盟的人请去了。我从他家人那里打听到详细的地址,并追随其后,到科右前旗才总算见到了他。在移动性较强的萨满教田野调查中高兴而去、扫兴而归的情况也不罕见,通过几次调查,我已认识到做萨满教之类的民间宗教的田野调查，没有一定的吃苦精神是不行的。正如有一位东北同行所说，调查萨满教是"又花钱又吃苦的差事"。

我所看到的萨满仪式中色仁钦萨满的祭天仪式比较完整。祭天仪式于1998年10月10日（农历九月九日）在色仁钦萨满家举行。这是一次家庭规模的小型祭天仪式，祭坛上摆放了色仁钦萨满的老师良月巫都干（女萨满）的相片和萨满的翁衮精灵以及七星宝剑等物。献牲仪式分两个阶段进行：第一阶段为"阿密敦术色额日古乎"（意为献活牲），第二阶段为"勃拉嘎森术色额日古乎"（意为献熟牲）。第一阶段较简短，有人将活绵羊牵到祭坛前面，萨满穿着日常服装将萨满鼓对着绵羊的头边敲边转，敲击片刻后在绵羊变得很温顺时萨满在绵羊脖子上踩一脚，这样做后绵羊自己爬起来，然后，其他帮忙的人把绵羊牵到外屋宰杀。第二阶段，将煮熟的整羊摆在供桌上，萨满穿好法衣站在供桌旁，对着祭坛击鼓，萨满的末子左手拿着斟满酒的酒盅，右手拿着用白布制成的哈达面向祭坛跪下。然后，主持萨满开始诵唱祭词，将祭天的目的和所供牺牲的特点等一一告诉神灵。

主持萨满的祭词首先从请神词开始，将萨满所供的祖先神、守护神和动物精灵等一一点名请下来，然后向他们祈祷并献牲，献牲时萨满要把所献牺牲的各种特征一一告诉神灵。色仁钦萨满的献牲歌词中唱道：

> 白白的绒毛
> 肥肥的肉
> 大大的羊头

宽宽的羊尾

明亮的两只眼睛
闪闪发光啊
两只眼睛的上面
有一双尖尖的耳朵

眼睛下面有鼻子
鼻子下面有嘴唇
嘴唇里面有牙齿
牙齿长在牙床上啊

红红的舌头
磨石一样光润
完整的全羊
献给祖先啊

喉咙长在脖子上
吃过的新鲜草
顺着食道咽下
喝的水从嗓门通过

穿法衣的萨满祈祷
屋主也在虔诚祷告
煮熟的供品献上来

祈求神灵保平安

数起骨头先说肩胛
肩胛旁边有肋骨啊
骨头数到三十六啊
两扇肋骨八对八呀
……
说完外部该说内脏
里面长着心与肝啊
连着心肝长着肺子
一对腰子长在两边
……
煮熟的全羊鲜又美
摆上供桌献天神啊
新鲜羊肉趁热吃好
请神降临享供品吧

屋主在真诚地祈祷
神衣萨满在敬请
各方天神请享用
保佑家族安宁繁昌！

在萨满诵唱祭词期间，萨满的末子一直跪在地上，把右手中的哈达蘸在左手中的酒盅里不断地往上洒奠。仪式结束时萨满还要唱一段《脱神衣歌》，并将请来的各路神灵一一送走。仪式结束后，萨满的长子跪在父亲面前敬一杯酒以表谢意，然后全家人和亲属聚集在一起同吃共享献牲所用羊肉。据色仁钦萨满介绍，按规矩，献牲所用羊肉当天必须吃完，如果吃不完的话就要拿到屋外埋掉，不能留到第二天。

看完仪式后，我觉得与其说它是祭天仪式不如说是一次祭祖仪式，或者说是祭天仪式和祭祖仪式合二为一更为确切。首先，在祭坛上供奉的是祖先萨满的像而不是天神像。其次，祭词中提到的神名既有天神的名字又有祖先神的名字。该仪式带有明显的强化家族观念和家族内部凝聚力的功能。

另外，色仁钦萨满的祭天仪式中藏传佛教的影响也较明显。祭坛上不仅供有祖先萨满的像，还供有十世班禅大师的像；萨满不仅穿着传统的萨满服，手上还带着喇嘛赠送的念珠；萨满所请的神灵中既有九十九腾格里等萨满教神，又有四天王、梵天等佛教神；萨满不仅向郝伯格泰等萨满祖先祈祷，还向达赖喇嘛、班禅额尔德尼以及雍和宫等佛教寺庙祈祷。这些都表明蒙古族萨满教中吸受了不少藏传佛教的因素。

改革开放后，我国与国外的交流互动日益频繁，民族学界也逐步和国外学术界建立了联系。有些学者不仅在国内做民族学的田野调查，还走出国门进行海外民族志调查。我们主编的《鸢飞鱼跃：民族学家的田野故事》主要选编了改革开放40年以来大陆民族学者的田野感悟和调研随笔，希望读者们通过书中的文章能够了解到近40年来中国民族学界同人的田野调查足迹以及相关民族志作品的来龙去脉。

2018年是改革开放40周年，今年是中华人民共和国成立70周年。2019年1月11日，中共中央总书记、国家主席、中央军委主席习近平在中国共产党第十九届中央纪律检查委员会第三次全体会议上发表重要讲话，并强调："确保党的十九大精神和党中央重大决策部署坚决贯彻落实到位，以优异成绩庆祝中华人民共和国成立70周年。"我们民族学界的同人也要以优异成绩庆祝中华人民共和国民族学学科繁荣发展七十年！

色 音

2019年1月28日

田野就是不停地相遇与再见……
——宋小飞

第一部分

田野漫步

在东巴教圣地白地：
1989～1991年田野考察拾零

杨福泉（云南省社会科学院、云南民族大学）

一些分布在滇西北纳西族地区的"圣迹"和"圣地"无言地向人们讲述着东巴教的漫漫历程和它昔日繁荣辉煌的年月，今天不少纳西人还在这闪烁着先哲灵智之光的圣迹灵洞中经受精神的洗礼，献上一片虔诚的心灵。

云南中甸县（今香格里拉市）三坝乡的白地村是一个远近闻名的东巴教圣地。之所以称为圣地，是因为东巴教最初的繁荣是从这个区域开始的。相传东巴教祖师东巴什罗首先是在白地的白水台传教，东巴们认为是东巴教第二祖师的阿明什罗出生在白地水甲村。纳西俗语说："不到过白地，不算大东巴。"过去，各地的东巴都要争取来白地拜谒白水台和阿明灵洞。位于哈巴雪山山麓和金沙江湾地带的这个纳西山乡，弥漫着一层神圣的灵光。我多次到这里做田野调查，现将1989年和1991年所见的片段记录在此，30年前的这些片段，对如今我们进一步在这一地区进行跟踪调研会有一些意义。

拜石壁求子祈福

在白地，老东巴久嘎吉告诉了我这个故事。相传东巴教祖师东巴什罗与藏传佛教高僧米拉日巴在西藏冈底斯山斗法，能乘日光飞升的米拉日巴斗败了能骑鼓飞行的东巴什罗。米拉日巴得胜，按两人的约定，可以坐镇居那什罗神山。东巴什罗说："你现在已得智者宝座，我没有地方住了，你为我指引一个去处吧。"于是米拉日巴手抓居那什罗神山顶的一把雪，撒向远方，说："雪落何处，那里就是你的安身立命之处。"这一把雪刚好在农历二月初八落在白地（一说落在玉龙山），形成了玉洁冰清的白水台。东巴什罗飘然来到此处，收徒授经，传播弘扬东巴教。他也熟谙种庄稼之道，因此把白水台开辟成梯田形状，叫当地人仿效其状开垦梯田种庄稼，白地多肥沃的梯田，即有此来历。后世一年一度盛大的"二月八白水台会"也由此产生。相传本教巫师能骑鼓游行虚空，东巴什罗骑鼓飞行正反映了传说中本教徒的这一特点。纳西族的本土宗教与古老的本教结合，形成了东巴教这种独特的民族宗教。

除了东巴所说的白水台有男性神之外，民间还有白水台上有女性神之说。白水台上有一堵巨大的石壁，状如一个妇女的腹部，石壁底部有一个形似女阴的裂口，里面有水。远近的妇女常来这里烧香求子，因此裂口周围被熏成黑色。人们认为这是能赐子赐福的白水台女神的象征。除了求子的妇女，男子也在这里祭拜求福。当地老人告诉我，按规矩，拜者默默祷告后，要以额头碰这石壁三次。白水台不仅是纳西族的朝圣之所，也是附近藏族、彝族民众虔诚祭拜的神圣所在，每年阴历二月初八，藏族和彝族民众都来祭拜白水台，藏族民众的祭拜之态最诚，即使下着雨，也要向白水台磕五体投地的等身长头。

占卜赶鬼驱病痛

1989年我去白地时，白地的东巴教和过去相比十分衰落，所剩不多的东巴们手头的经书寥寥无几，各种重大的东巴教仪式已经销声匿迹，各地的东巴络绎不绝地来朝圣和学习的往事已如烟消逝，再难寻觅当年"东巴教圣地"的风采。但当地东巴们的占卜之术在方圆几百里的纳西族、藏族、彝族、汉族等民众中还深有影响，来白地求卜者络绎不绝。我在久嘎吉家中，半天就碰到三起来求他占卜的人。上午十点左右，本村有一妇女来求他占卜，据她讲，她九岁的儿子有一天在村头玩，那里有一口古井，他见有小鸟就去追打，石头打到井里去了。从那天以后，她儿子手上生出红斑，渐渐蔓延至腿。久嘎吉听罢，在一个木碗里掷海贝占卜，然后告诉那个妇女她儿子是得罪了司掌山林河湖和井泉的"署"精灵，要去那古井旁烧天香祭"署"。那个妇女详细地问了应做的事后走了。

中午一点钟左右，久嘎吉家中又来了一对彝族青年男女，他们也是来请久嘎吉占卜的，女子是兰坪县的彝族人，32岁，叫曲仲姆，嫁到三坝安南村的彝族家庭。她说自从参加了今年的白水台会以后，就两肩疼，心慌心跳，吃了药也不见好，因此来求卜。久嘎吉用海贝占卜的结果是她那天碰到了一个女鬼。那青年男子叫果果，23岁，其妻得了肺病，咯血，现在乡医院住院治疗，他来求久嘎吉卜病因和结果。久嘎吉告诉他其妻是被一个已死的亲属作祟，既要吃药治疗，也要请彝族巫师毕摩赶鬼。这两个青年各付了一元钱，久嘎吉留他们吃午饭，并送他俩一大把烟叶（当地彝族男女都喜抽这种烟叶）。我问他俩为什么不直接请彝族毕摩占卜赶鬼，他们说久嘎吉老人是远近闻名的占卜大师，他们更相信他。

这两个年轻人刚走不久，又来了一个约50岁的男子和16岁左右的男孩，他们是安南的彝族，成年男子是男孩的叔叔。他告诉我，男孩的父亲54岁，患了胃癌，动手术要交1500元，而且医生也不敢保证手术后病一定会好，因此家里人把他从医院抬回了家，现在来请久嘎吉占卜他会不会死，何时死。久嘎吉这次占卜半晌，说病人病得很重，他从未遇到过这么难卜的恶鬼。最后终究未卜出确切的鬼，只是告诉他，病人不会活得很久，但应请毕摩撵鬼，这样病人的病痛会减轻一些，成年男子付了一元钱后道谢而去。

久嘎吉的徒弟和占元也长于占卜，久嘎吉于1990年去世后，人们有事常请他占卜。1991年7月，我与加拿大魁北克大学汉尼教授到白地调查，又来到和占元的家，刚巧碰到一个患脖颈癣症的纳西中年男子正请他卜算病因。

和占元占卜时依据的是一册叫《古斯》（卜病因）的经书，是他从师父久嘎吉所藏的原本中抄来的。看了卜书后，又在碗里用两个海贝占卜。卜算了一会儿后，和占元告诉那个求卜者，他得脖癣病是在一个属蛇日，当日有一个鬼进了他家，得病后又吃错了东西。求卜者认为和占元卜出的结果是对的。据他讲，他于当年农历五月十七日在一个泉溪畔打死了一条正在吞吃一只青蛙的蛇，后来脖子上就生出癣来。他自己采了一些草药吃，但没有结果。和占元还卜出，有一块不吉的红肉进了他家的门。病人在惊讶中证实，他哥哥杀了一头不慎跌死的牛，带回一块牛肉给他的儿子，儿子在火上把它烧着吃了。最后，和占元嘱他带上牛奶和爆米花去那泉畔烧天香，要把牛奶与爆米花撒于泉水中（安抚"署"精灵，向他认错，因为蛇是他所掌管的生灵）。去时如在路上见到人，不能与之说话，如有人喊其名字，也不能答应，否则就完全无效了。

从这两个白地东巴的占卜中,我再次看到纳西人那种认为大自然精灵"署"不能冒犯的古风。

烧天香倾诉心语

我在白地的多次调查中了解到,藏人也非常相信白地东巴的占卜术和法术,年年都有人来请东巴占卜和做法事。白地古都村的东巴和志本以善于为人做求子女的法事而闻名,至今每年都有不少远道而来的藏人求他举行求子女的仪式。和志本告诉我,他的求子女之术是跟他舅舅学的,他舅舅是东巴,叫东恒,是当地有名的卜算家。舅舅去世后,和志本从1956年起开始为人卜算和举行东巴教法事,其中最有声誉的就是为不育的夫妇求子女的法事。

白地人普遍还保持着"凑巴季"(烧刺柏枝等祭神祈福,汉语译为烧天香)这种在东巴教仪式和民间普遍流行的习俗,很多家户院内都砌有用来烧天香的灶,有的村子在村头设有很大的公共烧天香灶。去当地人视为圣地的白水台烧天香也十分普遍。从村寨里和白水台上面一缕缕袅袅上升的青烟中,我看到了白地人代代相沿的那份东巴教情结,他们还在用这种传统的通神方式与东巴教的神祇和两位祖师对语倾谈,倾诉心语。

我于1991年7月去白地那天,在白水台下面碰到东巴和占元与他的妻子正背着一大背栗树枝、松枝去白水台。他告诉我,当天是羊日,是他在外工作的儿子的本命日,所以要去白水台烧天香拜神,请神灵保佑儿子平安。

有一天，我去白水台拍摄那刻有纳西王木高七言诗的明代摩岩，忽然听到一阵悠长而苍凉的吟咏声从风中传来，我循声找去，在水源头林木森森的祭坛旁，有个身着橘红色衣服，头戴毡帽的纳西老人正在烧天香祭白水台神灵，高声咏诵着祭神的口诵经。后来获悉他是布子瓦村的东巴，他觉得这几年白水台的水不如过去多了，而且有的白岩石正变成黑岩石，他认为这是人们在上面的山上乱砍树而得罪了"署"神，因此来向"署"神求告，请他原谅人们的过失，不要降灾于村寨。

白地不少纳西人还相信，远出的人只要带走白水台上的一撮沙石，在外地不时和着水喝一点，到哪里都不会有水土不适的事发生，而且会一直得到白水台神灵的保佑。

白地上述东巴教祭祀和占卜习俗发生了多少变迁，值得现在进一步跟踪调研。

巴西森林深处土著居民
夸鲁普节探访记

吴金光（国家民委）

2017年9月，应巴西全国印第安人基金会邀请，我们中国少数民族对外交流协会一行2人，访问了南美洲面积最大的国家——巴西。

巴西全国印第安人基金会对我们的访问极为重视，并派艺术局局长塞瑟尔先生做我们的陪同和导游。塞瑟尔是著名的印第安学专家，对我们非常友好，体贴入微。

9月19日一早，我们就来到巴西利亚小飞机专用机场。望着一架架漂亮的私人小飞机，我一直在想，是这架，要不就是那架，反正哪架越豪华、越漂亮，我越想就是它了。没想到塞瑟尔把我们领到一架很不起眼的小飞机旁说："就是这架！"我一看就傻了，这是一架相当旧的小飞机，双螺旋桨，可载6人。两个驾驶员正在若无其事地检修飞机，这拧拧，那敲敲，好像在修一辆自行车那样坦然。塞瑟尔看出了我的担忧，安慰我说，放心吧，这是英国政府赠送的飞机，性能很好，已经飞了好几十年了。两个驾驶员都是我们基金会最出色的。一般坐过飞机的人都有一个心理，上飞机前总有点顾虑，坐上去反而坦然了。果然，小飞机飞得很平稳，除了噪声大一点，其他与大飞机没什么区别。我慢慢平静下来，脑子里回忆起基金会会长对整个巴西印第安情况和他们机构的介绍。

巴西现有印第安人35万，分为217个不同的部落，居住在1000多个村落，有150种语言，占巴西总人口（1.6亿）的0.2%。巴西的印第安人70%居住在巴西南部，其余散居在东北部或其他地区，城市里只有很少一部分。此外，还有6个印第安部落至今仍与世隔绝，从未受到现代文明的影响。巴西政府将54%的国土划归印第安人居住使用，全国共有561块印第安居住地区。

"喂，吴先生醒一醒。"塞瑟尔把我推醒，指着下面的大片原始森林让我看。嚯，真不得了，这么大一片原始森林，一眼望不到边，壮观极了！在一片绿色的海洋中，不时有一些红色的树木点缀着。飞机在原始森林上整整飞了两个小时，最后在一块空地上盘旋了一会儿，平稳地降落在土制的跑道上。这是巴西上辛古地区拉奥那多工作站。该站负责周围16个部落约4000人的技能培训、教育和医疗保健工作。工作站有十几个工作人员，多数是印第安人，站长也是印第安人。我们在站长的陪同下参观了该工作站。我们先来到工作站的医疗室，条件很不错，一个病人正在补牙，大夫是圣保罗医科大学毕业的白人。夸鲁普节将于次日在离该工作站6公里的达都瓦拉村举行，下午，我们匆匆吃了几口饭，坐上一辆大卡车先去这个村子参观。

夸鲁普是当地的一种树名，夸鲁普节就是印第安人祭奠他们死去亲人的一种仪式，装饰好的夸鲁普树干代表他们死去的亲人。这一仪式来自马布辛，他是卡马伊乌拉部落的神话人物之一，具有使人起死回生的能力。马布辛希望死去的人能够复活，便砍了三根夸鲁普树干，并用鸟毛、项链、金丝鹦鹉的毛圈装饰这些树干。他命人将这些树干放在村子的广场上，让两只蟾蜍呱呱地叫，让两只刺鼠在旁边唱歌，并命人向村民分发烤鱼和木薯面饼。

歌手们摇着向葫，面对夸鲁普不停地唱着，叫喊着要他们复活，村里的男人们问马布辛，这些木头是否会变成人，"是的，他们将变成人并像人一样地活着"。村民们吃了鱼后都开始互相装扮并大声喊叫，只有歌手们仍唱着歌，歌声一直到中午才停止。这时，他们想对着那些代表他们死去亲人的夸鲁普哭泣，但马布辛不同意，他说，他们死去的亲人将复活，因此他们不能哭泣。第二天早上，马布辛让人们看到的仍然是夸鲁普，人们不得不等待。不久就看到那些树干开始动摇，棉线带子和毛圈也开始摇晃，这是期待已久的变化的序曲。马布辛仍然劝告人们什么也别看，现在只有等待。当那些夸鲁普开始有生命迹象时，歌手们、蟾蜍和刺鼠开始唱歌，以备这些夸鲁普复活后洗礼。这时，树干不断摇晃，准备从洞空中出来。天亮的时候，夸鲁普的上半段已经有了人的形状，出现了胳膊、胸和脑袋，其他部分仍然是木头。马布辛仍然要求人们继续等待，而不要跑去看。这时，太阳开始上升了，歌手们不停地唱着，夸鲁普的胳膊不断加长，一条腿开始有肉了，另一条腿还是木头的。中午时分，树干不断摇晃，这时人的部分已经多于木头的部分了。马布辛让人们关上所有的大门，只有他与夸鲁普留在外面，而且只有他能看这些夸鲁普，其他任何人都不能。当整个变化即将结束时，他命令人们从各自的家中出来喊叫，做出嘈杂的样子，高高兴兴地与夸鲁普一起高声大笑。但也有一个例外，即那些在夜间与妇女们有性关系的人不得出门,其中一个人忍不住好奇心的驱使也出门来看。就在这时,那些夸鲁普停止了晃动,又变成了木头。马布辛对这个不听从命令的人大发雷霆:"我想让那些死去的人复活,如果与女人有关系的男人不出家门,夸鲁普就可以变成人,死去的人就可以在我成为夸鲁普时复生,现在死人不可能再复活了,当然,夸鲁普只能成为节日了。"

大卡车穿行在原始森林中,路是坑坑洼洼的,我们不仅要扶稳,还要不时地躲避路边的树枝或树干。就这样跌跌撞撞地坐了半个小时的车,终于来到了这个村子。该村的印第安人叫"雅马拉比底人",约200人,分别居住在6个大茅草屋里,这些茅草屋环绕在一个足球场大小的操场上,操场中央有两个小茅草棚,是村落举行集体活动的场所。我们来到村子中央的小棚旁,眼前的情景使我们惊呆了:村子里的印第安人无论男女老幼全是裸体。男人们正在往自己身上涂着自制的涂料,绘画着各种图案。我们被带到一个长者面前,塞瑟尔说,这是酋长,酋长热情地向我们伸出手,握过手之后,塞瑟尔说我们已经成为他们尊贵的客人了。酋长一边同我们交谈一边往自己身上涂颜料,其他印第安人围上来,也与我们攀谈着。看着他们坦然自若的样子,我倒觉得有点不好意思了,好像他们穿着衣服,我则是赤裸裸的。

探访加拿大第一民族保留地

彭雪芳（中国社会科学院）

作为一名从事人类学研究的学者，我经常到中国的少数民族地区进行田野调查，也期待有机会到异国他乡从事田野调查。2007年，我有幸得到中加两国政府合作的"中加学者交换项目"的资助，赴加拿大进行学术访研，从事土著研究。在加拿大期间，我访问了10多所学校，考察了8个保留地。下面是关于其中两个保留地的情况。

加拿大土著人包括印第安人、因纽特人和梅第人。印第安人包括不同的民族，他们的语言与文化是有区别的。印第安人有的有身份，有的无身份。有身份的印第安人是指那些在官方登记处注册过且在印第安法令管理下的印第安人，他们自称"第一民族"（First Nations），以表明他们是最早居住在美洲大陆的主人。自20世纪70年代以来，加拿大印第安人更愿意用"First Nations"（第一民族）的称谓替代"Indian"（印第安人）。

布法罗河流域德内第一民族保留地

德内（Dene）族是一个游牧民族，分布在加拿大西部、美国西南部和北极圈附近。2007年初夏的一个清晨，我们乘车从风景秀丽的草原城市萨斯卡通出发，向位于萨斯喀彻温省北部布法罗河流域的德内人保留地驶去，加西一望无际的平原和数不胜数的大小湖泊印入我们的眼帘。当汽车进入森林地带后不久，忽然一只母熊带着三只熊崽出现在公路旁。它们快速地横穿公路，奔向对面的树林。我们立即停车，打开车窗，拿出面包，扔出窗外。大黑熊看见食物后很快转回来抢走食物，然后飞快地奔向树林。熊在一些民族中是受到崇拜的动物。

经过 6 个多小时的行程，我们到达了德内第一民族保留地。保留地大约有 1200 人。这里有一个小商店、餐馆、教堂、保留地办公室和较新的学校建筑。所有的居民住宅都是由政府提供。布法罗河流域是一个打猎和捕鱼的好地方，德内人最初驻扎在这一带大约是在 18 世纪晚期。他们在领地范围内随季节的变化而迁徙，从事狩猎与捕鱼的传统生计。现在传统的谋生手段正在逐渐消失。

在保留地的日子，正赶上当地人庆祝与英国政府签订条约的活动。1906 年，德内人与英国政府签署条约。这里绝大部分德内人都属于有身份的印第安人，人们在湖边宽广的草坪上举行庆祝活动。有的人家在湖边搭建帐篷，亲朋好友相聚在一起，孩子们愉快地玩耍，进行游戏比赛。热情的德内人招呼我们尝一尝刚刚烤好的驯鹿肉。德内人以吃驯鹿闻名，他们与驯鹿的关系贯串于他们的经济生活与精神文化之中。尽管这个地域提供了多种多样的猎物来维持生计，但他们主要的食物还是驯鹿。在荒芜的原野上，驯鹿的迁徙方式没有规律，完全依赖天气状况和雪的深度而定。

德内第一民族保留地蕴藏着丰富的自然资源。20 世纪六七十年代起，政府为了开发这里的森林资源与矿藏资源，开始实施修路计划。1986 年，第一条通往布法罗河保留地的公路开通。

在此之前，人们可乘坐小飞机或乘船出入保留地，狗拉雪橇也是交通工具之一。

萨斯喀彻温省北部铀矿的开采给当地人带来了就业机会，但造成的负面影响也不少。采矿业直接或间接地引起了当地社会文化的变迁，导致了与传统生活方式的冲突。面对采矿业带来的变迁，德内人没有成为被动的旁观者或者沉默的受害者。相反，这种社会变迁的压力促使他们行动起来，采取各种措施保护他们的传统文化。长老在传承民族文化中担任着重要角色。当地学校加强传统文化的教育，教孩子们学习民族语言，让他们了解与掌握传统生计的技能。近些年来，德内人强烈地意识到，保留地里资源的过度开发对德内人的传统生计与民族文化造成了不良的影响，也违背了100年前与英国政府签署的条约中承诺的合法权益。于是，他们要求重新收回保护与管理保留地自然资源的权利。

在保留地期间，我住在一位70多岁的德内妇女家。房东大婶自幼失去父母，被带到西方人开办的寄宿制学校读书。寄宿制学校的兴办是与加拿大快速的经济发展与巨大的社会变迁紧密相连的。19世纪后半叶，在西部大草原，欧洲人削弱了土著人的传统生计与毛皮经济的重要性。土著人传统的知识与技能被视为无用，土著文化也被视为影响社会快速发展的障碍。欧洲殖民者试图教化土著人的意愿逐渐强烈。殖民者认为，孩子比成人更容易塑造，但必须把他们带离家庭与社区，远离熟悉的生活环境几年甚至数十年。要将印第安文化消灭在儿童阶段，开办寄宿制学校就是非常合适的方式。房东大婶与许多土著儿童一样，在寄宿制学校度过了痛苦的童年时代。长大后她在保留地育儿指导中心工作，结婚后育有一子二女。老伴去世后不幸的事接踵而来，年过半百的她生了一场大病，后来半身瘫痪，成了坐在轮椅上的人。儿女们成家后都住在保留地，但她依然独立生活，住在政府提供的一居室的老年人公寓。她每天坐着轮椅，自己做饭、洗碗、打扫卫生，把屋子收拾得干干净净、井井有条。她是一个很有社会责任感、令人尊敬的老人，虽然每月领到的生活津贴仅够维持基本生活，但充满爱心的她还收养了一个 20 来岁的智障男孩。由于保留地存在酗酒和吸毒等社会问题，房东大婶担心这个没有父母管教的男孩会走上邪路，于是收养了他，承担了家长的责任。她在空闲时还编织一些传统手工艺品，赠给亲朋好友，或出售补贴家用。她的身上折射出土著妇女自强不息的精神和坚韧不拔的毅力。

在保留地期间，我们有机会参加了印第安人传统的汗屋仪式。由于殖民者实施的同化政策，汗屋仪式在这里已失传多年。直到 20 世纪 80 年代初期，一个德内人从平原地区克里人那里学习并掌握了汗屋仪式后将其传入布法罗河保留地。如今，加拿大许多土著社区普遍实践汗屋仪式，努力继承祖先留下来的精神财富。传统信仰仪式的实践是加拿大土著民族文化复兴的组成部分。

蒙特利尔湖克里第一民族保留地

克里（Cree）人是加拿大土著民族中人口最多、分布最广的一个民族，大约有 20 万人，主要分布在安大略省、马尼托巴省、萨斯喀彻温省、阿尔伯达省、魁北克省以及西北地区。按区域文化特征分为8个支系,其中一个支系是居住在阿尔伯达省和萨斯喀彻温省北部的克里人。

在一个阳光灿烂的日子,我们前往萨斯喀彻温省北部的蒙特利尔湖保留地,探访居住在那里的森林克里人。从萨斯卡通出发,经过3个多小时的车程,我们到达蒙特利尔湖克里第一民族保留地。

蒙特利尔湖保留地比较偏僻,当地没有什么产业,就业机会很少。传统的狩猎、捕猎、伐木、采集蓝莓等依赖自然资源的谋生手段受到一定的限制。随着社区人口的快速增长,整个保留地的就业率较低,失业率较高。由于缺少就业机会,保留地成员只能依靠政府的定期津贴来维持家庭的开支。与其他保留地的情况相似,蒙特利尔湖克里第一民族保留地成员为了寻找教育与工作的机会移居到城市,大约3000人中只有1400人常住在保留地。然而,对社区成员来说,保留地是他们祖传的家园,有着不可割裂的联系。于是,他们在保留地与城市之间来回奔波。

蒙特利尔湖克里第一民族保留地于1889年成立,原名为"威廉·查尔斯印第安人保留地"。一个老人告诉我们,保留地的面貌与过去相比发生了很大的变化。过去这里的住房都是用木头与树皮搭建的平房,社区里没有冲水设施,生活用水是从附近的湖里引来的。现在,保留地的居民住宅几乎都是由政府出资新建的房子,多数是一栋一户,有的是一栋两户。但是,新建的住房与人口的增长不成比例,住房的过度拥挤引起了卫生与健康问题。

20世纪60年代至70年代,这里的学校是一间破旧的小房子,一位克里牧师担任校长兼老师。如今,新建的蒙特利尔湖学校是保留地最醒目的建筑，一位副校长带我们参观了学校。这位副校长是一位50多岁的克里族妇女，她来自附近的保留地，在这里工作已有几年了。学校有30个教职员工，大多数都是克里人。学校使用本省编写的教材，此外，还开设克里语、传统文化和大学预科课程。有6名教师教学生学克里语，但很少有学生能说流利的克里语，大多数学生只能听不会说。本土文化课由一名教师上课，讲授内容包括打猎、捕鱼和采集等传统生计的技巧。

在保留地，除学校、居民住宅、管理部门办公室、圣公会教堂外，威廉·查尔斯健康中心也是比较醒目的建筑。我在健康中心遇到一位克里族年轻妇女，她不会讲本民族语言，但能听懂一些简单的单词。她在保留地学校完成中学学业，已生育一个孩子，又怀孕在身，打算生完孩子以后继续上大学，她的经历很有代表性。在加拿大，因生育孩子、照顾家庭而中断学业的土著妇女在后来的人生中比土著男性或非土著妇女重新回到学校学习的可能性更大。

如今，加拿大土著人正渴望通过发展教育实现民族文化的复兴与重新获得当家做主的权利。土著教育也存在地区差距与性别差距：移居在城市里的土著人比生活在边远的保留地的土著人受教育状况更好，土著女性比男性的受教育状况要好得多，土著女性完成高中毕业及高等教育的比例不断提高，土著人在劳动力市场也取得了明显的进步。然而，土著与非土著在教育和就业方面的差距一直存在。

加拿大土著基础教育在教学内容和教学方法上都比较灵活，并且十分重视对学生的生存教育，即职业技能的培训。远程教育推动了土著高等教育的发展，土著学生可以在保留地接受高等教育，避免了到城市后所面临的文化冲突和沉重的经济负担。在保护与继承民族传统文化方面，加拿大涉及土著教育的大学、中学和小学都充分发挥社区与长老的作用，把长老请进校园给学生传授知识的举措也值得我们借鉴。

我在故宫做田野

多丽梅（故宫博物院）

故宫博物院的文华殿和宝蕴楼分别位于故宫东西路，文华殿始建于明代（1420年建成），曾一度作为"太子视事之所"，清代为举行经筵的地方。而位于外西路的宝蕴楼则是20世纪初的西洋式建筑，2017年12月2日入选第二批中国20世纪建筑遗产名录。

荣幸的是，我与这两座著名建筑很有缘。2009年6月我加入故宫志愿者行列，服务于文华殿，讲解陶瓷。2014年2月25日，故宫博士后工作站在宝蕴楼揭牌成立，这是全国博管会首批建立在文博单位里的博士后工作站。同年9月，我有幸被故宫博士后工作站录取，成为第一批"应召入宫"的博士后。从文华殿到宝蕴楼建成近500年，而我穿越其间整整五年。

每当走出千街一景、高楼林立、到处趋同的钢筋水泥城，进入故宫，展现在眼前的是近600年前的建筑遗存，雄伟壮丽，别有洞天。行走其间，时而穿越，时而惊艳。做志愿者让我有机会聆听故宫专家的真知灼见，学习文物知识，在文华殿的讲解过程中体会陶瓷世界的精彩，体会化腐朽为神奇的魅力，明白了陶和瓷更是"土"和"火"的艺术。于是，我迷上了故宫的文物，迷上了这座城。

耿宝昌先生访谈

故宫的国宝级文物数不胜数，而国宝级专家也是故宫特藏。

学习陶瓷，一定要请教陶瓷界泰斗耿宝昌先生，耿先生的学术成就在国内外享有盛誉。

2016年4月19日早上，我去拜访了耿先生，我们交谈了两个多小时。虽说外面下雨阴冷，我却如沐春风。耿先生90多岁了，但鹤发童颜，正坐在沙发上，见我就说："我眼睛现在不好了，别的还好。"然后说："常言道'花不花四十八'，你知道我什么时候眼睛花的吗？"我摇头，他说2015年。我掐指一算，2015年先生94岁！先生说30岁前身体并不好，以为都过不了第一个30年，结果连着过了好几个！我说："您太霸气了，老神仙！"

提起故宫的故人旧事，先生如数家珍。因我姓多，先生谈起20世纪50年代曾在科技部工作的多师傅，满族，是做漆器修复的前辈。谈到多师傅，先生陷入回忆。接着提起我的老家齐齐哈尔、《尼布楚条约》和东北的冷……先生觉得在东北生活真不容易，零下40多度。自己有个三哥年轻时去了内蒙古，后来回到河北反而不适应，又回去了。由于东北窑址不多，耿先生去那边很少，但记住了东北的寒冷。

我们又谈到了学术态度。先生提出，写任何东西都要实事求是，不要为了达到什么目的扭曲事实。他说："你看××节目了吗？有好多都是捕风捉影，胡说八道，那些档案里的人有的我都见过，有的还共过事，根本不是那么回事，欺骗大众。"先生对此感慨良多："如此风气让人无法接受！"

怕先生太累，我最后向先生汇报了自己在故宫博士后工作站两年多的情况，并呈上我的博士后出站报告，随后谈了我下一步的科研计划。耿先生对我研究俄罗斯藏中国瓷器非常感兴趣，多次提到做俄罗斯文物的人少，做欧洲的人很多，鼓励我好好做。他还特别提起1956年的时候曾经经手，把故宫500件瓷器赠给俄罗斯艾尔米塔什博物馆的历史，让我去陶瓷组查找这些清单，说上面有他的经手签名，这个信息太珍贵了！我又把俄罗斯带回的图录给先生看，先生指出一些文物的断代，刷新了我的认识。先生还让我多关注敦煌那批文物，说："斯坦因、伯希和弄回去的东西都有人做了，但他们没有俄罗斯弄回去的东西多，你赶快去把那些东西弄清楚，这个非常重要。"

后来我又多次去请教耿先生，先生总是认真回答我的问题，甚至能主动想起上次遗留的问题。先生眼睛不好，但听到任何不知道的新闻都马上记下来。有一回听我说在厦门建了故宫分馆，里面将展出外国文物，先生说这个他还不知道，于是马上记在一个小纸筒上。耿先生的人生信条："活到老，学到老。"

先生在身边，学瓷路上多了一些光照。

作者与耿宝昌先生　　　　　　　　　　　　　　（多丽梅 供）

在故宫寻踪萨满教、狩猎文明与海兰察

故宫里的文物、档案令人着迷。清皇宫的主人是满族，据调查，故宫藏满洲文物共 3237 件，其中《八旗满洲氏族通谱》（满文、汉文）、《钦定满洲祭天典礼》6 卷、《钦定满洲源流考二十卷》等是清宫旧藏研究满族文明的重要文献。随着满族入关，萨满教也被传入宫内，曾为皇后正寝的坤宁宫，萨满仪式就在这里举行，一直持续到清末。萨满一词源自满－通古斯族语的 saman，在通古斯语族里，sa 是知道、通晓之意，萨满指从事萨满活动的人，早期多由女人主持。可以想见，清朝几百年间萨满太太每天赶着两头黑猪，在天还未亮的时候就从神武门走进坤宁宫，进行每日的朝祭、夕祭。皇后则每日在神前行礼，后来改由一位女官代替。宫廷萨满教有别于民间萨满教，从仪式、祭祀所用器具都有所体现。清宫旧藏满洲祭天神杆等宗教文物，"养在深宫人未识"，它们是宫廷萨满教和满族文明历史的见证者。

清宫旧藏多幅狩猎图，不但为我们呈现了清朝皇帝宫廷狩猎的宏大场面，还为宫廷狩猎武备留下了最为珍贵的图像学资料，重要的是实物犹存。宫廷狩猎有别于民间狩猎之处，在于其形式大于内容，宫廷狩猎更重视狩猎所附带的使命，而不是狩猎本身。表现在狩猎武备的使用上，着重强调其在狩猎过程中仪式、阵容、华丽装饰及参与人的英勇行为，这直接关系到皇帝对近臣的奖惩、官职的升迁，甚至在狩猎过程中关系到皇储的选拔，所以宫廷狩猎行为并不单纯，而是夹杂了更多政治内涵。这些狩猎图和宫廷狩猎武备，也为现存的狩猎民族鄂伦春族、鄂温克族追

溯狩猎文化提供了参考和图像学资料。

在故宫，我还结识了中国第一历史档案馆研究员吴元丰先生。吴先生的《清宫珍藏海兰察满汉奏折汇编》，清晰地呈现了乾隆时期鄂温克人海兰察的活动。吴先生的书带我在故宫寻踪海兰察。《啸亭杂录》载："海超勇公兰察，从征西域、金川、台湾诸战功超封五等，为近日武臣之冠。"历史学家萧一山曾评论海兰察："时文臣中如纪昀，武臣中如海兰察，皆功业昭然，颇蒙帝眷者，徒以与珅不和，不得大用。"海兰察，满洲镶黄旗，多拉尔氏，世居黑龙江，清朝乾隆时期著名的将领，多次指挥参加战役，屡获奇功，曾四次画像紫光阁。他生活在乾隆盛世，与乾隆宠臣和珅交恶，但与阿桂相善。海兰察的神勇和丰功伟绩令世人景仰，档案文献无疑能更真实地还原英雄海兰察和凡人海兰察。而海兰察的紫光阁画像也是我追踪的目标，至今下落不明。为此我曾查阅各大拍卖行的记录，仅查得海兰察手卷上拍记录。随着资料的积累，为真实地呈现海兰察，唯有继续寻踪于故宫档案和文物，方能解密。

应召入宫

做志愿者期间，看到故宫日新月异，从整理、清点文物，到建立藏品数字化档案、"让文物活起来"。故宫开放面积不断增多，"禁地"越来越小，对我的吸引力也越来越大。2014年4月，当我看到故宫招收博士后的消息后，立即提交了简历。博士后合作导师是清史大家，我仰慕已久，导师经过综合考量，认为我具备从事博士后研究的一些优越条件。当然，在故宫五年的志愿者经历无疑也为我加了分。最后，我幸运地成为导师在故宫的第一位博士后，不得不感叹，从做志愿者开始似乎就已与故宫结下了不解之缘。

博士后工作开始后，与导师最终商定的题目是《清代中俄物质文化交流研究——基于故宫和俄皇宫文物》。自2014年9月至2017年1月，我多次到俄罗斯各大博物馆访学交流。在故宫五年间学到的文物知识对我助益颇多，所以调查起来得心应手。

从文华殿到宝蕴楼，我在收获中成长，感恩开放包容的故宫！未来，继续行走在华美壮丽的宫殿群，故宫是我最爱的田野！

满族的安巴萨满

于 洋（吉林师范大学）

2011年秋天，我考入中国社会科学院研究生院，师从孟慧英研究员攻读人类学博士学位，研究的方向是萨满教。入学伊始，为了确定学习的方向感，在老师的建议下，我决定将满－通古斯语民族的萨满教作为博士论文的研究对象，在获得萨满教的经验感后，选定具体问题进行深入研究。我从翻译史禄国的萨满教著作《通古斯人的心智丛》起步，半年之后，虽然了解到通古斯人萨满教的一些知识细节，但由于缺乏亲身的田野经历，很难做到对通古斯人萨满文化逻辑的深入体会。

正在苦闷之际，田野调查的机会来了。2012年是农历龙年，满族民间各穆昆（满语，指家族）有龙年续谱祭祀的习俗。老师得知消息后，毫不犹豫地制订了调查计划，春节期间带领我们几个学生对吉林地区满族的这项活动进行考察。我在冰天雪地中度过了一个难忘的春节，第一次近距离接触萨满文化，第一次和萨满成为朋友，第一次观察老师是怎样做萨满调查的。

老师告诉我，做田野之前，调查者要有问题意识，是问题引导着我们的调查方向，不然在具体的田野过程中，面对扑面而来的各种信息，会有毫无头绪、无处下手的感觉，结果往往会成为简单的资料罗列。通过翻译史禄国的著作，我了解到，满族的萨满分两种类型，分别是标棍萨满（boigon saman）和安巴萨满（amba saman），其中标棍萨满是祭司型萨满，安巴则是巫师型萨满，可以为那些遭受神灵和灵魂困扰的人提供治疗，是真正意义上的萨满（real saman）。老师告诉我，就她所了解的情况看，只有石姓还有安巴萨满。史禄国的介绍十分零散，为了丰富对这一事项的理解，我决定集中考察安巴萨满。

"大神案子"和神偶

满族人家重要的传统象征之一，就是西墙供奉的祖爷，满语称"标棍窝车库"（boigon weceku），这是满族人心中的祖先神。我在田野调查中发现，每个家户的萨满都一直强调，北墙的家谱和西墙的祖爷不能一起祭祀，家谱和祖爷是不见面的。修续家谱的主持人是穆昆达（族长），主持祭祀家谱上的历代血缘祖先。待收起家谱后，萨满才能"动响器"，祭祀西墙上的祖爷，西墙上的祖爷一定要通过萨满才能祭祀。

满族有多少穆昆，就有多少神灵群，每一个家族的祖爷内容都不一样。祖爷的具体物象有丝绸条、木刻神偶、神图、铜铃等。石姓的祖先神除了有标棍萨满祭祀的"家神案子"外，还有安巴萨满祭祀的"大神案子"和一些神偶。萨满石清珍告诉我，神图主要绘制的神灵有满族萨满教的巫祖长白山神，石姓的已故萨满，而木刻神偶称"瞒尼神"，是萨满的助手神，这些神灵在代代传承的过程中，有些被人们遗忘，也有一些新的神灵为后代萨满所领，加入神灵群之中。因此，神灵的内容和数量一直是变动的。

安巴萨满祭祀中的神灵附体

在祭祀的过程中，安巴萨满会请祖先神灵降神附体。神灵附体之后，安巴萨满会与助手进行对话。满族安巴萨满请神是在院中的升斗前进行，升斗中装有五谷杂粮，香烟缭绕，称为"七星斗"，在萨满教观念中，北斗七星是神灵来去的道路。安巴祭祀过程中，标棍萨满充当其助手，负责唱请送神词，安巴萨满神灵附体之后，两者配合，相互问答。神灵一般会自报家门，讲述自己的居住地（一般是山或河）、来时的道路、为家族中哪位萨满所领等，并表演相应的神技。如果是萨满神附体，要给萨满"安坐"，递烟献酒，恭谨伺候。人们关于萨满神的口碑很丰富，安巴萨满在的第一辈萨满（头辈太爷崇吉德）附体后要"跑火池"，在第五辈萨满（五辈太爷多明阿）附体后要展演"钻冰眼"的神技。如果是瞒尼神附体，则会说清楚自己是哪位萨满神的助手，还有一些是动物助手神。石清珍萨满告诉我，在家族没有神抓的安巴萨满时期，会选出一位"接续萨满"（siran buha saman）来承担此类祭祀，"接续萨满"没有治疗能力。

安巴萨满的"斗法"与治疗

在萨满神话中，萨满斗法的传说很普遍，有萨满之间的斗法、萨满和皇帝的斗法、萨满和喇嘛的斗法等。在这次田野调查中，我听到了石姓头辈萨满的传说，核心母题是萨满斗法，梗概如下：石姓的头辈萨满崇吉德和小舅子敖姓萨满一起喝酒吃饭，不料借着酒劲发生冲突，二人决定比赛过松花江，看谁的速度快。崇吉德"寄魂"到一条青鱼中，敖姓萨满则骑鼓过江。看到青鱼超过自己，敖姓萨满用三股马叉刺伤青鱼，崇吉德萨满因此受重伤去世。在崇吉德萨满尸体火化的过程中，他"火炼金身",在助手神灵的帮助下魂归长白山。

人们对家族已故安巴萨满石殿峰、石清山,还保留着丰富的记忆。石清山萨满18岁时在赶马车途中车翻受伤,一直胡言乱语,反复说"家住辉发河,哪有见死不救的",有经验的老萨满贵海认为这是出萨满的征兆,经过贵海萨满的培训后,石清山萨满通过"跑火池"仪式,成为家族成员公认的安巴萨满。石殿峰萨满是五辈太爷多明阿抓的,其萨满身份的确认仪式是"钻冰眼"。人们回忆,石殿峰专门能医治那些被"邪神"(如汉人"狐仙""蟒仙"等)折磨的病人,说石殿峰的托力(铜镜)有一个孔,就是扣"狐仙"时留下的。这类口碑,我听了很多。

在第一次萨满文化的田野考察中,围绕满族安巴萨满的出现,其知识传统、所领的神灵、在生活中的作用等方面,我获得了很多知识。此后,老师又多次带我深入到达斡尔、蒙古族、满族中,调查了斯琴卦(达斡尔)、沃菊芬(达斡尔)、钱玉兰(蒙古族)、毛脑海(蒙古族)、张荣波(汉军满族)、杨庆玺(满族)等萨满和萨满文化的知情人。在萨满文化的调查态度和方法上,是老师手把手教我的,在田野关系上,我继承了老师的多年积累。如今,沿着老师的田野足迹,我继续走在追寻萨满的路上。

丝绸之路上最完美的废墟：交河故城

古春霞（复旦大学）

从塞外江南到大漠戈壁，新疆地大物博，横跨四季，西域文明在时间的长河里辗转迁移，或繁华或凋零或持续，面对不可逆转的光阴，千年一叹是无法避免的感怀，而更多的时候是对"边歌湮古道，暮角断残垣"的心驰神往。很可惜，那些参加"丝绸之路与边疆社会：第二届西北—中亚民族学（文化人类学）研究高级研讨班"的代表、专家、学者，因担心暴恐持续发酵，大部分人的实践考察部分未能成行，从最初的30人到最后成行的10人，完成实践考察的大多应该是初生牛犊不怕虎、无知亦无畏的喜欢暗夜执风、剑仗天涯的青年学者，新疆师范大学安排了考古专家刘学堂教授给我们当导游，给我们上了一次生动有趣的考古课。

交河故城的申遗可谓一波三折，最终在2014年6月22日卡塔尔多哈召开的联合国教科文组织第38届世界遗产委员会会议上，交河故城作为中国、哈萨克斯坦和吉尔吉斯斯坦三国联合申遗的"丝绸之路：长安—天山廊道的路网"中的一处遗址点成功列入《世界遗产名录》。交河故城最终以丝绸之路上不可磨灭的历史功勋而闻名天下，是古代中国西北与中亚地区交流的要塞。李希霍芬1870年命名此线路为丝绸之路，丝绸之路沿途遗存着非常多的文化遗迹，保留着各个历史时期各种文明互动的壮观场景，自古以来丝绸古道上的各个国家和民族接二连三地上演着文明历史进程中一幅幅波澜壮阔的生命画卷。刘学堂教授介绍说，当初对遗址进行考古发掘的时候非常艰辛，人少任务重，烈日炎炎，有时一不小心遗忘在外受到烈日炙烤的打火机都会因高温而引爆，可谓是危险重重。吐鲁番真是个奇特的地方，位于欧亚文明的中心，四大文明在此交会、融合。吐峪沟大峡谷大约是西部最具神秘色彩的地方，位于鄯善县境内，世界上多种著名的宗教历史文化在此交会。吐峪沟千佛洞、吐峪沟霍加木麻扎便是有力的见证，是后来有关宗教历史文化艺术界学者常常歇脚的驿站，有的更为此付出毕生的精力。

　　交河故城是我们考察的重点，因为是刘学堂教授亲自带队发掘的，感情深厚，情动于中，我们游览并细细聆听了近三个多小时。与乌鲁木齐的冬季相比，这里是夏季的温度，烈日当空，无处可避，十月下旬的天山已是白雪皑皑，而这里却是夏日里的艳阳天，只好用刚买的白色羊毛围巾裹着以避强光照射，真可谓"交河城边飞鸟绝，轮台路上马蹄滑"，这也是我第一次亲见不毛之地，对江南长大的人来说确实有些不可思议，怎么可以寸草不生？对于任何一个旮旯犄角里都会长出一抹勃勃黄绿的江南，这里的景象于我而言真是奇特。江南的土入雨即化，烂泥里彳亍是常事，而这里的泥土坚硬如磐，无风无雨上百年，大概不知春风化雨为何物。

　　交河故城，据《汉书·西域传》记载："车师前国，王治交河城，河水分流绕城下，故号交河。"交河故城也是世界上最大、最古老、保存最完好的生土建筑城市，亦是我国保存两千多年最完整的都市遗迹，唐西域最高军政机构安西都护府最早就设在这里，1961年被列为国家重点文物保护单位。据资料显示，交河城址位于吐鲁番市西郊 10 公里牙尔乃孜沟两条河交汇处 30 米高的黄土台上，长约 1650 米，两端窄，中间最宽处约 300 米，呈柳叶形。从空中俯视就似一枚柳叶，这里是古代西域三十六城郭诸国之一的车师前国都城，是该国政治、经济、军事和文化中心，与楼兰齐名。建筑全部由夯土版筑而成，形制布局则与唐代长安城相仿。城内有市井、官署、佛寺、佛塔、街巷、作坊、民居、演兵场、藏兵壕等，寺院佛龛中的泥菩萨都还可以找到。寺院占地 5000 平方米，有汲水井一口。佛塔群有佛塔 101 座。曾经浩瀚的文明被沙土掩盖，而人类不断的探索精神便是拂去历史的尘埃，找到事实的来龙去脉，亦是我们来探访的原因。明代吏部员外郎陈诚出使西域来到交河，登临故城写下"沙河三水自交流，天设危城水上头，断壁悬崖多险要，荒台废址几春秋"，这首《崖儿城》，精练而生动地道出了交河故城的特点。

刘学堂教授还向我们介绍了不少故城往事及申遗的艰辛，交河故城能再现人世还要归功于这些考古专家的坚持不懈与执着的探索精神，让它终于重现了"东方庞贝古城"的遗韵。据刘教授介绍，它还完整地保留了世界上唯一一座地下佛寺，具有很高的研究价值，可惜不对外开放，游人无法参观。他还说了一件小趣事，一个日本学者坚信交河故城佛院旧址是每年 7 月 1 日世界上最黑暗的地方，并连续三年在佛院感受黑暗，感受那种临界点的"在与不在"，体验文明的无界之境。

据历史记载，交河故城是公元前 2 世纪至 5 世纪由车师人开创和建造的，在南北朝和唐朝达到鼎盛，9 世纪至 14 世纪由于连年战火，交河城逐渐衰落。交河城内毁损严重，后被遗弃，14 世纪蒙古贵族海都等叛军经过多年的残酷战争，先后攻破高昌、交河。同时，蒙古统治者还强迫当地居民放弃传统的佛教信仰，改信伊斯兰教。正是在精神与物质双重更迭的无常之中，交河城完成了它的历史使命，走向生命的终结。交河故城比高昌古城保留得更完整、更悠久，作为佛教传入中国的第二站，它曾引领了一代人的精神潮流，可谓羌塞淘沙泽华夏，那些珍贵的佛教遗迹，揭示着一个国度承上启下的文明渊源，犹如不朽的金字塔，是一种文明诞生延续的象征符号，历经从孤岛绿洲变寂寞沙洲冷，如今依然屹立存在，向世人展示了它曾经的昌盛与荣耀。虽然犹如行走在烈日的沙漠之中，但依然无法阻止人们探访的脚步，无界的文化、不息的情感，是生命美妙的律动。西域文明也因此源远流长、更迭不止、交错前行、永无止境！

一个人的行囊与他者的温情壮乡

凌 晨（广西艺术学院）

2014年2月，只身一人来到广西德靖土语区开展我硕士学位论文的田野考察工作，当时的南宁还未开通直达百色地区德保、靖西两县的载客火车和高速公路，只能乘坐大巴通向层峦叠嶂的桂西南边陲小县。伴随着近六个小时的沿途美景，我首先来到了被誉为"矮马之乡"的德保县，因为并非第一次踏足这片沃土，所以很快落脚县城红山广场旁的一家小旅馆，带上拍摄装备奔赴广场中人山人海的"歌圩"，体验德保北路山歌的高亢嘹亮以及南路山歌的婉转悠扬。无论是七八人对唱的北路山歌还是两两对唱的南路山歌，都反映着壮族人民的生活风貌和日常娱乐活动，体现着当地壮民以歌抒情达意的民间智慧和文化传统。正当我沉迷在阵阵山歌对唱时，忽然接到了家住靖西的一位大学师妹的电话，告之因家中有急事，不能按先前约定带我前往靖西化峒镇参加当地的村寨仪式了。眼见当下德靖地区各村落正举行三年一次的"大斋"仪式，如果错过这段时期的采录，只能遗憾地再等三年。当时，我还是一名田野阅历并不算多的民族音乐学专业的学生，除计划被打乱的失落与沮丧外，内心的另一个声音告诉自己：在田野中一定要有随机应变和解决突发状况的能力。

回到旅馆后，我开始用QQ查询靖西当地的一些生活群、聊天群和美食群，并在群内询问有没有人可以提供当地仪式专家"乜末"①或村寨"大斋"仪式的相关信息。由于网络聊天的多个年轻人对此类壮族民间仪式专家和仪式传统关注不多,一度让网络询问变得石沉大海。吃过晚饭后,群内有一名为"末伦、绣球"的群友说认识禄峒当地的一位"乜末",但只能为我提供仪式专家的电话,让我自行联络。怀着激动且忐忑的心情拨通了那个令我至今记忆犹新的电话,电话那头传来阵阵法器铜链敲击的声音和一位女性用壮语的问话,节奏规整的铜链法器声证实她正是我所要找的这类仪式专家,但令我焦虑的是听不懂对方的语言,于是如何沟通成为首要问题。我只能放慢语速,不断重复着我想去拜访她和拍摄一些仪式的话语,她用不太流利的普通话告之可以去"林肯村"找她,她正在那里做"大斋"仪式,让我到了之后再联络。兴奋的是这位"乜末"非常痛快地同意我前去对她进行拍摄,困扰之处在于我要去往何地。只言片语加之地方读音差异,脑海中只记住了那个叫"林肯村"的地名,查阅地图无果,我只好再次上网求助刚刚认识的群友。大家纷纷表示靖西没有我所说的"林肯村",各家众说纷纭,最终多数网友根据"乜末"是靖西禄峒乡人的信息,推测这个"林肯村"应该是禄峒乡下属的"凌准村"。那晚,我在兴奋与焦虑中辗转睡去,第二天清晨醒来便踏上去往靖西禄峒乡凌准村的路。

---

① 乜末:壮文 meh moed 的汉语音译,是广西西南部德靖土语方言区对巫信仰女性仪式专家的一种称谓。"乜末"是仪式活动中沟通阴阳两界人、神、鬼三者互动的灵媒,通过仪式歌唱建构出一个神圣的隐性场域空间——巫路,以歌行路,在行走的过程中完成人与鬼、神的礼物传递、招魂、收魂、消灾解难等仪式行为,从而达到诉求者不同的仪式目的。

由于德保汽车站没有直达靖西各乡镇的汽车，我只能先坐车去往靖西，并在车上询问售票员如何乘车前往禄峒乡凌准村，售票员非常热心地让我在靖西县城的一个路口下车，并告之马路对面有去往禄峒乡的班车。随后，我在街边食品店买了一袋火腿肠作为未来几天田野中的食粮补充，坐上了那辆去往禄峒乡的班车，开启了一个人的行囊去往远方的他乡之路。汽车在乡村土路颠簸前行 40 分钟之后，在一个三岔路口将我放下，我询问路边一位卖猪肉的师傅凌准村怎么走，师傅说："从这条小路下去直行，就能找到凌准村，不过村里在做仪式，不能带肉进去。"表示感谢之后我满怀欣喜地朝着他所指的路快步前行，因为"凌准村"真的是"乜末"口中所告之的那个"林肯村"，而与此同时，耳边回响起卖肉师傅的善意提醒，并牢记曾学过的"我们要尊重当地他者的生活习俗和禁忌……"，我默默地将背包中刚买的那袋火腿拿出准备弃之，刚巧迎面走来一位背着孩子的妇女，便将手中那袋火腿赠送于她，她脸上露出了接受莫名而来礼物馈赠的惊讶。随后，我再次拨通那位"乜末"的电话，并告之我已到达凌准村路口，她在电话那头说要出来接我。几分钟后，不远处迎面走来几位女性，正是"乜末"和几位村里的女性受众赶来迎接我，那是我第一次看到电话那头虽然陌生却温情以待的脸庞。当我跟随她们来到村落中心一片较为空旷的场地后，发现村民正围绕在喧闹的仪场周围用餐，随后村长询问我此行的目的，并查阅了我的有效证件，之后热情而客气地邀请我与大家一起用餐，并告之因为村里在做"大斋"仪式，所以没有肉招待我，只能用这些素菜让我简单吃一些，还让我多加体谅与包涵。看着那一桌素食，内心想着我踏入的他乡是这样一片质朴、温和的迷人之地,村民都满怀热情地招待着我这位陌生来客,让我深切感受到壮乡民众的好客与热情。

"大斋"仪式是村寨集体为祈求村落"五谷丰登、六畜兴旺",请巫、佛、道各路仪式专家共同为村寨进行祭祀、驱邪、消灾的一类仪式活动。凌准村的"大斋"仪式设立两个仪坛,土地庙东侧是搭棚而建的道公仪场,西侧为"乜末"法事场域。"乜末"在巫坛的仪式场域中主要负责"请神吃饭""上路收魂""家庭卜卦""上预告""开酒""敬神农"等内容。"上预告"是"大斋"仪式中"乜末"最精彩的歌路仪节,是指"乜末"在天界爬上三十六节预告树,对未来三年整个村寨各姓氏在农业生产、经济财富、婚姻生育、日常生活等多方面内容进行预告;"上预告"是"乜末"仪式法力强弱的一种体现,因为法力不佳的"乜末"通常爬不到三十六节预告树顶端,而中途坠落的"乜末",其灵魂将从天界坠入无底深渊。"乜末"除在巫坛负责上述主要仪式内容之外,还要与道公共同在醮坛举行朝拜法事。朝拜在大斋仪式期间,每天分为早朝、午朝、晚朝三次,要求仪式专家和村民共同参加。伴随着道公科仪场的吹打乐,手持"神龙"的道公和乐师走在队伍最前端,中间是道公和乜末,后面是手持敬香的村寨男女老少群众,前往不同的"经幡"地、土地庙、山神处和祖先地进行朝拜。朝拜结束后,仪式专家带领村民在村落空地进行"神龙八卦"的游走,队伍庞大壮观,形成仪式专家与全体村民之间的互动。另外,道公场域在大斋仪式中要进行"取圣水""消灾解难""祭神拜祖""扫污除晦"等单独执仪的内容。

从到达凌准村见到"乜末"的那一刻,到整个仪式过程中的点滴,再到三天两夜白吃白住在这个村寨的温情,作为一名壮乡"大斋"仪式的外来介入者,作为一名田野工作者,我总会被田野他者的那份质朴与热情所深深触动。或许这也是为何明知田野如此艰辛,作为 90 后的我仍痴迷与深爱着它的原因,因为那里不仅有丰富多元的他者文化,而且我所涉足的这片壮乡沃土会情暖人心。

"田野"工作不仅是我们学术的生命,更是我们生活的一部分,或许是用生命换来的那些他人看似毫无价值的资料。其实,并没有什么价值和无价值,当你用尽全力去做了这一切的时候,它就是有意义的。当你在田野地做出某些选择时,你收获了勇气;当你只身一人奔赴异国他乡时,你收获了坚毅;当你成功融入这片乡村沃土时,你收获了成长……而田野,终将会成为我们人生微甜的回忆。

道公、乜末在村中池塘边为村民举行"求花"仪式　　　　(凌晨摄)

左侧为道公仪式场域，右侧为村民用餐地 （凌晨 摄）

仪式中的"乜未"与周围受众村民 （凌晨 摄）

记忆中的那道亮丽风景

高　源（知识产权出版社）

我至今依然记得那抹色彩，那是一个虔诚信仰下五彩斑斓的世界。

2008年，汉族身份的我第一次心怀忐忑踏上田野地，在充满异质性的城市中找寻那一座座清真寺时，清真女校为我打开了田野的大门。

还记得那个夏天，我站在兰州西关中阿女校门口徘徊的情景，迟疑、紧张，各种不安，怕她们拒绝我这个外来的异文化者，怕"culture shock"引发不必要的误解，怕出师不利影响后续田野的开展……而当我小心翼翼地跨进女校的大门，一切紧张与不安都消失了。一位戴着粉色头巾，身着米色长袍的中年妇女微笑着迎接我。她就是这所女校的校长马春霞。西关中阿女校是我进入田野的起点，在这里，我结识了有着虔诚信仰的年轻的回族穆斯林女性、寻找群体认同的汉族穆斯林女孩以及寻求宗教归属的老年穆斯林妇女。她们每个人都有一个生动的故事，每个人都对人生充满憧憬。也是在这里，这些穆斯林女性帮助我织就了一张四通八达的田野访谈网络。就这样，我通过女校介绍认识了清真寺的阿訇和寺管会主任，进而认识了一个个穆斯林，听他们讲述那些生动的故事。

我原先以为清真寺是城市穆斯林群体族群认同的归属地，但女校的存在让我了解到，清真寺之外，女校这一"有限的空间"

同样维系着当地穆斯林群体的族群认同。马春霞校长告诉我，西关中阿女校是兰州开办最早的清真女校，成立于1991年，由西关清真寺创建，清真寺负责所有的经费支出。尽管如此，办女校最大的问题还是经费问题，所以，大多数女校都是寺办，女校老师工资相对较低，当时平均每月800元，学费基本是不收的。用马校长的话说，这就是"为教门做贡献"。

在调查过程中，还有一所独立办学的女校——崇德女校，它是兰州当时唯一一个由穆斯林妇女自己创办的女校。由于是独立办学，面临的困难相对较多。经济实力雄厚的寺开办的女校拥有明亮的教室、崭新的桌椅和文化素质较高的老师，而崇德女校的教室是从旧的居民楼租借的，课桌椅都是回收的旧家具，老师们的工资更低，当时每月只有300多元。身为校长的马玉兰女士告诉我，崇德中阿女校成立于2004年5月，因为周边社区流动人口很多，大多是文盲、半文盲，所以办这个学校就是为了扫盲。她说："我们根本想不到一些回族家里有多穷困，他们一般从外地来，融不到当地社区中，子女又多。所以我们几个热心人就办了这个学校，免费给她们上课。我们这个学校和任何寺都没有关系，因为女校在有些阿訇眼里是不合传统的，也遇到一些阻力。尽管这样，女校的老师们依然充满热情地投身到宗教事业中，贡献一点微薄之力。"为了筹措办学的经费，马玉兰校长和几个负责人四处奔波，也正因如此，她们相较其他女校的老师具有更广泛的社会联系。

我在田野过程中发现，尽管兰州清真女校近年来得到了很大的发展，但是独立办学的女校很少。这说明兰州穆斯林女性的主体意识仍然存在一定的局限性，她们摆脱不了"男主外女主内"

的旧观念，所有行为的合法性都来源于清真寺的认可。但即使这样，她们还是在女校这一属于穆斯林女性的空间实践着自己的信仰，书写着自己的人生轨迹，绽放着属于自己的色彩。于是我们看到，不论是寺办还是独立办学，在这一有限的空间里，"羞体"传统彰显着穆斯林妇女自身的信仰观和独特的精神面貌。那些五彩斑斓的头巾映衬着一个个美丽的面庞，头巾这一真主赋予女人永久性的象征，在此变成了穆斯林女性独特的民族识别象征。正如杜磊所说："当伊斯兰教与回族身份之间的历史关系在中国其他地区演变为更加模糊、更具争议性的格局时，西北回族穆斯林社区的服装代码却证实了一种完整的，甚至是复苏的民族意识，这种意识孕育出一种分离的身份。"[1]当某些民族特征在主流社会逐渐变得模糊，另外一些符号性的特征就会得到彰显。穆斯林女性的头巾这一"服装代码，穿着者以及社区对它的解释，提供了一个丰富的关于主体地位和社会潮流的符号集，其中可以找到宗教信仰、种族归属、国民资格、参与现代化的渴望等方面的表述"[2]。

可以说，女校是伊斯兰文化和中国传统文化相融合、相适应的结果，它是社区中女性宗教教育的重要场所，它以独特的方式，通过培养"清亮的女子"，成功地为每个家庭培养了合格的穆斯林女性，这些女性进而以妻子、母亲、女儿的身份，在家庭内部起到了辅助丈夫发扬伊斯兰文化，向子女传授伊斯兰文化，

---

[1] Gladney, Dru C. (1991) *Muslim Chinese: Ethnic Nationalism in the People's Republic*. Cambridge Mass.: Havard University Press.
[2] 水镜君、玛利亚·雅绍克，《中国清真女寺史》，生活·读书·新知三联书店，2002年，第319页。

对老人进行伊斯兰文化反哺的作用。这样,在家庭的基础上,穆斯林的宗教社区得以维系,社会内部的秩序、传统得以维持,伊斯兰传统得以重建。

更重要的是,随着社会的发展,很多穆斯林女性十分明确地意识到确立主体意识的意义。她们关注自身的发展,渴望得到应有的位置,承担必需的责任,实现自己的理想和抱负。她们不再依赖男性,而是自觉地承担起发展教门的重任,意识到作为一个好妻子、好母亲不仅仅意味着围着锅台转,还要传承伊斯兰文化,发扬伊斯兰文明;她们积极奔走于社会团体之间,为救助穆斯林贫困群体而努力;她们渴望知识,刻苦学习,努力成为一个合格的穆斯林;她们不再自卑、怯懦,她们戴起头巾,自豪地宣称"我是一个穆斯林"。

2012年,兰州,最后一次长时段的田野调查。在西关中阿女校暑假班结业典礼上,马春霞校长让我给师生们拍一张结业合照。镜头定格的一瞬间,我忽然有些感动和不舍,那些质朴的笑容、坚定的信念以及对待生活的乐观态度,可能是我最后一次田野最大的收获。

那年夏秋，在阿克塞

徐文奇（南京大学）

夏天是中国西北的旅游旺季。一天，我在阿克塞县城最受欢迎的牛肉面店吃饭时，一辆吉普车停了下来，从上面走下来老的少的几个人，打头阵的是个中年人——一家的顶梁柱兼司机。那中年游客说，这真是鸟不拉屎的地方。看到这样的人，就没什么好说的了。他们吃过饭就赶路，和这里牵连极少。和他们不一样，我到这里已经很久，而且还要继续待下去。

就像古龙小说里的人物，我到了一个遥远的边城，做一个忧伤的浪子。每天都吃牛肉面，真的很烦。所以换着法子吃，粗的、细的、二细、三细、毛细……牛肉面的分类博大精深。我现在记得的有三家牛肉面店，老板们都是临夏来的回族。有时候是去吃炒拉条，还记得有一家会放很多肉。阿克塞草场众多，最不缺的就是肉。

有一天我在马路边看一群回族宰牛，那是我人生第一次现场看人宰牛，在那之前，我只听过庖丁解牛的故事。在庄子讲的那个故事里，庖丁简直神乎其技，绝对游刃有余，好像解牛的现场没有流下一滴血。然而亲身来到屠宰现场，感受则完全不一样，原来宰牛这件事要好几个人一起操作，而畜生也会痛——挣扎起来可不要命，原来真是"白刀子进去红刀子出来"，一头看似很高大的牛，最后能吃的不过是几十斤肉，其余的都是杂碎。回族给动物剥皮的技术那才叫绝，刀子在皮肉连接处划过，两者像泡沫破裂一样随随便便就分离了。宰牛不仅是体力活，而且还是技术活，在漫长的生活实践中，回族发明了各种各样的生计方式，以适应当地的生存环境和社会环境。

虽然我的研究主题不是回族，但他们就这样走进了我的视野。在西北，乃至于西南，有生意的地方就有回族的身影，在阿克塞也不例外，就算走到深山的草场和沙漠戈壁的边缘，都能看到他们的身影。他们多从事皮、草生意。皮是各种动物的毛皮，草则是冬虫夏草——虫草在阿克塞这里不多。翻过一座当金山就到了青海，然而我从未翻过当金山。从我所住的县城看去，当金山顶总是积雪绵绵，太阳一出，山顶就闪着金色的光芒，令人想起很久远的事情。

当地人说，这里之所以叫当金山，是因为曾经作为阻挡金兵的屏障。然而，稍有历史知识的人都知道，这不过是大汉族历史观下的糊涂账。这里历来是游牧民族的天下，然而就草原的品质来说，是很不好的。河西走廊在这里走到了一个尽头，当金山在现实生活中确实是屏障。从阿克塞朝西走就到了新疆若羌，那片广袤的库木塔格沙漠成为两省之间的天然分界线。鲜有外人知道的是，那遥远的沙漠边缘有一个人造的村庄，他们全都务农，无一例外都是汉族。就算是阿克塞本土人，也多只闻其名，未曾真正去过。

阿克塞是哈萨克人自治的县城，却有一个村落纯粹是汉族。汉族过着与哈萨克族隔绝的生活，两种文化之间的边界就是横亘在村庄与县城那一百八十多公里的戈壁滩，地理的天然区隔，使得那里似乎成了一个很纯粹的文化区。

我的专业是民族学，很早之前，在决定到阿克塞的时候，我就准备研究哈萨克族。虽然当时对这项研究一点感觉和学术设想都没有，但我还是去了。到了之后，我改变了自己的研究方向，转而想知道那个汉人村庄的生死历史。

田野就是这样充满变数，你没有办法设想你的研究主题，一切都要随机应变。当你踏上旅程，迎接你的不可能是温暖的床和舒适的生活环境，只能是未知的挑战，就算你再勇敢，有时也会产生畏缩心理，但是当你想要撤离的时候，你会想起前人的忠告——田野调查乃是一个人类学家的成人礼。一个声音在说：你不想成为真正的人类学家，就尽管撤退吧！所以你只能坚持下去，当你回首往事的时候，想到自己有过这样一番人生经历，会感到很快乐，同时你也会很伤感，因为那一切都过去了，连同你曾经有过的那个做研究的好年纪。

实际上，我在阿克塞做了两个研究。一个是关于那个汉人村落的，我记录了它的生命历程，在不同历史时期，它呈现出不同的面貌，这简直就是共和国历史的一个缩影，同时它展示了权力无所不在的特性，因为就算是在那个谷歌卫星地图上都未必会标明的小村庄里，还是有镇上派驻的第一书记。

第二个研究是关于哈萨克族历史书写的。本能地，很少有人会觉得"阿克塞"这样富有少数民族色彩的村庄会是甘肃管辖的地盘，它不是应该属于新疆吗？事实上，这里和新疆的渊源很深。这群哈萨克族就是在1930年前后陆陆续续迁徙而来的哈萨克人的后裔。他们经历了一段云波诡谲的历史。本来游牧民族是不擅长讲述历史的，但是当游牧遇到帝国的时候，尤其是当帝国将游牧划归到自己的统治之下后，历史书写就成为一种必然的要求，更何况，20世纪50年代轰轰烈烈的少数民族社会历史大调查几乎深入到神州大地各个边远角落,阿克塞哈萨克族又怎能例外?在不同时期的阿克塞哈萨克族的历史书写里,权力的影子都昭然若揭,它们似乎在隐隐地告诉我们,历史书写不单单是真实的素描,而且很有可能是现实社会环境的产物。正是在这个见解上,历史人类学的研究才有了意义。官方和民间、国家与其治下的少数民族,必定有不同的立场与看法,就海登·怀特所言的历史书写的种类而言,也会有很大的不同。在这个碰撞与博弈的过程中,阿克塞哈萨克族的历史虽然得以曲折委婉乃至于貌似全面地呈现,但是与大贯惠美子所谓的"历史性"仍然相去甚远。

第二个主题成为我的毕业论文。答辩时,有老师跟我说,你质疑了别人书写的历史的主观性,但是你的历史是否也是主观的呢?这是必然的。这也正是怀特的历史叙事学所面对的最多的指责。

对一个民族学研究者来说,经历一番田野,写出来论文交差,就算了事,学术争辩好像没有出过那个答辩室。但是另外一种意义上的具有国家政治意义的民族学研究,则是会上升到国策层面,这正是本学科研究的复杂性所在。

事后想想,生活中的哈萨克族的形象是那么鲜活,而我的论文却只记录枯燥的历史书写。那些可爱的哈萨克朋友们喝着酒、唱着歌、跳着舞,和我开着各种各样的玩笑,这些场景仍然记忆犹新,却成为远方的影子,仅仅作为回忆的一种佐料。

我没有反映他们现实中面临的最迫切的问题,譬如游牧心性的丧却、牧业的萎缩、日常生活中涉及牧民常识的民族知识的退化、日益体制化的生活的种种限制、民族语文的书写功能的退场等,这些迫切的问题,在国家治理的统一要求下,似乎变得不那么重要。哈萨克族在受制于环境而被改变的同时，也在谋求着自我改变。与此同时，酒风盛行却成为地区性问题，这种现象并非独有，我的一些研究裕固族的老师指出了同样的问题。

如果再给我一次重新田野的机会，我一定能写出更多东西，或许会更有现实指导意义。但是就像人生只有一次一样，在某一个确定的地方进行田野调查的机会也只有一次，当你踏上回访之路的时候，你要么老的无能为力了，要么是职业和身份变化，不再有精力和时间重新投入了。这都是学人之常情。

但是不要担心，新的民族学家和人类学家已经在路上了。

文港：火与冰的记忆

刘爱华（江西师范大学）

读过博士的朋友，可以说对自己以往撰写博士论文的经历无不记忆犹新。因为那是一段让人无法忘怀的岁月，每个人都成为时间机器上的"码字员"，竭尽心力思考、写作，个中滋味，如人饮水，冷暖自知，其中既有行文流畅时的欣慰、兴奋、激动，也有思维枯竭时的苦恼、沮丧、失落，对于注重田野的民俗学博士生来说，田野的甘苦更是别有一番风味。

我是跨专业考取北师大民俗学博士的，民俗学基础不好，选题是最头疼的事情。当时绞尽脑汁找到了南昌瓷板画这样一个国家级非物质文化遗产项目，并作为自己的选题，总以为在家乡调查方便，但后来的田野让我费尽周折，因为这个项目保护传承还处在起步阶段，没有保护传承中心，调研必须到传承人家中去，能够联系上的传承人又不多，且都分散在市区不同的小区里，而且一个重要的传承人住的小区安保设施很严格，到访时很不方便。在经历了两个月的调查后，我感觉调查很难推进，心情很是抑郁。一个偶然的机会，一个亲戚听说我的事情后联系我，告知我他老家在进贤县文港镇，邻近南昌市，那里几乎家家户户都制作毛笔。我在想，农村家家户户都制毛笔，那是怎样一种场景，至少调查不难，这让在调查中碰壁的我看到了一线曙光。和导师商量后，我临时决定换题，但那时已经是博二快结束了。正是经历了这样一种波折，让我与文港毛笔结缘，也让我真正体验了一段火与冰的日子。

当时已近暑假，对我来说，要想三年内毕业，意味着我将在剩下的一年内将调查、写论文乃至找工作都全部完成。时间非常紧张，在简单搜集梳理了一下文献资料后，我赶回南昌，和那个亲戚沟通了一下，背了两个大包，急忙赶往南昌徐坊客运站。去文港镇的汽车是沿途拉客的，很不准时，我在客运站等了一个多小时，到达文港镇时已经是下午两点多，又饿又累。当时已经是2010年7月，天气很热，交通也不便利。到亲戚家简单吃过午饭后，他帮我联系了他的堂兄，住在毛笔专业村——周坊村，且一直从事毛笔制作的周英发。在周坊村，周英发大哥很热情，他帮我联系住宿，但因天气太热，主人一般都住一楼，二楼都如通电的熨斗一样烫，基本不能住人，不得已，他安排我住在他家制笔兼放杂物的房间。虽然里面比较脏乱，但至少有一个可以落脚之处，而且一想到论文，感觉这点困难根本不算什么。在周大哥家住了几天后，天气实在太热，周大哥和村长商量，让我搬到村委会办公室去住。村委会办公室宽敞整洁，而且有吊扇，但是没有床，我只能在办公桌上休息。我在周坊村待了两周左右，走访了一些老艺人，其中一个是毛笔著名品牌邹紫光阁的老员工，一个是当时周坊毛笔厂的厂长，都经历了中国社会的急剧变迁。他们对周坊毛笔的渊源、制作分工、组织变迁都有一个大致了解，为我的论文写作提供了一些重要线索和口述资料。

周坊村俯瞰图　　　　　　　　　　　　　　　　（周苏雁 摄）

　　周坊村与很多传统村落一样，空心化很严重，不少年轻人都外出打工了，很多制笔技艺较好的村民都纷纷搬到了文港镇，要更好地进行调查，就必须到镇里去。在朋友的介绍下，我在镇上好不容易租了一间房，房间比较整洁，还带了卫生间，唯一的不足就是在顶楼。刚住进去时是阴天，还凑合，随着南方慢慢进入"桑拿"天，我才体验到什么叫煎熬。我住在顶楼，楼顶有个耳房通到楼顶。刚开始几天，到中午时在楼顶冲几桶凉水后午休也能凑合，到7月底，房间就像蒸笼，不要说午休，晚上也热得难以入睡。最糟心的是那段时间因为用电负荷太大，镇上经常停电。8月3日那天，气温高达39度，白天房间里待不住，热浪袭人。傍晚我在楼顶冲了好几桶凉水，房间地面也洒了好多水，床垫也用凉水反复擦了，但还是热得躺不下，一躺下就汗如泉涌。就在这样的"桑拿"天，晚上竟然又停电了，我只能不断洗澡，但刚洗完澡，一到房间就汗水直流，如同重新洗过澡一样。最郁闷的是，那晚停电后一直没来电，床上基本躺不下去，我就坐在椅子上，在电脑上写田野笔记，但汗水顺着手臂不断流下来，键盘上都是汗水。我现在还保留着那晚的田野笔记，其中一段写道："都快到午夜十二点了，现在还没有来电，我想今晚我是无法入睡了。呵呵，这就是调查，别人还以为自己可以到处观光，谁知道我们调查者经受了怎样的艰辛和苦楚啊。不行了，不能再打字了，到处是汗水，打字渗出的汗水快把键盘湿透了，如果把电脑弄坏了，可真完了，因为电脑上有自己调查两个多月的辛苦汗水啊。"这就是那晚在文港的真实生活状态。因为天气太热，那段时间我身上长出了一大片痱子，燥热痒痛难耐，到8月6日，我实在坚持不下去了，不得不提前结束调查。

后来我又去文港镇调查过一次，撰写好初稿后，至2010年寒假，我第三次去文港，补充调查一些东西，重点调查毛笔交易市场。文港毛笔交易市场有早市和常市之分，一般在农历尾数为一、四、七的日子，全镇甚至周边乡镇的制笔农民都来文港毛笔交易市场赶集，将自己的毛笔、笔毛、笔杆等带到市场交易。前期的两次调查，使我认识了不少朋友，其中一个就是桂根水大哥。他是一个很热心的人，家就住在毛笔交易市场旁，对毛笔文化很感兴趣，他虽然只有小学文化，且不会用电脑，但一直在钻研，甚至自费在香港出版了一本名为《笔殇》的专著。我们第一次见面时，就相谈甚欢，他还邀请我住在他家。如果说暑假的调查是火的考验，那么寒假的调查就是冰的磨砺。南方的冷，是湿冷，虽然气温很少到零下，但没有暖气，那种刺骨的寒冷，北方人自然体会不了。

那几天下了雪，天气特别冷，但为了更好地了解早市的情况，我和桂根水大哥约好了早起时间。2011年1月17日凌晨五点我们就起床了，可还没出门，就见市场里灯火通明，人声鼎沸。参加集市的农民手里拎着一串串毛笔头，自然排成一排，让购笔者挑选，如同菜市场卖菜一般。据说参加早市的农民制笔手艺很一般，只是为了贴补家用才制笔，到上午八点左右他们就会陆陆续续离开。那天早晨我站在旁边观察，看到不远处有一个年轻人双手插在羽绒衣口袋里，也站在一旁。我就找准机会，和他聊天，他告诉我他是靠近周坊村的老屋雷家的，并指着站在人群里的女人说那是他老婆，他骑摩托车载她过来。他告诉我，这段时间很辛苦，不管什么天气，他们早上四点左右就起床。我问他做毛笔收入如何，他面有难色地回答说钱不好赚，很辛苦，除掉开支，夫妻俩一天也就赚二三十元。至于销售情况，他说存在偶然性，有时好销，有时很难销。到八点左右，早市的人群渐渐散了，常市的铺面、摊位也陆陆续续"开张"。尽管大雪还在继续，但人们还是顶着冰雪酷寒，坚持制笔、卖笔、参加集市，他们的坚持让我感动，我也深切地体会到了生活的艰辛。我想，也正是他们的坚守，循着祖先的轨迹，才维系和延续着文港毛笔的辉煌。

  博士毕业已经七八年了，当时博士论文写得很纠结，田野调查更是"崎岖周折"，而且常常走进"死胡同"。今天看来，尽管那段经历很苦，但却更显珍贵，如果没有写作过程、田野过程的曲折坎坷，我也就无法真正理解学术的厚重与意义。文港田野调查经历的火与冰的记忆，不是我学术的终点，而是我学术的起点，让我终生难以忘怀，可以说是跨专业的我真正的入门课和弥足珍贵的人生财富。

文港毛笔交易市场的早市 （刘爱华 供）

心中的马缨花：记 2012 年昙华彝族插花节

翟羽西（北京市密云区第二中学）

昙华乡位于云南省楚雄彝族自治州大姚县，古老而秀美，相传是大理国时期一位文人在游览此山时题名的，故"昙华"因"昙华山"而得名。走近昙华，仿佛到了一个离太阳更近的地方，云雾缭绕的千柏林，澄净湛蓝的天空，好似仙境。

"每年的农历二月初八是楚雄大姚县昙华乡彝族插花节，来自四方的宾朋及彝族民众都会相聚在这里。插花节以其盛大的节日活动、热情好客的彝家人、古老而神秘的宗教仪式、多民族传统歌舞和民俗娱乐活动等享誉四方，近年来被列为世界一百个著名的民族传统节日之一。马缨花在当地彝人心中是彝家女的化身，她曾经拯救了彝人的子孙，故将这个植物崇拜的习俗保留至今并衍生出了纪念这位彝家女的节日，即如今的插花节。"云南省楚雄彝族自治州大姚县文化馆白馆长带着对马缨花的崇拜与敬意，向我介绍着插花节的来历。

花美歌甜

二月初八早上六点半，天刚蒙蒙亮，我跟随身穿节日盛装、成群结队的当地村民，赶到昙华山东面采摘马缨花。漫山遍野的马缨花，五彩斑斓，美丽动人。

走了大约半小时来到了一棵马缨花树下，一位小姑娘告诉我说："一定要采摘鲜红色的马缨花，朝列若和咪依噜用鲜血滴洒在昙华山的每一寸土地上化作了鲜红的马缨花。"说罢,她便掏出自备的镰刀,熟练地爬上树开始采摘,大朵鲜红色的马缨花在风中摇摆,仿佛在向远方的来客微笑。

采花时,爽朗的彝家人哼唱着优美动听的当地民歌。彝族姑娘李章翠带着对昙华山的崇敬之情唱起了《昙华山好地方》。这首歌装饰音居多,节奏规整,旋律婉转动听。

昙华彝族的民歌完整有规律,歌唱形式以独唱为主。李章翠迎着朝阳,向远方的客人又高歌一首《彝家人爱唱歌》,以表达采花路上的快乐与激动,优美动听的天籁之音久久回荡在耳畔……

回到村子里,人们将采来的马缨花插在自家每一扇门上、房子周围以及农具上,连牛角上也被绑上了鲜红的马缨花,当地村民说:"这一方面是为了装点家中的节日色彩,更重要的是为了驱鬼除魔,为家中祈福,希望能带来好生活。"

走进一户农家,一位长者正在插花,他微笑着告诉我:"在彝族古老的习俗中,插马缨花有一定的讲究,要由家中的长者进行插花,还有先后顺序,首先要插在祖宗的牌位前,希望能保佑子孙后代兴旺发达;其次要插在大门上,希望彝家女能像咪依噜一样美丽善良、勇敢坚贞;再次要插到家中牲畜圈里,希望牲畜长得又肥又壮;最后要插到田间地头,寓意庄稼长得又高又好,期盼获得好收成。"

走出农家,放眼望去,村寨一些通道上也搭起了用马缨花装点的彩棚,彝族姑娘小伙的帽子、口袋上也都插上了鲜红的马樱花,营造着节日的气氛。

热情迎宾

十点钟早饭过后,十里八村的人和远道而来的专家学者、摄影爱好者、医学研究者以及游客纷纷聚集到松子园村彝园葫芦广场上参加插花节迎宾仪式。

走在青山碧水间,我在远处便听到了唢呐和山号的混响,看到了身着色彩艳丽的节日盛装的彝家人。走近后,映入眼帘的是六个山号和两个唢呐乐手分别站在左右两边吹奏着天籁之音。

插花节迎宾仪式　　　　　　　　　　　　　　　　(翟羽西 摄)

毕摩是昙华彝族文化的重要传承者,每年的插花节仪式活动都少不了毕摩的主持与祭祀。三位老毕摩头戴神帽,身着神衣,右手持神铃,站在路中央微笑着欢迎来往宾客。松子园小学的学生们还在老师的带领下身穿彝族服饰,排成两列手拉手跳脚,彝家妇女也身穿富有现代气息的粉色秧歌服,手拿花环,喜迎四海宾朋的到来。

热情的彝家人用松枝搭起彩棚,挂起"彝山欢歌喜迎四海,马缨盛开笑纳八方"的条幅,斟满酒杯。过往宾客必须在彝家人的敬酒歌《管你喜欢不喜欢也要喝》中干一杯当地特有的拦门酒才能入门。

拜祭花神

中午一点时分,蹲坐在乡镇府门前的草地上,与众人一起品完了彝家特有的羊汤锅后小憩了一会儿便听到千百林中传来的山号混响,祭花神仪式马上开始了。我怀着激动而喜悦的心情,跟随众人,沿着弯弯曲曲的山路来到了千柏林祭祀场地。

主持了多年祭花神仪式的丫古埂村的毕摩李学品老人带着他的两位徒弟,早已来到祭祀场地准备。老毕摩边指边说道:"要将十八朵鲜红的马缨花插到神树上,象征彝家一年四季马缨花开漫山遍野。这棵神树植在千柏林的东边,树前插满的树杈代表众神,左边的树枝代表马缨花神,右边的代表祖先神位,中间代表山神土主。神树下四平方米作为仪式祭台,祭台上摆放着一只装有五谷杂粮的篮子,一大碗米,一块里脊猪肉,一只活公鸡,一杯未喝的茶水,十二支香和一碗从昙华寺盛来的水。"

准备就绪,祭祀仪式正式开始。头戴羊毡帽,身披羊皮马褂,手持神杖、神铃、松枝、鹰爪的老毕摩在神树下进行占卜,卦象合适便向神树点十二支香,磕三个头,将供奉的泉水、茶水、酒水洒在树下,以此祭献马缨花神。

在祭祀过程中老毕摩唱诵着祭祀马缨花神调。祭完马缨花神后，一位陪祭男子将一个装满五谷杂粮，上面盖有鲜红的马缨花的篮子递给老毕摩。老毕摩把五谷杂粮洒在神树东南西北各个方向，希望来年彝家人能获得好收成。

老毕摩对着神树杈用刀子割破祭献的公鸡的脖子，祭拜花神和众神。彝族将鸡血视为神圣的力量，认为它可以驱除一切鬼怪。随后，一名陪祭男子手捧死公鸡朝太阳升起的地方磕三个头，老毕摩边唱诵梅葛经文，边用鸡打到神树前的所有树杈，鸡血四处喷洒，米酒和水也随之被抛洒。根据当地人翻译，经文大意为：又到一年一度的插花节，昙华山的马缨花开，只请马缨花神来做客。拜祭马缨花神，希望你从我们这里离开，不要再伤害我们的孩童和牲畜，要保佑新生儿女孩貌美如花，男孩英俊勇敢，五谷丰登，祈求老老少少和家里牲畜一切安好。

老毕摩在唱诵经文之后，两次将死公鸡和杀鸡刀抛到空中，当地人告诉我，若杀鸡刀和死公鸡头都朝外，则象征已将灾害除尽，若朝内则表示未除尽，就需继续抛到空中直到二者皆朝外。

选花仙子

最后到了选花仙子的环节，每年的插花节毕摩都会询问马缨花神旨意，占卜卦象，选出一位同咪依噜一样，象征着美丽与智慧的彝家女。选花仙子之前，毕摩面朝神树先要唱诵《插花经》。

唱诵完《插花经》后，几位花仙子候选人入场，等待毕摩挑选。手拿羊蹄卦和松枝卦的老毕摩边念咒边口喷圣水绕场一圈，又走到花仙子面前，在其头上不停地摇铃，还把用马缨花木做成的正面代表天卦、反面代表地卦的两片神器在花仙子候选人头上绕三圈后抛到其前面进行占卦,若朝上的那一面都为天卦或地卦,则预示着这位姑娘不能当选,若一个为天卦,一个为地卦,则这位姑娘就当选为本年的花仙子。

2012年插花节选出的花仙子与毕摩　　　　　　　　(翟羽西 摄)

选出花仙子后,老毕摩会给花仙子头上左右两边各插一朵鲜红的马缨花,还用松树枝蘸着碗中的圣水洒在她身上,并将她拉到神树前磕头祭拜,口中唱道:"哎,今日将你选为花仙子,你要当好,给大家更多殊荣,希望所有人都能像你一样貌美,所有新生女都能像你一样漂亮。"

插花节这一传统节日文化属于不可再生资源,是县华彝族文化的标志。它展示了楚雄县华乡彝族地区深厚的民族文化底蕴和浓郁的民族风情,承载了当地彝人的价值观念以及民族精神,展现和升华了彝族文化物态的、外显的形式。我相信,只要科学合理地处理好插花节的传承和保护问题,就能够延续节日文化的文脉,使其永葆活力和生机。

湘西土家山歌王的传奇人生

梁聪聪（辽宁大学）

黄太坤 1950 年 9 月出生于古丈县老司岩村，2015 年 9 月获批湘西州"酉水船歌"代表性传承人。在这之前，他还与人合作，于 2002 年组织了首届永顺县芙蓉镇山歌擂台赛，并在湘西民间山歌协会迎奥运山歌擂台赛中获得金奖，被誉为"土家山歌王"。2017 年 7 月，因参加吉首大学"西南民族文化与乡村社会发展"田野调查活动，有幸与歌王结识。在短短几天的接触中，不时听他说起"我的一生就是一个传奇"，口述过传奇的一生之后，他还总结道："这些都是人间的不平路，全部都搞到我一个人身上来了。"

"感于哀乐，缘事而发"，对不平的反应从山歌根源那里便清晰可见。"采茶要问茶山路，唱歌要理歌源根"，流传于湘川酉水河一带的《歌源歌》被认为是土家歌手的基本功，一说如果要进歌堂唱歌，必须先唱《歌源歌》，只有会唱《歌源歌》的歌手，才有资格进歌堂唱歌。《歌源歌》通过"歌仙"迎翠之口表达了对社会不平现象的倾诉与抗争，穷苦人"挑肩磨脚受欺凌，挖葛打蕨度光阴"，富贵人"花天酒地坐高楼，冬穿皮袍夏穿绫"，这种人间不平事，不由得让迎翠心痛如焚，于是"声声歌儿骂皇天，人间为何不公平"。现如今还有另外一首山歌时常挂在歌王他们嘴边，"山歌好似纠察神，专纠人间路不平。上天能赶乌云走，下地能催五谷生"。山歌被赋予打抱不平的强大力量,正是人们内心情感的真实写照。

民间艺人是民间文化的积极携带者,也是文化传承与创新的主要推动者。他们在享受荣誉的同时,也承受着难以言表的"个人困扰"(personal troubles),当我们把这种个人困扰上升到社会结构中"公众论题"(public issues)的时候,不难发现,这与土家山歌传统中的"人间路不平"不谋而合。黄太坤是高山派第22代传人,目前与三棒鼓永顺县级非遗代表性传承人熊德成搭伴儿在芙蓉镇景区为游客表演三棒鼓,打鼓说唱,或应游客要求在八部堂、土司别院演出。回顾将近70年的生命历程,他以"酸甜苦辣麻莂涩"①七种味道比喻人生路上的崎岖坎坷。"我的一生就是一个传奇",黄太坤首先讲起了自己不幸的童年经历。

在一两岁的时候,他围绕火坑跑动玩耍,一时头晕,不小心头部栽到了火坑里,他坚强地忍住了哭声,父亲痴迷于看书,没有及时发现并拉出他,导致他双目"失明",右侧面部留下了深深的疤痕。7岁上学,两年之后便退学守牛、唱歌,守牛儿歌一般是前人唱过比较浅的儿歌,如"清早起来上高山,见根蛇儿把路拦。见蛇不打有三分罪,见姐不恋是妄人"。12岁放牛的时候,牛摔死了,结果赔了生产队600块钱,5年才赔完,从12岁上工,当时仅记1工分,由于干活不怕苦,拼命地干,做事做得又好,16岁被评为一级劳动力,记10工分。也就是在这一过程中,黄太坤体会到了劳动的艰辛,"山歌好唱口难开,粑粑好吃磨难挨。大米好吃田难种,河鱼好吃网难抬"。

---

① 一般以"酸甜苦辣麻涩咸"做比喻,这里根据受访人表述及解释采用音译的方法,shuo取植物"莂",she或为含有味道的麝香之麝,这里采用一般意义上的涩。

由于不幸的童年经历，在谈到自己的婚姻大事时，黄太坤也不禁感慨万千，"我一两岁头栽到火坑里面去，一双眼睛都瞎了，一生带着个大疤，又不好找屋里人（指妻子）。你看得起的屋里人看不起你，别人看得起我的我还看不起她，就是要选心里聪明的，我不是看表面。后来没有办法，36岁我才成家，再不成家不行了，选不到意中人啊，年龄偏大了嘛！"就这样，婚姻大事也给耽误了，直到36岁才娶到媳妇，媳妇21岁，整整比他小了15岁，领不到结婚证，罚款。由于对赔钱、罚款的记忆刻骨铭心，他便在孩子出生后执意领了独生子女证，获得800块钱奖励，但紧接着第二个孩子出生之后就又被罚了款。

家里人少，改革开放后分田到户时黄家仅分得了一头不能耕田的小牛，没有了父母亲，照顾孩子的任务就落在媳妇身上，等孩子到了上学年龄，黄太坤到广东打工，老板拼命安排做工，可工资很少，他便到江湖卖草药，因为当时社会治安问题的影响，收入也不尽如人意，在做了将近10年之后，2002年，已到知天命年龄的黄太坤最终选择了唱山歌，"我要找我的出路，属于我自己的路"。他当即募资8000元组织了首届永顺县芙蓉镇山歌擂台赛。2007年是一个转折点，他从30多人中脱颖而出，到乾州古城唱山歌，两年零八个月后转到凤凰三江苗寨做了三个月，之后到了张家界，闲季在某大宾馆唱，旺季到武陵源唱，又做了两年。

2012年春节回家路过芙蓉镇，当时正在举行景点圈运动会颁奖晚会，歌王自告奋勇登台献唱，歌声一鸣惊人，便留在了芙蓉镇景区工作，并负责来往媒体的接待。2015年景区换领导之后，唱山歌的被辞退，2016年又被重新请回。老人一天工作七八个小时,工作之外进校园授课,很多时候也是义务性的,没有报酬,"我们在民间,都是干正义的事,小时候父亲、母亲常跟我说,你要做一个有用的人,什么是有用呢?就是能够为别人做事情的人。也是为了弘扬这个文化,负了点责任,所有没有钱也唱。"干正义的事,歌王是这样做的,也是这样唱的,也正是在对好儿郎的歌颂中,民间文化、民族文化始终保持着旺盛的生命力,"吃杯烟来把灰磕,唐王陷在淤泥河。不是仁贵来搭救,万里江山会失落"[1]。

这就是民间艺人黄太坤的生命简史,与整个文化环境、社会环境息息相关,"我用民歌唱人生",通过民间艺人之口,自己以及整个底层民众在反映不平路、人生、日常生活及社会正义等方面的情感得以抒发。"你看我们一个人,一个人的能力是很小的,需要面对的是一个很大很大的社会。不平的路全部搞到我这里来了,我又能有什么办法呢?"能有什么办法呢?不言而喻,山歌就是其中的一个办法。生活与人生路上的烦恼借助民歌得以释放和消解,从而实现了内心的平和与欢乐。"我家住在高山坡,从小生来爱唱歌。天天来把山歌唱,唱得人间好欢乐。"这或许正是土家山歌生生不息的力量源泉。

---

[1] 传统上民众用旱烟袋抽烟,吃完一次称一杯,把烟袋锅中的灰磕打出来,就是"吃杯烟来把灰磕"。

麻山苗族"吻若"

黄镇邦（贵州大学）

我回到省城贵阳已经几天了，可是晚上做梦，见到的都是麻山。

十几天的田野调查，我收获很大。我们中国人都有很强烈的地域认同，虽然麻山距我老家有 50 公里，但由于长期在外，于我，麻山就是家乡。我曾阅读过望谟县布依族作家韦让和王封常写的关于麻山的小说，知道麻山上一些往事。2010 年和 2013 年，我还曾因工作需要两次到过麻山，但每次都是一两天的短暂停留。真正将麻山作为田野调查点，深入了解麻山，还是第一次。我攻读的是生态学博士，方向是生态民族学，麻山的自然生态和苗、汉两个民族的生境是本次调查最关注的问题。人类学田野调查强调掌握调查对象的语言，因此，我的另一个任务就是学习苗语。在老乡们的热心帮助下，我的苗语学习和苗族社会调查都有意想不到的收获。

为避免"先入为主"的弊病，我没有到麻山镇人民政府报到，而是直接坐中巴到了麻山。在麻山九年制学校王封用副校长的帮助下，我住进了岜筛敬老院。岜筛办事处的韦书记就住在我的隔壁，他和岑主任在山花村的杨家下定钱，买了一头年猪，杀猪当天早上，岑主任也把我捎上，好让我有机会现场学习苗语并熟悉当地的生活。我们到达的时候，主人家已经将猪杀好，正在清理杂碎。我在旁边用国际音标记下猪身上各部位的名称，还用自己几天前学到的简单苗语与老乡打招呼。大概是很少有人到麻山专门学习苗语的缘故吧，老乡们都觉得新鲜，他们耐心地教我读准每一个名称。不一会儿，主人家把猪肉抬到正屋，我们就从屋外移到火塘边。在座的杨昌兴大哥是岜筛人，是我想象中的麻山苗语标准音。于是我就请他当发音人了，他除了按我的要求读完课本上的词句，还教我描述一些正在发生的动作，如烤火、切菜等。

大伙都在火塘边忙碌，主人家将一些杂碎剁成肉末，炒得噼噼啪啪作响，一位老乡将切得细细的葱花抛进锅里，他用锅铲翻了两下，整个屋子都弥漫着炒肉的香味。杨家主人把炒好的杂碎均匀地撒在一大盆已经凝结的猪血上，活血就做成了。杨昌兴大哥指着那盆血，兴奋地对我说："吻若。"吻若，就是"吃活血"的意思。在山花苗语里，无论"吃活血"的"吃"还是"抽烟"的"抽"，读音都是"务"，这个音在其他音之前会发生音变，在"若"之前就变成"吻"。

红水河一带的望谟、罗甸以及对面的广西壮族自治区乐业县，人们都喜欢吃活血，布依族村寨里的男子，个个都是做活血的高手。他们将猪脾和少许猪肺放到锅里煮一会儿，然后舀出剁碎，炒干。留下的肉汤，上面还漂浮着洁白的猪油粒，将汤熬一阵，再倒入盆中，让它自然冷却。当汤的温度降到60℃时，就将生猪血倒入其中，用筷子顺时针快速搅动。搅动几分钟就停下来，任凭盆中的血旋转，当转到一定程度，血就会自动逆时针旋转，活血就有希望制成功。待其冷却至10℃左右，血就凝结了，这时将炒好的猪脾肉末撒在上面，一盆香喷喷的活血就做成了。倘若是鸡血、鸭血，就直接将炒好的鸡杂撒在血上，用勺子舀着吃,叫"鸡活血"或"鸭活血"。男子见活血,人见人爱,有些地方连妇女也很热衷,我曾在石屯中学教书,好几次都抢不过那里的女同胞。在望谟工作的多少外地干部,离开望谟多年,还对那里的活血念念不忘。2010年春节前几天,我的好朋友、贵州师范学院的蒋教授到望谟,他本来当晚要赶到册亨县,无论我如何挽留他都要走,最后我说:"我的老庚家在岩脚,明早杀猪,要做活血。"老哥喜形于色,二话没说,决定当晚住下来。

麻山苗族"吻若"有两种,即"生吃"和"熟吃"。眼前的这盆,就是"生吃"了。这样吃猪活血,我平生还是第一次。我心想:"从马林诺夫斯基开创田野调查那天起,人类学就要求与所调查社会的人同吃、同住、同劳动,只有这样才能算是真正地参与观察。这可是与乡亲们共同感受生活的良机啊。"我毫不犹豫就跟大家"吻若"了,接下来是大碗喝酒,我也是"酒精考验"长大的,很顺利地通过了"酒关"。随着春节越来越近,杀年猪的人家也越来越多。在山花吃活血那天,我就交了几位苗族朋友,这几位朋友又将我介绍给其他朋友,因此,我吃活血的机会就更多了,我的苗语好多都是在饭桌上学来的。

一天下午,我从油凹寨走回岜筛的路上,麻山牛场的小熊兄弟给我打电话,说:"黄哥,还记得前几天我说过,我家杀猪的时候要喊你吃活血吗?你现在在哪儿?我去接你。"我毫不犹豫地答应了他。到他家的时候,已经没有活血了,我们就吃干煸火锅。接下来的日子里,我才渐渐明白,"吻若"是麻山上"杀年猪"的代名词。麻山苗族的支系很复杂,人们自称"白族""红族"和"黑族"等,各支系语言不一样,以"吃饭"为例,就有"纳莫""诺码""挪诺"等说法,"吻若"是"黑族"的说法。

因为要一边访谈一边拍照，我在麻山基本上都是步行的，回邑筛的时候才偶尔搭便车。我粗略估计，在麻山的十几天，我步行了100多公里，走了20多个寨子。我有两三位苗族朋友，有黔东南的，也有黔西南的，为人都很实在。在麻山的半个月，让我感到很温暖，无论是苗族同胞还是汉族同胞，他们都很热情。他们无偿为我当发音人，支持我的学习和调查。1月15日，在考察完豆芽井、红坪和冗袍三个苗寨之后，我步行到下伏开，已是下午四点半，回程基本是上坡，我问正在路边烤火的几位老人，是否可以找一个小伙子开车送我一程，由我来雇车。老人说："年轻人，我们交个朋友，你把联系方式留给我们，让这个小伙子送你。"结果，小伙子说："要送可以，就是不能收钱，给钱我就不送了。"小伙子骑着摩托车送我到新龙坪，然后我自己步行至牛场。到达牛场板凳凹时天已黑，细雨霏霏，我问了几个车是否要走邑筛。这时，对面走来一位大哥，说："没有车了，你跟我走，到我那里吃饭，就住我家。"

在西南官话里，"活血"和"和谐"同音，"和谐社会"的提法刚出台，望谟的干部们只要遇到吃活血，都会风趣地说："又来'和谐社会'啦？"从结构主义的观点来看，礼物是维系社会关系的需要，阎云翔先生在《礼物的流动》一书里也从侧面反映了中国人的礼物与人情、社会关系有着密切的联系。我不会抽烟，连一支烟都没有准备，可是老乡们还如此关照我。麻山的"吻若"饭，亲戚朋友都过来分享，其乐融融。在麻山的日子里，我深深感到，这片土地才是真正的和谐。

如今麻山正面临整体搬迁，他们有的搬到望谟县城，有的搬到遥远的兴义市,我还真的为父老乡亲们舍不得。因为在城市里,人们常常是对门而居却老死不相往来,真不愿在十年二十年之后看到热情好客的麻山苗族同胞变成那种冷若冰霜的城市人。

充满诗意的"辽中满族祭祀"

李泽鑫（辽宁大学）

祭祀是华夏礼典的一部分，是民俗学者重点关注的领域之一。2017年农历五月十三，辽宁省沈阳市辽中县蒲河村举行祭祀关帝仪式，祭拜关帝已经成为蒲河村一年一度的重要民俗活动。此次调研的目的就是发现并梳理蒲河村村落记忆与祭礼的发展历程。

祭祀活动（2017年6月7日）在期末考试前一天，一边是考试一边是田野调查，多少让人喜忧参半。祭祀是在凌晨三点开始，所以我们当天晚上十二点从沈阳出发，历时两个小时才驱车赶到。因白天斜风细雨，给初夏的夜晚带来一丝凉意。

"听取蛙声一片"

凌晨的调研让我对辛弃疾《西江月·夜行黄沙道中》这首词有了很深的感悟，因为家庙祠堂在蒲河村西侧的水田地中，距离村子有一公里左右，没有地方落脚又不能打扰村民休息，所以我们选择在家庙前等候。凌晨两点的农村水田边，空气中还夹杂着白天雨后的凉意，乌云密布的天低沉地压着，四周空无一人，甚至看不到一点亮光，满眼是空洞的黑。

只有青蛙的叫声清脆入耳，寂静的水田让青蛙的叫声显得格外惹人注意。很多人听过一只青蛙叫，一池塘青蛙叫，但又有几个人经历过在漆黑的水田周围全都是青蛙叫的场景。一开始还有些不适，调整心态之后，便欣赏到了蛙鸣交响曲，会有一种远离城市喧嚣，放空自我的感觉。

就这样一直等到三点多，才有窸窸窣窣的人出现，我们收拾行囊投身到这次家庙祭祀中。

"庭院深深深几许"

家庙建于水田之中，经过两百米左右的"曲径"，红砖青瓦的小庭院出现在我们面前。小院东南角立着汉字与拼音双重标志的"蒲河满族村"红旗。这是一个小型套院，进入小庭院后再进一个挂有"祭祀祠堂"牌匾的门楼才能看到祭祀关帝的祠堂，门楼两侧贴着的对联为："汉室亭侯忠义扬善留千古，除邪显正圣贤关羽传万家。"据主持祭祀的老人说，整座建筑由关公祠堂始建，起初就只有这一座独祠，后来随着村民捐款，资金逐步到位，才增添了后来的释迦牟尼佛与观世音大师的祠堂，祖宗祠堂，送子娘娘、十不全、胡三太爷祠堂，最后才建了外面这个小院。因为得不到其他资金支持，都是蒲河村村民自己捐款自己建，所以建一个一百来平的小祠堂也需要花费几年的时间。听到老人说这段历史的时候，我深深地感受到老人的无奈与无助。但田野调查大部分都这样，我们进去只是调查，并不能发表自己的意见与看法，做一个忠实的听众，做一个观察者，把一件事尽可能客观地描述清楚，这是民俗学者应该做的分内之事。

宇内乾坤自逍遥

一个偏僻的小村子,一个水田里的小祠堂,暗藏乾坤。光看横幅"辽中蒲河爱新觉罗家庙落成241年庆典",一个家庙能有241年的历史真是不多见的。从1776年即清乾隆四十一年,一直延续到今天,虽然在"文革"时受到过破坏,但是后来又重新生发了起来。从门口两副对联我们知道,这应该是祭祀关羽的祠堂,为什么横幅写的是"家庙",这引起了我极大的兴趣。

"家庙" (李泽鑫 供)

"家庙"在我们的印象里是祭祀祖先的地方,或者是家族祠堂,怎么也不会与关羽有联系,他们是清朝爱新觉罗家族,关羽是东汉末年人,两者少说也差了1400多年,所以不可能是以后裔的身份祭拜。后来听老人们说,这里之前是关帝庙,"文革"时期不让建家庙,因为满族村有优先权就建了关帝庙,把关帝作为祭拜对象,也是一种情感的寄托。

"批阴阳断五行,看掌中日月;测风水勘六合,拿袖中乾坤"

民俗学者对民间信仰应该保持怎样的态度,这是学界争论的一个问题。我刚接触民俗学,但之前还从来没有求过签,在这里求了人生第一次也可能是唯一一次签。求签之前,旁边一个本村的阿姨告诉我:"要求愿,别许愿,许愿是要还的。"至今我都没有明白求愿跟许愿的区别,但当时还是选择许愿,如果能实现,至少我是切身体验许愿是灵或者不灵的。中国有句古话"信则有,不信则无",求神拜佛是求心理安慰。还记得我求签过程有点坎坷,耗时有些久,怕后面排队求签的人等不及,所以我努力摇,最后求了一根后来居上的签。阿姨看完高兴地说是"天下第一签",感觉她比我更兴奋,这些知识她比我懂,我是门外汉。

观察很久,有一个穿格格服的满族人求了一个签,阿姨先捡起来,不让求签人看,嘴里说着:"很好很好,甭看了,看什么看,就是娱乐娱乐。"据我猜测,应该不是特别好。

这时我有两个疑问:第一,有个人说去年求的签没求出来,还有一个说去年求的不好,那么,他们这一年发生不好的事了吗?第二,阿姨在这里扮演什么角色,她信还是不信?这些都是需要我们思考的。

关帝庙　　　　　　　　　　　　　　　　　　（李泽鑫 供）

　　辽中满族祭祀别具一格的祭祀对象、祭祀演变过程和村民对祭祀的态度，是因为先祖对关帝的崇敬，希望关帝保佑家族幸福平安。农历五月十三是关帝的生日，是整个中华民族最怀念关公的日子。中华民族以汉族为核心，各个民族都要把关帝的仁、忠、义传下来。

我在家中做田野

魏 娜（辽宁大学）

自从我开始读民俗学这个专业，连带着我的家人也开始对一些风俗习惯、民俗事项变得敏感起来。尤其是我的父母，经常搜罗各种与我专业相关的事来我这"邀功"，且不说他们提供的"情报"用途大小，单看父母的这种热情，就给我提供了很大的动力。

放假回来，我有点小惆怅，因为要开始准备毕业论文了。我本想做家乡民俗，因为在家乡做田野比较容易，可苦于对这片土地太过熟悉，一时半会儿也想不起来有啥可写。母亲就跟我说不如研究家里的土陶。在母亲提及之前，我还从未想过土陶的事情，她的话给我提了个醒，将我的研究拉入眼前的生活。一直以为土陶是我再熟悉不过的器物，我对它足够了解，可经过对家中长辈的几次访谈，才发现伴着我成长的土陶也有我完全不知道的一面，也让我知道在家里做田野也不是件容易的事情。

过去做陶是我们家族的谋生手段，族里每一个男性成员都会做陶。我十岁之前，家里还有一个小作坊，爷爷和太爷（爷爷的一位叔叔）每天的生活重心就是做陶、卖陶。如今，坚持做陶的只剩下太爷了，所以我就先去了太爷家。听我说想了解土陶的情况，太爷仿佛遇到了知音，话匣子一打开，就开始侃侃而谈。太爷首先问我还记不记得村子原来的名字，这我当然记得。我们村除了现在的村名，还有一个曾用名。这个曾用名的由来就是因为土陶，说起来，也是我们家族史的开端。不过，我虽对村名记忆深刻，但关于家族史的内容还是第一次听太爷提起。

我们的老家原在山东临沂，家族世代以制作土陶为生，那时候土陶是"要饭的买卖"，挣不了几个钱，家中勉强可以度日。后来家里送了一场大殡，欠下不少债，日子更难了，我爷爷的太爷兄弟三人，带着各自的妻儿一路奔波，来到了山东台儿庄，投奔早已在此安家的堂叔。在新的土地上，他们兄弟三人做的第一件事就是凑钱买了两亩地，挖土做土陶。当时，台儿庄地区做土陶的不多，民众对土陶的需求量很大。经过兄弟三人的努力，家族里的土陶在附近一带还算小有名气。随着生意越做越好，家族里人口也渐渐多了起来，建起了多处新房，甚至吸引了外来的几户人家，原本荒无人烟的空地有了生活的气息，形成了一个小村落。因家族里的人都在做陶，建有多座土窑，土窑作为我们村最显著的标志，是用以区别其他村的符号，所以这个村庄就有了它的第一个名字——窑屋。此外，"窑屋"这个词也起着解释说明的作用，类似招牌幌子，家族由此向外部传递"此村做陶"的信息，也是保存家族从临沂搬迁至此的记忆以及祖祖辈辈做陶的记忆。如今，土陶不再流行，烧陶的大大小小的窑也因为建房用地被拆除了。窑没了，"窑屋"这个名字也不再适合，就像入了学的孩子一样，大家不再称呼其小名，要改称大名了。但家族中的一些长辈仍喜欢说"窑屋"，"窑屋"对他们来说不只是村名，还是他们曾经最深刻的生活记忆。

除了家族史，太爷还讲了怎么做陶的窍门，甚至还拿出《圣经》，说《圣经》里也有提过土陶。太爷对土陶的一些历史的了解是我所没有想到的。在我看来，太爷虽然很会做陶，但他是个没有接受过多少教育的粗人,直到这时才发现太爷原来很懂陶。太爷作为匠人,在年近七十的时候仍然对做陶有着极大的热情,不断创新,他的精神感染了我。太爷作为我的家人,他对土陶的执着和土陶市场的冷清也让我很心疼他。

太爷做的花瓶　　　　　　　　　　　　　　　　　(魏娜 摄)

　　从太爷家出来,我去了爷爷奶奶家,听说我要写关于土陶的论文,爷爷奶奶表示非常支持,就连一向少言寡语的爷爷也开始讲起了他与土陶的故事。爷爷关于土陶的记忆更多地留在"卖土陶"上。爷爷和太爷不只是亲属关系,还是做陶的搭档。爷爷手艺不精,做陶的活往往就落在太爷手里,爷爷除了帮忙蹬木轮子外,就是拉着一板车陶器去街上售卖。那时候家里也做各类缸、罐子、盆,但缸和罐子已经做得比较少了,花盆是我们家的主要货品,是我们家的招牌和标志。所以别的村的人经常称呼爷爷是

"卖花盆的"，虽然爷爷在附近的村落里知名度很高，但他的真名除了本村人外很少有人知道，对外村人而言，他的名字就是"卖花盆的"。土陶为我们家族带来了经济收入，也带来了人气和名声，村里村外的人经常来买土陶，族人热情好客，和顾客们保持着良好的关系，在十里八村赢得了良好的声誉。通过土陶，家族在村里有了特殊的地位，在村落治理、人际交往等方面发挥着重要作用。虽然现在已经没有了土陶，但一百多年土陶技艺的积累，为整个家族打下了坚实的基础。从爷爷的言语和表情中，可以清楚地看到身为做陶人的自豪和对过去的怀念。

和爷爷不同，奶奶的记忆主要在以土陶为纽带织就的家庭生活。在发电机尚未普遍进入我们生活的时代，土陶都是纯人力制作。从挖泥到出窑需要大量的劳动力，而单个小家庭的能力有限，因此儿子们往往到了成家之后，还是和父母住在一起，直到孩子们也长大成人，能成立另一个大家庭时才分家。家庭作坊是我们家族的传统经营方式，以家庭为单位，在各自的家庭作坊里制作完成各种陶器，主掌做陶的一般是家里的长者，他们积累了几十年的经验，做陶速度快，成功率也高，因做的是最核心的工作，他们也掌握着家中的话语权，给子女们分配工作——挖泥、和泥、蹬轮子、烧窑、出窑、外出售卖。因为土陶，整个家族成员紧紧联系在一起，分工明确，有条不紊，家族内部的关系一直以来都很和谐。但这种和谐往往以牺牲一部分家庭成员的利益为前提。爷爷的父亲，也就是我的亲太爷爷脾气很大，又很固执，家里有谁稍不顺其意就会招其打骂。爷爷初学做陶时手比较笨，太爷爷经常顺手搓个泥蛋打他。就连吃饭的时候也要太爷爷先动筷子，别人才能吃，否则又是一阵打骂。大家庭里总是有很多规矩，这样才能维持大家庭的生活秩序。族人们每天与泥土相伴，木轮吱吱呀呀地从年轻转到年老，从父亲转到儿子。但是，待它转到我父亲这一辈时，却转不动了。从我父亲这一代以后，有了更多更好的工作机会，家族里就没有学做陶的了。我爷爷从2003年后也停止了做陶，开始种蔬菜，也是在这一年，我们家开始正式分了家，大家庭的生活就此而止。

不同的人对土陶有着不同的感情，土陶对我们来说不只是一个冰冷的器物，它因为承载着村落、家族的记忆而有了温情。家族技艺的背后，是民众的记忆构成和日常生活的运转。这次调查，我收获颇丰，但也有些汗颜。前些年的农村，几乎家家户户都有几只土陶：挑水要用陶罐，洗手洗脸要用陶盆，盛粮食要用陶缸，就连夜壶也都是陶的。土陶用途广泛，价格低廉，加上本身易碎的特点，村民们的需求很大。但是随着人们生活水平的提高，土陶做的生活用具遭到淘汰，太爷是个手巧的人，也晓得那些传统的土陶入不了今人挑剔的眼睛，便辟了新路，改制观赏陶。除了传统的罐、盆、缸外，还有小水壶、笔筒、烟灰缸、花瓶等，其中吉祥平安球、五湖（壶）四海是太爷的得意之作，土陶的花纹和造型也都有特殊的寓意。土陶是做出来了，但太爷又开始为销路和传承担忧了。现在的土陶多是被当作工艺品，一般只在古城里的商铺或逢会的时候售卖，销量很少，太爷本想申请个县里的非遗，但不懂怎么申请，愿望也被一再搁置。我对土陶的关注就是从这个时候开始的。

我作为一个民俗学研究生，研究家族技艺得到了族人的大力支持，很快族里就有很多亲戚知道了我的调查。有的长辈跟我说只写篇论文是不够的，得为土陶的出路想想法子。每当说到这里，我都感到很惭愧，因为一开始，我确实是因为写毕业论文才再次接触土陶的。除了写论文，我并不知道我能为家中的土陶做多少。我在家中做土陶的田野调查，除了作为一名调查者，还作为家族的一员，在调查的过程中承担着对家族的一份责任，这份责任让我在努力做一个客观者的同时，时而欢喜时而忧。

太爷做的土陶 （魏娜 摄）

满族萨满神鼓制作：长春市九台区其塔木镇刘家村瓜尔佳氏关云德田野调查

孔朝蓬　刘乃千（吉林大学）

满族，作为起源于白山黑水，生根于中国东北的民族，它的生息繁衍为华夏文明留下了浓墨重彩的一笔，同时对东北民族民间文化的生成与发展产生了深远的影响。2017年6月，吉林大学新闻与传播学院"看中国·外国青年影像计划"吉林行项目的启动，让我们的视线再次聚焦于长春市九台区其塔木镇的瓜尔佳氏关姓家族以及满族萨满神鼓制作的传承人、关氏家族的族长——关云德。

关云德先生　　　　　　　　　　　　　　　　　（孔朝蓬 供）

关云德老先生1948年出生于九台市（今长春市九台区）其

塔木镇刘家村。他的祖先是明朝海西女真辉发部人，辉发部被努尔哈赤吞并后，于顺治年间归顺打牲乌拉，协领衙门旗营当差，世代牲丁，成为专门为朝廷捕捉、饲养、进贡哈什蚂的部落。其近代祖辈是清朝镶红旗人，瓜尔佳氏后裔（原为哈达关姓）。清朝顺治年间，关氏先祖迁至满族乌拉街，受皇命世代为朝廷打猎、制作及修理祭祀器物。

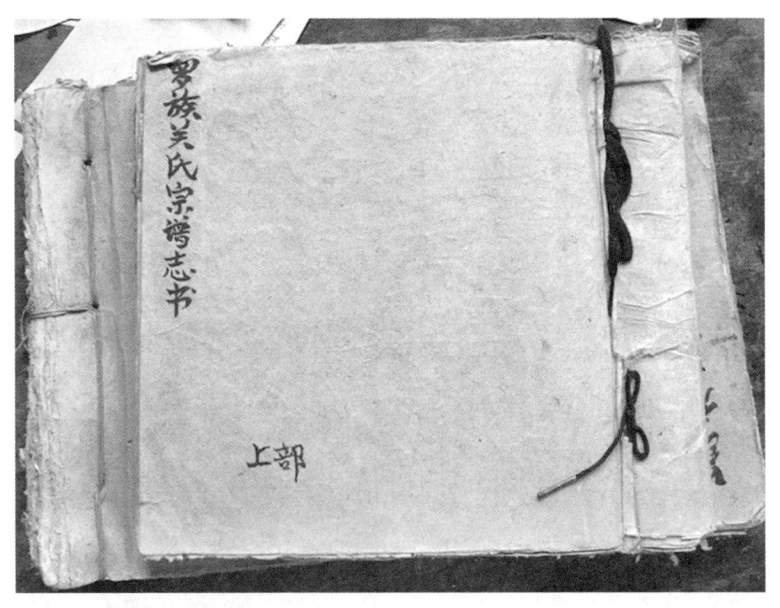

瓜尔佳氏关姓家族族谱（上部）　　　　　　　　　　（刘乃千 供）

关云德的父亲关凯是关氏家族的族长（满时称穆坤达），在修理宗族祭祀用具的过程中，关云德耳濡目染，传承了父辈萨满鼓制作及修理的手艺，并以"瓜尔佳氏第十三代萨满鼓手艺传承人"的身份，将其延续至今。

远古时代，满族人民对自然的认知存在一定的局限性。无法解释的自然现象，难以克服的恶劣自然环境，关于陌生事物的种种假想,最终先民们都通过宗教祭祀的方式宣泄恐惧、敬畏等情绪。在以渔猎为生的东北满族的文化起源中,对自然的敬畏和对生命的尊重,与萨满教信奉的"万物有灵"在历史的交叉点不谋而合。作为满族信奉的宗教,萨满祭祀仪式成了满族官祭、民祭活动中最重要的环节,而萨满鼓就是萨满教祭祀中最重要的用具之一。

萨满鼓有很多别称,如神鼓、抓鼓、单环鼓等,这些称呼都形象地描述了萨满鼓结构的基本特征:用枣藤子特殊制作的鼓圈;直径0.5米、大小适中,蒙以牛、羊、马皮的鼓面;单鼓面附带十字形抓手;配以金属环铃或铜钱,及不同样式的鼓槌。关氏家族制作的萨满鼓常常由4条抓环和8根弦组成,隐喻"四面八方"。瓜尔佳氏的萨满相信,铜钱的搓响和敲击鼓面所产生的巨大声响,可以与天上的神灵相通。我国北方有很多可以进行萨满祭祀或者跳神的家族,都从关云德这里订制萨满鼓。

2017年6月16日,作为制鼓的必要准备工作,关云德老先生要去位于舒兰周边的一片原始森林采集做鼓圈的木材,我们一行人跟随关老先生一同前往。

深山环境极度恶劣,并且鲜有人工开辟的道路,加之大雨过后道路泥泞,"拉拉秧"

舒兰原始山林采集制作萨满鼓的木材

(孔朝蓬 供)

丛生，蚊虫滋生，为本次伐木增加了很多困难。

  据关云德老先生介绍，这种木材名叫"圆枣藤子"，柔韧度高，耐磨耐折，去皮后木材表面光滑，是制作萨满鼓鼓圈的不二之选。

  2017年6月17日清晨，我们一早来到关云德老先生制作萨满鼓的工作室，拍摄制作萨满鼓的过程。第一道工序是切木，关先生先用量尺，按圆周55厘米所需量好木材长度，用砍刀将一整条木材劈成两段，再用劈柴刀将圆柱形木材劈成两半，接着对木材进行更精细的打磨。

打磨木材 （刘乃千 供）

  将处理后的木材圈成圆形，并用麻绳绑好固定。由于圆枣藤本身质地湿润，为了使鼓圈更加坚固耐用，需要将做好的鼓圈放在烈日下暴晒半天。

初步制成的鼓圈 （孔朝蓬 供）

第二步，在等待鼓圈晒干的过程中，关云德老先生开始制作萨满鼓鼓皮。在制作萨满鼓的过程中，有一句老话"神鼓好不好，关键看皮子"，所以皮子的选材很重要。用牛皮、鹿皮软硬适中，且便于取到大块的皮子。一把好的萨满鼓不仅在选材上非常考究，工艺上更是要求裁皮过程中不能有裂口，并且皮子也需要经过浸泡、风干的过程，以此提升皮的紧致和耐久度。

抽鼓皮 （孔朝蓬 供）

经过了将近一天的晾晒和风干，萨满鼓的鼓皮和鼓圈制作完成了。接下来到了萨满鼓制作工艺中难度系数最高的第三道工艺流程——抭鼓皮。萨满鼓成型后，声音的响度主要取决于这步工艺，抭得越紧，鼓声越响亮。

前三步大功告成，第四步就是给萨满鼓穿抓手和铜钱了。八根皮条抓手所指四个方向让手抓部位更加稳固耐用，同时暗喻四面八方，八个开元通宝，象征天地方圆，地阁方圆。

传统萨满鼓制作完成 （刘乃千 供）

经过上述步骤，一个传统萨满鼓就制作完成了。但是今天的满族人又赋予了萨满鼓更多的艺术表达形式——绘制图案。不同地区的萨满鼓传承人会根据当地的风俗和宗教奉养的神灵等，给萨满鼓鼓面绘上独具地方特色的图案。

关云德为萨满鼓绘制年息花图案　　　　　（刘乃千 供）

作为东北满族年俗当中非常重要的年息花，关云德老先生将它绘制在鼓面上，代表着富贵年年，平安吉祥。至此，一个完整的萨满鼓便制作完成了。

舟山人是这样乔迁新居的

刘海琪（华侨大学）

2016年，爸妈终于有了足够的资金，在考察了杭城各个楼盘之后，选定了城南靠江的一套公寓。一年半的时间里，我们全家几度驱车造访到处都是建筑垃圾的工地，亲眼目睹了高楼拔地而起。为了满足好奇心，2017年春节，爸妈和外婆捎上放假回家的我，竟然从工地外的荒地爬过了高墙。春节期间工地停工，只有几条狗和一位看门人，我们几个人就在狗吠和狗追中偷偷地潜入了还是钢筋水泥裸露的房子。就这样，2017年中旬，爸妈走了一次房产公司布置的红地毯，正式拿到了新房的钥匙。

此后半年检查新房，购置家具，到2018年年初，老爸最终决定要乔迁新居了。

老爸是浙江舟山普陀人，这次乔迁新居，他决定按照老家的规矩办。由于是海岛，大家基本是靠天吃饭，因此非常讲究"祭祀""祈福"这些仪式。

1月19日，两辆车从舟山来，塞着满满的水产箱子，车里的人都抱着东西，满满当当地到了新家。姑妈和二伯取出了整个乔迁仪式要使用的物事和供奉的特产，满满地堆了一阳台。

据姑妈说，她先把我们家三个人的生辰八字都写下来，专门找算命的盲人来算良辰吉日。算命先生给了两个日子，一个是1月19日，一个是2月年前的一个日子，老爸则挑了早一些的日子。而仪式开始的时间也有规定，是 12 点 20 分，那天头一个涨潮时，要开始拜菩萨。桌子上立刻竖起了两根绿蜡烛和三支高香。香点上去以后，再请灶头菩萨。高香烧的时间比想象中的长，烧了两个多小时。姑妈还把我们家的地址写好，专门去普陀的庙里请的经，有《金刚经》和《弥陀经》两部。据说两部经的功德可以清房，让阴性物质得到皈依。庙里有专门的法师操办乔迁一事，念一句经写一句经，直到把整个经写出来才算完毕。

菜也有讲究，是"三牲"：我们家用一块大肉、一只岛上吃虾米长大的老黄鸡和两条鱼，每件贡品上都要插上刀具。此外还有"五子登科"：五种坚果、五个包子、五种水果。包子是在沈家门的五星级酒店订购的，酒店有专门的师傅做包子，是流沙包，里面有麻芯、捣碎的枸杞、花生、红枣、核桃等，甜蜜异常。包子按照大中小垒起来，在包子顶上，也用绿色画上一个"福"字。五子登科寄托了一般人家期望子弟都能像窦家五子那样，联袂获取功名，拥有大富大贵锦绣前程的愿望。我爸则开玩笑说，现在的"五子登科"就是房子、票子、车子、妻子、孩子。

下午两点到两点半，动床，就是把家里所有的床挪一下。香烧完之后，就在门口把经烧掉，送菩萨。在大门口生火盆寓意红红火火。期间还有一个小插曲：烟雾惊动了烟雾报警器，物业匆匆赶来，看到是乔迁仪式，哭笑不得，说道："你们要提前和我们打个招呼呀！"

灶头菩萨呢，送的方式则与菩萨不同，要准备红糖茶水、五样水果和三支清香。

到下午三点多，做噶饭，即请家里的祖宗。桌子上摆好了菜，有马鲛鱼、鳗鱼、梅鱼、黄鱼、虾、乌贼、带鱼、龙头鲓等，点好香和蜡烛。需要注意的是，准备好十二杯干茶（茶叶是不倒水的）和十二杯老酒。座椅则是不用放置的（莫非祖宗是站着吃饭的吗？）。

在整个乔迁仪式中，家里的圆桌被挪到了门口，正对着大门。桌子的方位也是有讲究的，要朝着东面。不同于传统风俗中以红为喜，乔迁新居的时候，大门上要贴绿色的对联，敬神要用绿蜡烛，绿色成了祈福的主题色。

事实上，我国各地汉族乔迁风俗也各不相同，但风俗仪式通常由长辈操持，经过口耳相传，一代一代地保留下来，但很多都未曾留下完整的文字记录。风俗习惯所蕴含的意义，也很难寻找到明确的解释。一旦问起，长辈们只是说，这样做是约定俗成，或者借敬畏先祖之名，不愿泄露天机。风俗平添了神秘感的同时，也给民俗研究增加了难度。

这些各地特定的风俗习惯，也为旅游业创造了宝贵的财富。我在闽南地区就读旅游管理专业，期间做科创研究时，也调查走访了漳浦县古村落的各类节日。戴林琳在《从城市到乡村：节事及节事旅游在乡村地域的发展动因及其应用前景》中指出，20世纪90年代之后，乡村地区的节事及节事旅游才日渐发展成为独立的研究课题。

倘若把各地的民俗文化向游客开放，岂不是有了更好的机会保留和传承古老的习俗？趁着熟知风俗习惯的老人还未曾凋零，民俗学者也可利用旅游开发项目的契机，做出更多有价值的研究，发掘其中的奥秘。

庙会上的年轻人

杜 谆（天津工业大学）

记得金泽研究员有一次在评议张志刚教授关于中国民间信仰的主题报告时，提到了一个看似寻常却又引人深思的现象。他说，如果说20年前中国的民间信仰是以老人居多，那么今天依然是以老人居多。问题是，20年前的老人今天可能已经不在了。这说明，20年前不太相信民间信仰的中青年已经成了信众，20年前还未出生的人也已经开始信了。在民间信仰延续发展的过程中，年轻人从未缺场。

作为民间信仰传承最具代表性的文化空间，庙会上也从来不缺年轻人。他们以自身的言行举止，展现出一幅幅五彩缤纷的民俗生活画卷。庙会上的年轻人，大致有以下五类。

第一类是通灵的。据说自绝地天通以来，人神交通绝非常人可以做到，通灵因此成了某些非常之人的非常之术。但此术无法通过后天习得，一个人能不能通灵，不在于他有多勤奋努力，而在于是否被神灵选中。被神圣世界选中的非常之人当然无法用世俗世界的规则加以评判，也正是为了遵循这一原则，越是出人意料，越是违背常理，就越能体现通灵的非同寻常，如通过打破人世间的长者多智、长者为尊的规则，灵童就出现了。可谓是通灵不在年高，哪怕是年过六旬的长者，见到灵童也要毕恭毕敬地叫上一声师父。

在河北新乐伏羲台庙会上，有一种边跳边唱的娱神艺术——打扇鼓。按照打扇鼓者的说法，并非任何人任何时候都能打扇鼓，只有被神灵选中的人且在神灵附体后才能打扇鼓，而演唱的内容则是神灵要表达的话。在众多打扇鼓者当中，年轻的 GY 不论是长相、体形还是唱功、地位，都具有较高的识别度。据说 GY 九岁的时候已经死过，是女娲娘娘把他留下了，从那时起 GY 就开始打扇鼓，后来当过兵，因神经不正常被退回。GY 自称会看病，不论是年长的打扇鼓者还是普通的善男信女，都尊称他为师父。凡是遇到有求于己特别是需要代向神灵传话的民众，GY 都是来者不拒。即使遇到自称是某一神灵代言人的挑衅者，GY 也能够用打扇鼓的方式去维护神圣世界的秩序，并在世俗世界中击败他们。当然，庙会上像 GY 这样的年轻人，不能也不会太多。虽然不多，但对维护民间信仰关系网络乃至庙会存续来说，他们都是一个关键的因素。

向世俗世界展演神圣世界的打扇鼓（河北新乐伏羲台）　　（杜谆 供）

第二类是拜神的。冯仕政教授经过实证研究表明，无神论教育并不能完全抑制民众对神秘力量的宗教体验，一个人的经济状况、精神状态和社会关系网络，对宗教体验的形成具有重要的推动作用。如果把民众对神秘力量的宗教体验置换成年轻人出于对美好生活的追求而拜神，宗教体验形成的原因貌似更适合解释庙会上年轻人的拜神现象。

在市场经济大环境下，资本逻辑难免逾越经济边界，渗透到政治、文化、社会等诸多领域，有钱没钱的区别早已不仅仅是经济意义上的贫富差距，金钱成了人之为人的最大资本。有钱的渴望通过拜神更加有钱，没钱的渴望通过拜神变得有钱，经济状况越不好，对金钱的渴望越强烈。点上一炷香，磕上三个头或鞠上三个躬，神明在上，我负责撸起袖子加油干，你负责机会均等和公平正义，让我们荡起双桨，小船儿划向四海三江。

人生不如意事十之八九。在快节奏的现代社会中，工作的压力、生活的烦恼、学习的困顿，各种事关精神状态的不如意，总有一款适合你。逛街、喝酒、聊天、户外、打游戏、自我调整，常态化的心理干预总也摆脱不了周期性的精神低落。而走进庙会这一神圣时空，那高高在上的昭昭神明，恰如夜空中最亮的星，拜一拜或许真的能够给予指引，照亮前行的路。

人是社会性动物，人与人之间关系网络的建立，不仅意味着相互间存在认同，至少不反对的契约，更意味着言行举止的传染性。一个社会关系网络中，一旦有人为了美好生活而拜神，也就增加了其他成员拜神的可能性。对一个社会关系网络中他人拜神言行的认同和随从，就是对自身成员身份的证明和强化。所以，与日常生活中追求个性的特立独行不同,庙会上拜神的年轻人总是与亲友们三五同行,步调一致。

第三类是相亲的。庙会自古就是相亲重地,把庙会二字拆开,庙指向地点,会寓意见面,对青年男女而言,庙会就是相亲的代名词。在庙会上秀恩爱,可以说完全符合婚姻习俗规范,毕竟相亲是延续香火的首要环节,更为重要的是还能得到神灵的庇佑,毕竟有了人的香火才会有神的香火。一些地方为了凸显庙会的相亲功能,也在努力地丰富庙会的婚姻文化内涵。如河南淮阳太昊陵的二月会,被打造成源于相亲的仲春会,根据出自《周礼》,即"中春之月,令会男女。于是时也,奔者不禁"。

既然是庙上相会,有神做证,测试一下匹配指数就成了相亲的必要程序。从生辰八字到星座血型,算命先生们也在与时俱进。皆大欢喜的预测结果当然最为理想,如果不尽如人意,好在民俗善于自我调适,凡有一个禁忌之处必有一个破解之法,那些原本影响匹配指数的阻碍因素,经过逻辑严密的生克变通,反而被认为是收获美好爱情、圆满婚姻的必要修行。

第四类是看风景的。有人的地方就有风景,熙熙攘攘的人群本身就是一道风景。正如再好看的影视作品也不如身临其境,庙会追求的也是在场感,屏幕上看到的庙会和置身其中的庙会是不一样的。传统文化的复苏也好,休闲文化的兴起也罢,总之,庙会上来了一批看风景的年轻人。他们不为通灵,不为拜神,不为相亲,就为置身于庙会中,去转一转、看一看,体会人潮人海中的有你有我。风味独特的地方小吃、质朴灵巧的手工艺品、喜庆活泼的民间歌舞、庄严神秘的信仰习俗,无不积淀着年轻人的"集体无意识",让每一个看风景的年轻人都成了风景的一部分,与其他人一起成为庙会上的风景。

第五类是刷存在感的。庙会是人群聚集的地方，也是一些年轻人享受万众瞩目的好去处。他们或驾着拆了消声器的机车一骑绝尘，或身着只要面子不要里子的奇装异服招摇过市，或迈着不走寻常路的脚步踩出清一色的吊儿郎当，或拉着唯我独尊的表情宣示我的地盘我做主，或拖着贫嘴贱舌的腔调声张我就是这样的汉子、这样的秉性，他人的侧目、不屑、惊慌、尖叫甚至诅咒，都是自身存在感爆棚的最好见证。在庙会上拥挤的人群中，他们用没有彩排的本色出演感受着人生的光荣，宣告着年轻人到底该如何存在。

或许 20 年之前，庙会上的年轻人在明天你好中逐步清晰自己的归类；20 年之后，庙会上依旧有年轻人重复着昨天的故事。对年轻人来说，庙会上总有一个抹不去的 20 年。

羊拉的神山

窦 薇（云南农业大学）

　　羊拉乡的每一个村落周边都有很多山，村民们的房子就建在山中的平地上。一个一个的村民小组被群山包围，就像汪洋大海中溅起的层层浪花。

　　不错，这的确是一个山的海洋，无数绵延的群山此起彼伏，一浪压过一浪，村民们的房子只能艰难地建在山的海洋中。这里的山并不秀美，壮观但却险恶。山上的植被很少，稀稀疏疏地覆盖在山体表层，有的山体甚至寸草难生，光秃秃的，露出灰黄的土层，在正午太阳最热烈的时候喷吐着焦躁的热浪。即使遇到雨水好一些的年份，山上的植被也不见得长势良好，这确实是一个生态环境较为薄弱的高原山区。

　　藏民们世代生活在这里，虽然自然环境不容乐观，但却建立了深厚的情感。他们相信每一座山都有灵魂，尤其是被大家视为神山的那些山体，那是本地村民顶礼膜拜的对象，是他们心中的神。神山既高高在上，村民们对它们心怀敬畏，又温暖地居住在村民们心中，是村民们家园的守护者，护佑着村民的生命财产安全，甚至村民们的生息繁衍，都与神山有关。

　　在村民们心中，神山有灵魂、有情感、有生命。许多村民小组都有自己的神山，有些是一个小组一个，有些是几个小组一个，或者一个行政村一个，抑或是几个行政村共同朝拜一座名气较大的神山。比如甲功小组有"妈冉雍"，之木格和李农小组有"扎垓",中明小组和下龙小组有"卧龙",则木小组有"宗格"。

至于为什么会把这些山体视为神山,有些是世代沿袭和传承的,村民们也说不清;有些则是因为发生了某些特殊的事件,比如自然灾害或者怪异而无法解释的事,村民就去请活佛来看,活佛念经、做法事之后,会指认出一些神山,从此村民们就把它视为保护神。

神山不高兴或发怒的时候,就会出现异常的天气或气候,比如冰雹、雪雾、狂风、雷霆、飞沙走石,甚至连年的干旱,严重影响村民的生产和生活。这个时候,村民便会认为他们的某些行为惹怒了神山,比如狩猎或砍伐,于是便请活佛来念经,或向神山煨桑,以表达他们的歉意,并表示从此不再发生类似的行为。若是他们的诚意感动了神山,神山便会保佑村民,让他们风调雨顺、人畜安康。

对神山的敬畏和崇拜,让村民产生了朴素的生态保护意识,他们深深地热爱着生于斯长于斯的这片土地,恪守着保护神山的古训。虽然他们世代生活在高山雪域,生存环境异常艰苦,但对信仰的坚守,足以让他们应对恶劣的自然环境,快乐而自足地生活。

村民不仅敬畏神山,朝拜神山,还形成了许多和神山有关的故事传说,其中最有名的是甲功小组的"妈冉雍"神山。传说妈冉雍有七个女儿,有一天她派一个女儿去向卧龙借粮,这个女儿去了之后就再没回来。她又派另一个女儿去看,看了之后也没回来。接着,她又派其他女儿前去,去了之后都没回来,后来传来消息说自己的女儿们都被卧龙留着当媳妇了。当时，妈冉雍正在织布，一怒之下便用法术将手中的梭子扔向卧龙的脖子，断了卧龙的首级，鲜血染红了对面的规吾山，至此才使自己的女儿回到家中，却与卧龙结下梁子，从此卧龙便成了一座无头神山。

甲功小组对面有一座山，被称为"扎垓"，是拥有三个面孔的山神，其中一副面孔朝向里农小组，一副朝向崩垓，分别为两地山神。另一副面孔，据说是因为对妈冉雍产生了爱慕之情，便将这副面孔转向背面来守望妈冉雍，恰巧在这副面孔之下坐落着之木格小组，所以扎垓也成了之木格小组的山神。

可是妈冉雍却与西藏一位叫"孜仁"的山神相恋，并开始谈婚论嫁，妈冉雍也决定要远嫁西藏。终于到了要出嫁的日子，妈冉雍身着盛装，肩披长发，随着迎亲队伍出发了。就在这时，卧龙山神因为之前的事情准备向妈冉雍报仇，于是施法将妈冉雍的头发压在自己身下，阻止了妈冉雍出嫁，从此，妈冉雍将自己的脸朝向了西藏，而被压在卧龙身下的头发变成了三条缠绕着卧龙的河流。

这个美丽的故事中有三座神山是相互关联的。神山与神山之间有爱恨情仇，俨然是有血有肉的世间人，他们的一举一动、一颦一笑都生动活泼。神山之间的这种关联，往往会建立一个生态圈，村民们不仅朝拜自己村里的神山，也会朝拜和自己的神山有关系的神山，比如他们会朝拜"妈冉雍"，也会朝拜"卧龙"，他们不仅朝拜家门前后的神山，还会去朝拜云南藏区最著名的神山——卡瓦格博。

卡瓦格博是梅里雪山的主峰，也和羊拉的神山一样有着美丽的传说。他有妻儿眷属，爱妻曼茨姆峰就位于他的南侧，是玉龙雪山之女。卡瓦格博右侧的雪山为神山王子，四周有五指峰，还有降魔战神大将。如此，卡瓦格博俨然成了一位尊贵的国王，他的周边有王后、王子和大臣。藏民们转山朝拜的时候，都要一起祭拜这些神山群落。不仅如此，藏民们还将不同的神山纳入同一个体系中，并在各个地区之间建立联系网，共同祭祀这些著名的神山。卡瓦格博是藏区八大神山之一，不仅受到本地藏民的朝拜，还受到不少从西藏、青海、四川等地赶来的藏族百姓的朝拜。同样，羊拉的藏民们每年都有人去朝拜卡瓦格博。从家门前后的神山到周边村落的神山，再到本地区最有名的神山，藏民的朝拜就这样慢慢延展，如果有机会还要到西藏或青海、四川等地的神山去转山。

藏区的神山与藏民的生活息息相关，藏民们每天都会在自家的香塔里烧香或者煨桑，一些特殊的日子或者过年的时候都会到神山上朝拜，表达自己对神山的敬畏之情。在藏区，经常会看到崇山峻岭之间香烟袅袅，那很可能就是藏民们在祭祀神山。藏民们之所以有如此深厚的神山情结，是因为他们自古就在恶劣的环境中生存，他们放牧高山，耕种坡谷，生活起居与生产劳动均与高山峡谷、雪域冰川有不解之缘。

藏民对神山虔诚的信仰不仅与他们的生活环境有关，还与他们的世界观有关。远古藏人把世界分成三层：天界、人界、地界。天界的神叫作"拉"，人间的神叫作"赞"或者"年"，地下的神叫作"鲁"。人间的神种类很多，"赞"有天赞、地赞、岩赞，"年"有地年、水年、木年、岩年、石年等。藏民们把自己身边的一切都看作有灵魂的物体。他们世代居住在高原山区，群山与藏民们朝夕相伴，山便是人间神的栖居之所。

藏民们敬畏神山，同时也敬畏和神山有关的万物，他们把山看作神灵栖居的地方，山上的一草一木、一禽一兽、一土一石都有灵魂，他们是神山的家人，都要受到神山的保护，因此便产生了"万物有灵"的观念。藏民们信仰神山，也和这种观念有关。

藏民们早期的神山崇拜属于自然宗教，后来苯教和佛教在藏区得到发展后，神山崇拜就有了宗教禁忌的伦理特征。随着人们精神世界的复杂化，神灵的种类日渐繁多，对远古山神的崇拜被纳入了新的观念，比如英雄和祖先崇拜，于是，神山崇拜便有了丰富的内涵。从原始的自然崇拜到宗教禁忌再到英雄崇拜、祖先崇拜，藏民们的神山信仰也变得更加丰富和多元。

到甲功后不久，我随拉木的妈妈朝拜了村后一座不远的神山，叫"扎久"神山。扎久是一座名不见经传的小神山，也是我到甲功后朝拜的第一座神山。她在本地没有妈冉雍那么有名，但离甲功村比较近，所以村民们经常会去。相比之下，妈冉雍太远了，村民们只有在年节的时候才会去。扎久是一座比较年轻的神山，是近几年才被确认的。听拉木的妈妈说，村里干旱了好几年，村民们请活佛来祈雨。活佛看了风水后说村庄附近有神山，这就是我们将要朝拜的这座小神山，村民们都叫她扎久神山。既然是神山，她周边的一切动植物都不能碰，要受到村民的保护。村民们原来到这座神山脚下采挖一种叫作"卡丹皮"的药用植物，听说可以治牙痛，有消炎止疼的功效。自从确认了神山之后，这种植物就不能再采了，如果继续采挖，触怒了山神，村庄里就会持续干旱。村民们都很守规矩，自此以后就不再采挖扎久神山周边的药用植被，也不狩猎了。

听了拉木妈妈关于扎久神山的故事之后，我迫不及待地想去看看这座神奇的小神山。于是，在拉木妈妈的带领下，我、小贝、拉木和弟弟西绕德吉还有表哥取初，在大年初三的时候去朝拜了这座神山。去之前，我们到村里的小超市买了经幡，每个人都买了一份，这是对神山的一份心意。

我们沿着村后蜿蜒的小路一路向前、向上行走。这是一段不太平整的沙石路，也是拉木妈妈每天上山砍柴的必经之路。对拉木妈妈来说，这只是一段很普通的路，她每天都和村里的妇女一起上山，来回穿梭，有时甚至一天两趟，所以，走这一趟只是家常便饭，就像去上山背一次柴。但对我们来说，就有些艰难了。我们跟随拉木妈妈上山，一路上掀起很多尘土，把我们的靴子弄得很灰，脚下的沙砾不停打滑，有时还有可能摔跤。这一路走过，路边有很多枯枝，还有村民们喂养牲畜的刺栗树，树叶都枯萎了，干巴巴地挂在带刺的树枝上。路上偶尔还会冒出一些孤独的小白花，同样点缀在一丛丛干枯的树枝上。冬天的景色有些萧瑟，干冷干冷的，有好些天没下雨了，虽然是清晨，可雾水不太多，空气湿度也不大。走到后来，坡越来越陡，我们都爬得有些费劲，拉木的妈妈却很轻松，她始终微笑地招呼着我们，让我们边走边休息。

等我们爬上了好几个陡坡之后，忽然发觉自己离地平面已经很高了，整个甲功村尽收眼底，和其余散落在大山坡谷中的村民小组相比，甲功小组已经是一个颇为热闹的乡镇了。民宅错落有致地排列在这个不大的坡谷平地上，卫生院、乡政府、派出所的小楼，还有一些平整的街道，都看得很清楚。村民们的房子彼此之间距离不远，紧紧地抱成一团，只有三户人家离得稍微远一点，拉木告诉我这是甲功小组最远的人家了，村民们把这三户人家叫作三家村。

最令我惊喜的发现是离陡坡不远的前方竟然有一大片白桦林。白桦树生长在雪地里，白桦林多见于雪乡，曾经听过很多歌唱白桦林的歌曲，心中的白桦林总是很青葱，直至看到了东北平原的白桦林和眼前这朦胧的一片，我才确定白桦树原来是这样一株一株笔直的，树干光滑，枝干挺拔，并不粗壮的树。它们总是一棵一棵聚在一起，排成密密的、整齐的一片。冬天的白桦树没有叶子，树干更显得光滑了。它们一棵一棵地聚成一片，远远望去，颇有些诗意。我在这片白桦林前驻足了五分钟，大家都走远了，我才去追逐我们的朝拜队伍。

又走了很长一段路，拉木妈妈告诉我们前面的山路是她们上山砍柴的路，我们要从路旁的这个山坡攀缘而上，而扎久神山就在这个山坡的一侧。当拉木妈妈告诉我眼前的这座小山就是扎久神山时，我并不感到吃惊。因为她太秀气了，甚至有些秀美，难怪村民们把她视为女神山。椭圆的山形，就像一枚鸡子竖着插在山坡的一侧。山体的上半层覆盖着一层白色的沙石，就像覆盖着一层白雪。我仔细观察过，在藏区被视为神山的山体都比一般的山漂亮、有灵气。眼前这座小神山就是如此，她秀美而不张扬，颇有些甜美而宁静的气质。

我们要爬到神山顶上，就要爬上眼前这个山坡。这个山坡上的植被还有些茂密，枝干上有很多叶子，我们得穿过一层一层的枝叶吃力地向上爬。拉木、取初、拉木妈妈都在为我和小贝开路，西绕德吉则很快就蹿上了山顶。我们好不容易爬到了山坡的顶端，扎久神山的山顶就平展在我们眼前。山顶上被村民们砌了一个烧香的天然香炉，里面很深，可以放很多松柏枝，能够焚烧很长时间。

拉木妈妈告诉我们祭拜神山之前要先挂经幡，这时我才注意到神山四周的大树上挂满了五彩的经幡。有的是刚挂上不久的，还有些是挂了很久的，风吹雨淋，幡布都殃朽了，但村民们的虔诚却留在了神山上。我看着拉木妈妈爬上了神山顶，在大香炉里焚烧起了松柏枝，并撒入了青稞种子和圣水，这水还是从雨崩神瀑取来的。拉木妈妈边焚烧边祈祷，口中念念有词，我们也跟着拉木妈妈撒青稞种子和圣水。祈祷完之后，拉木妈妈便带领我们转山，沿顺时针方向转三圈。朝拜结束了，我用汉人的礼节在神山顶上拜了三拜。之后，我们便在神山一侧的坡地上吃了一些简单的果品和糕点。下山的路不再艰难，我们势如破竹，一路冲下了山。

朝拜过扎久神山后的几天，我们到茂顶的孟诚老师家去做采访时，孟诚老师又给我们介绍了本村的几座神山，其中最有名的神山叫作"阿尼仁"。孟诚老师告诉我们，阿尼仁神山保护着全村三百多人的生命和财产安全，并且这个地方的人读书很有出息，这是有证据的。据说西藏三大寺举行辩论、辩经大赛的时候，色拉寺有七千七百位僧人参加，哲蚌寺有五千五百人，葛丹寺有三千三百人，在这次辩论中取得第一名的就是来自路农的僧人。在他们村，考到了葛丹赤巴学位的就有三人。孟诚老师就是村里读书有出息的人，他的孙子和孙女们也在上大学，并且还是不错的大学。

此外，还有羊拉村的荣宗神山，他也有动人的传说。据说荣宗神山的媳妇要嫁给四川的如丛绕巴，并且要用阿昌波河当嫁妆，荣宗神山不同意，一脚踩住了媳妇的头发。于是，荣宗与如丛绕巴之间发生了战争。如丛绕巴射伤了荣宗的右眼，荣宗一怒之下甩出了三鞭，第一鞭落在八字中村，第二鞭落在中米村，第三鞭打掉了如丛绕巴的右臂。

这座神山下面的村里出英雄。据说在清朝末年，登拉就有好几个英雄，其中一个叫作阿娘当归，他穿着破烂，吃穿随意，但身材魁梧，勇猛异常，杀过一百零八个敌人；有一个叫作加里尼玛的民族英雄，是个神枪手，打野狍子很厉害；还有一个叫作穷色丁巴，很勇敢，不怕死，他左手拿刀，右手拴麻绳，看见狗熊直接把手伸到熊嘴里掐住咽喉，一刀下去就把狗熊砍倒了……

关于神山的故事传说太多了，我们所到之处，村里的老人或多或少都能讲出一些和神山有关的故事，这真是一件有趣的事情。听过这些故事后，我再看四野满目的高山深谷时，不再有刚来时的那种恐惧感，而是充满了敬意。居住在山谷坡地上的藏民与神山朝夕相伴，心中的敬畏和虔诚令他们的内心自足和完满。虽然藏区的生态环境脆弱，但他们依旧热爱着这片神奇的高原，热爱着他们的家园以及守护家园的神山。这就是信仰的力量，因为有了信仰，就有了平安，有了幸福，有了一切。

羊拉村荣宗神山 （窦薇 摄）

梅里雪山日照金山 （窦薇 摄）

在敖鲁古雅的一堂田野调查课

宋 莹（苏州大学）

"中国最后一个狩猎部落""中国唯一饲养驯鹿的民族""从原始社会一步跨入共产主义"……位于内蒙古自治区根河市的敖鲁古雅鄂温克民族乡是我的硕士毕业论文田野点，一个被外界贴上了各种标签，曾在2003年因生态移民事件而受到全国瞩目的"明星田野点"。

2018年1月，在做了一年多的前期准备后，开往敖鲁古雅的汽车终于载着我驶入这个让人心心念念的浪漫之地。但让我惊讶的是，眼前所见完全不是想象中熙熙攘攘的热闹景象。最先映入眼帘的房屋建筑和书上看到的红顶白屋完全不同，我心想是不是来错了地方，来到了一个同名景区？后来才得知当地政府在2008年前后把最初的定居房重修成了木刻楞样式的小二层。安顿好住宿后，我跑上猎民之家酒店三楼的看台，放眼望去，翻修过的敖乡居民房错落有致，极具几何美感的斜屋顶上挂着薄薄的积雪，路上不见人影，耳边偶闻犬吠。晴天起风的时候，屋顶的积雪像细碎的水晶一样被风吹散到天上去，在阳光的照射下闪闪发光，忽然觉得这里真像童话里静谧的雪国。

1月底的敖鲁古雅差不多是一年中最冷的时候，实地调查这几天，室外气温都在零下40度以下。冻手冻脚的天气让人每天出门之前都要经历一番挣扎，但这种严酷的自然环境却也成了我开展调研的最佳助攻。来到敖乡的第二天下午，我正走在路上犯愁，在这连个人影都见不到的地方找谁去访谈，不知不觉头发和围巾上都挂了霜，远看像个雪人。正好旁边驶来一辆车，车主下来问我是不是来旅游的，叫我进家里暖和一会儿。于是我就这样稀里糊涂地闯进人家，也真切地体会到了当地人都说的"敖鲁古雅越冷越热情"。

取暖的时候跟女主人聊了几句，聊到曾经看过的关于敖鲁古雅的几部纪录片，提到某位导演。没想到阿姨的反应非常激动："那人就是个浑蛋，别再让我们敖乡人见到他！他拍什么不好，偏偏拍我们喝酒，弄得外人都以为我们敖乡鄂温克人都是酒鬼。他拍的东西都不真实，你要看我们敖鲁古雅的书就去看迟子建写的《额尔古纳河右岸》，那本写的是真的！"阿姨的一番话让我感到十分诧异，说实话，当时我很难接受她这番话。一是她对那位导演的评价在我看来是过激且片面的。那位导演虽然展现的是敖鲁古雅人定居之初的失落和放纵，却以此为一个案例，反映出强力的社会规划对一个个体、一个社区乃至一个民族造成的重大影响。再回忆起网络上对他作品的评价，几乎所有人都认为他拍摄的敖鲁古雅纪录片是催人泪下的良心之作。而阿姨认为作为小说的《额尔古纳河右岸》反倒更真实，刚读完这本书的我不难回忆起迟子建在书跋中写的话："也许有人会问，你写的就是敖鲁古雅的鄂温克人吗？我可以说，是，也不是。虽然这种子萌生自那里，但它作为小说成长起来以后，早已改变了形态。"通常我们认为，小说确实可以构成社会史文献的重要参照系，但被艺术手法包装过的事件的真实性也确实是这类文献研究过程中的一大挑战。这些道理在书本上都是简明清晰的，但既定的原则说被推翻就被推翻也让我瞠目结舌。

这个细节极大地引起了我的兴趣，于是在接下来的几天里我继续跟乡民询问相关问题。当问到社区居委会主任如何评价那位导演的时候，她的态度有点纠结："他这个人我们都不喜欢。他拍了我们最黑暗的一面，我们有那么多积极向上的他不拍。你像喝酒这个事它属于个人行为，加上我们这个民族本来就百十来人，你这么一拍人家就会觉得我们敖鲁古雅鄂温克人都酗酒，这让我们脸上无光啊，毕竟家丑不外扬嘛。有一次他来我们这边，因为他影响挺大的，片子放出去也挺轰动的，大家就质问他，让他从媒体上公开道歉什么的，他也没道歉。"我接着说到这几部纪录片其实在外界反响还不错，很多人看后都有一些感触，导演也因此得了奖。主任说："他拍这个片子呢，可能一开始想要拍的是一种什么呢，我也说不清楚。但是各人有各人的想法，这个人到底怎么想的呢？唉……我也不知道……"

几部在我看来属于高分佳作的纪录片，在当事人眼里竟是污点，这让我更好奇外界的研究在当地人眼里算什么。正好这次出门前带了几本关于敖鲁古雅的书，便拿出来跟民宿家的爷爷讨论起来。他说每年来研究敖鲁古雅的人非常多，写的东西也不少，但大多数报道和调查报告是不堪卒读的。"现在写的这些东西啊，水分太多，都没调查清楚就瞎写。它里面有30%、40%是真实的我都能接受，问题是它可能连10%、20%都没有。要么就是不敢写的，以前有记者来我家采访，我就跟他们说，要听好听的话去别人家吧，所以后来记者都不来我家采访了。"我拿起手头的书给爷爷读了几句，他指着其中一句"四、五、六、七月份是猎民侍弄驯鹿最繁忙的季节，接羔、锯茸集中在这四个月"说："你看这句话，虽然他弄错了接羔的时间，应该是在三月份，但是大体上还可以,还能读下去。"接着又给我讲起了鄂温克人的三大分支和敖鲁古雅鄂温克人的四大家族。我正听得津津有味,爷爷递过来一支笔说:"把我说的记下来,以后人家问你的时候,你别说错了。"

三个小故事串在一起,竟让我回忆起六年以前的文化人类学和社会调查方法两门课程。当年我们在课堂上讨论的如何做到价值无涉、反映事件真实、尊重被调查者的主观感受等问题,在我初入田野点时成了所面临的第一考验。

从学者和一些专业研究者的角度出发,围绕自己的研究问题建立假设,继而开展调查,搜集资料,最后得出结论,也许就可以称得上是专业领域的真实了。但事物的真相远不止于此,一项研究成果面世之后也许会被雪藏,也许会激起千层浪,但无论如何,它都或多或少会对我们的研究对象造成一定的影响。正如当地人都不满的那位导演,他的作品固然有强烈的反思规划现代化的深意,但不是所有人都能理解到这一层含义。也许对观众来说,他的纪录片和书能引发人们对样板式现代化的共鸣和思考,能唤起人们对微型民族的同情。但对纪录片的主体——镜头里的敖鲁古雅居民来说,且不论纪录片的意图是什么,仅在内容的选择上,他们的民族自尊就被深深地伤害了。直到现在,还有很多人固执地认为敖乡人原始野蛮、酗酒闹事,这些刻板印象和大众传媒传播的片面信息不无关系。另一方面,当地人说迟子建的小说才是"真实"的,也有他们的道理。《额尔古纳河右岸》里那群坚韧隐忍、博爱众生的主人公和他们的故事,无疑是使鹿鄂温克人代代相传的森林英雄赞歌。这样的微型社区能走过三百年的飘摇风雨,支持他们的精神力量正是这份信念。今日的敖鲁古雅并未如席慕蓉在悲歌中预测的"我们将以绝对的空白还赠给你",虽然猎枪已不在,使鹿鄂温克人却紧紧抱住了驯鹿和孩子们,今天的他们仍然自得其乐,不忘初心。

　　学术研究中,研究者和研究对象之间往往构成一种不言自明的"主—客"关系,一些涉及向被研究者公布信息的学术规范和伦理要求也在实际研究中被我们有意无意抛诸脑后,甚至在某些时候,我们像医生一样,从社会病理学的角度去找研究对象的"病",把做田野调查当作治病行医。但回过头来想,我们该怎样做田野调查,是否还能从绝对主体的角度挖掘少数民族的故事,书写他们的生活?拥有一份"心期填海力移山"的志向不难,而如何去躬行,才是我们需要在田野中谨慎把握、时常反思的事情。

旅游田野偶记：温情的搭载和尴尬的饭局

王佳果（中央民族大学）

上午十点多接到电话，得知以前单位的一帮同事在临近村寨进行规划调查，于是临时决定带 W 师妹去和他们见面。开车从 X 寨出发途经黄江村路口时，有一位五十多岁的妇女招手拦车，她背着一个婴儿，旁边还站着一个年轻妈妈，停车询问得知她们想去镇里，正好顺路，就搭载她们同行。上车后，我们才发现那个年轻妈妈天生不会说话，似乎特别感激我们的搭载，不停地咿咿呀呀拿手机打字和 W 交流，想要她品尝自己做的红薯条，W 似乎对这种热情的感激有些不知所措，略带羞涩，尴尬地接过食物。那位年长的阿姨更是一路念叨我们的好心，HJ 是更偏僻的寨子，她们要从寨子花很长时间走到公路边等车，过路班车少且极易错过，也曾试着拦游客的车子，但没人停车。这次她带着孙女去镇医院打预防针，在路边拦了一个多小时才遇到我们。阿姨说上次有个好心的广东客人也搭载过她们，但后悔没有要车主的电话，未能再联系表达感谢。W 和她互留了电话，她满心欢喜，盛情邀请我们改天去她家做客。到了镇里，年轻妈妈硬要塞给我一张皱巴巴的 50 元钱，想必是下车前已在手里准备了许久。我自然不会要她们的辛苦钱。看着她们带着女婴去医院的背影，我一阵心酸，离家已有些时日，不禁想起了自己的儿女。

午饭后，和以前的同事走马观花地看了两个寨子，得知以前单位的领导正在县城和 Y 旅游开发公司谈规划编制事宜。Y 公司正在我的田野点 X 寨进行旅游开发，村民意见很大。一方面，开发商绕过村寨修建了一条上山观景的新路，村民们认为这条路一旦建成，游客就不会进寨消费而是直接绕道上山，老板开发旅游只顾自己的利益不管村民；另一方面，施工队在梯田上方疯狂挖路，直接开山填沟，不埋排水涵管，严重破坏了村寨水系格局，影响了生产生活用水。我犹豫要不要过去，这是一个获取更多"内幕"的机会。辞职读博后，我的内心早已脱离旅游规划这个行当，田野之中，更是不想以研究者的身份陷入充满利益纷争的旅游开发项目中，但回想起乡亲们对 Y 公司抱怨气愤却又无可奈何的状态，我决定还是去会会这个老板。

  Y 公司的 M 总四十多岁，据他自己含含糊糊地讲，以前从事广告营销之类的业务，后来靠囤地做房产赚取了人生第一桶金，现在手头囤积了一些资金，打算在家乡做些事情，但万万没有想到他竟然是隔壁 D 寨人，X 寨山上的道路正是由于修到隔壁 D 寨边界后，D 寨村民强烈反对并和施工方发生冲突事件，随后被迫停工。我没有透露给 M 自己进寨调研的相关事情，只是作为一个旁观者听其陈述项目开发的来龙去脉。M 介绍说电瓶车道的项目合法手续已全部办妥，而且 D 寨相关的几十户人家已经按了手印，并和公司、景区管理局签订了占地补偿的三方协议。他并没有详细描述那个冲突事件的过程，只是含糊地说因为 D 寨村民反对造成项目停工，D 寨村民认为电瓶车道的修建会分流本村的客流到 X 寨，故而整体性反对这件事，但小部分被占地的村民私底下是乐意接受占地补偿并签了协议，但不敢公开表示支持修路，甚至在关键时刻迫于群体压力又站出来反对。同 M 的谈话，既能感受到企业家的自信和笃定，资本的傲慢和虚伪又夹杂其中，在企业工作过多年的我对此深有体会。M认为他可以用能力和钱搞定一切，可以搞定项目开发的合法手续，可以逐个摆平一家一户的占地村民，可以保证项目的垄断性和排他性，例如可以在与政府的协议里约定景区内不能有同类项目，电瓶车道沿线一百米内他人不能建设任何经营项目，即便是居民自己的山场也不行。M一再强调项目所有的土地都是征地而非租赁，已经完成了相关合法手续，自己的行为完全是正当的。这就是经常令人崩溃的现实，程序正义的事情很多时候和道德正义、结果正义没有一毛钱关系！土地资源及其权益理应是原住民的，手握资本的商人可以通过合法手段获取当地人的资源。这一切来的水到渠成，滴水不漏，貌似公平，实在不义，貌似合理，实在荒唐。抽象的国家成为当地人权益的代理者，当地政府充当了实际的保护者、执行者，在地方发展的诉求过程中有时又忽视了当地人的诉求，进而在客观上损害了居民的正当利益。当地人对现代社会的权力、程序、话语、信息的掌握是不对称的，当地居民在权力、资本、信息等方面皆是弱势群体，而开发商则对这套机制了如指掌并熟练掌控，这套不对等的势位使程序正义失效，结果出现非正义。

晚上吃饭的时候，令我尴尬万分的场景出现了。一起吃饭的还有县里的某位领导，前天才刚刚联系他质疑该项目填埋溪流、破坏水系和植被的"破事"。M不停地向其游说，希望出面协调某个项目的推进。我内心忐忑尴尬。还好，站在当地居民和弱势群体的立场使我有了"破尴"的良知立足点，强忍淡定地吃了下去。

这五味杂陈的一天，温情的搭载，尴尬的饭局，人在田野，处处有"囧"！

后记：之后主家告诉我，项目工程部已经进行整改，重新铺设了道路排水涵管，一定程度上减轻了对水系的破坏。前天，那位阿姨打电话过来热情邀请我们去她家杀年猪，很遗憾未能成行，相约年后再去拜访。这些，都是寒冷冬日里的阵阵暖意吧。

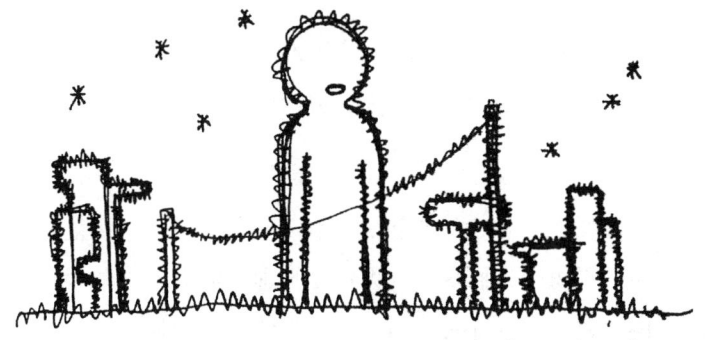

田野之路，所向披靡……
——宋小飞

第二部分
田野感悟

"清真"何处寻？

马斌斌（云南民族大学）

俗话说"人是铁，饭是钢，一顿不吃饿得慌"。在最基本的生存层面，于每个人而言，这无疑是真理，但对不同的民族、不同的群体而言，吃终究是一门学问。吃什么？如何吃？不仅取决于生境和收入水平，还受制于系列习俗。

在我国，伊斯兰教信众在饮食上存在着严格的禁忌，无论身处何地，严格的信教徒都会遵守饮食禁忌，选择"清真"食品。因此，外出作业时难免会遭遇饮食上的困扰。于我而言，便是如此。自入人类学之门以来，每每田野，总会遇到与此相关的诸多事宜，每每遇之思之，都会有不同的感悟，在这些感悟背后，总有一些饶有趣味的故事。

2017年10月末，我到贵州三都某地参与当地的端节，到了目的地后，便成了餐桌上的"他者"。以往下田野我都会自己带锅，在老师和同学们当中获得了"背锅回"的称号。这次也不例外，我自己带了锅，每天煮点青菜和挂面。当地人看到后，从一开始到我结束田野返回时，他们都觉得"对不住我"，尽管我每次都会解释为何会做出这样的选择，但解释的背后总会出现一些闹剧。

在我国大部分地区，以回族为例，与回族相邻而居的群体大都对回族的饮食习俗有所了解，但未曾接触者大都有困惑，我所到的三都正是这种情况。起初，我说自己是回族人，当地人说：

"回族嘛，听说过，就是不吃猪肉的那种。那不吃猪肉就可以了，你吃点别的。"于是乎，他们端来了"韭菜包鱼"，煮起了不放猪肉的火锅，还特意为我"清蒸"了米饭和鱼、蔬菜，没有放"油"，在他们看来，这种"清蒸"已经是"清真"了，但"清真"并非如此。

端节当天，各家户把自家的"韭菜包鱼"和其他饭菜拿到村里的一条街上，大家互相品尝，期间不断有人拿筷子给我夹菜，让我吃鱼，"猪肉不能吃，鱼总可以吃吧。我们以前也有回族朋友，他们什么都吃啊，你这年轻人有些怪"。我知道他们都是好意，但我还是不能吃，因为他们眼里的"清真"与我的饮食禁忌是不相容的。于是我尽可能地去解释回族的饮食习俗，一而再再而三，大家也不再劝吃，只觉得"奇怪"，但每到一家，我的"不吃"，都使他们觉得"对不起我"，因为端节于他们而言就是在过年，过年之际，没有给远方来的"客人"吃饭，他们觉得有愧意。在这几天里，同行的伙伴看我劳累，青菜挂面与鱼肉相比，实在凄惨，于是想去当地的商店给我买些"清真食品"，一进商店便问："你们这里有清真的东西吗？"老板回答："我们的东西都是真的呀，清真是什么东西？不知道。"就这样，大家都会心地笑了，这种"会心的笑"把一切不可解释的解释，都给说明白了。因为田野，所以故事仍在继续。

2017年11月中旬至月末，我跟随老师前往羌族比较聚集的地方——四川省汶川县的一个羌族村寨，去拍摄羌历年。与以往一样，饮食是我首要考虑的因素，但由于时间原因，这次我并没有"背着锅"，而是带了面包，作为在此期间的食物，但所带的食物三天便已吃完。在剩余的几天里，每天的主食都是火塘里烧熟的土豆。我们住在释比（羌族中的文化人和宗教仪式的执行者）家中，与以往不同的是，这次我不用去解释为什么不和他们一起吃饭，也不用解释何谓清真。因为他们和回族人打过交道，很多人都知道是怎么回事，于是在那几天里，释比给我烧土豆来填肚子。此外，每天清晨，我和其他老师同学们一起，喝一碗释比用电饭锅煮的稀饭，起初我的心中充满不安，但释比再三保证："电饭锅啥都没煮过，是干净的。我们都是信神的人，我不会骗你。"这句话使我在之后的几天里，每个早晨都喝一碗粥作为补给。这样几天的田野便在土豆和白米粥的陪伴下度过了。在这几天里，释比告诉我："我们都有信仰，你信你的神，我信我的神，虽然不一样，但要相互尊重。我们啦，要以德报怨，没有仇人，只有恩人。"返回的当天，释比还满怀歉意地说："这几天对不起你，让你吃苦了。天天看着你吃土豆，我心里都不舒服。"

田野的日子总是这么过着，每一次都惊人的相似，但每一次的故事却又是那么不同，每一次对"清真"的理解也都不同。在田野里，作为研究者的我们，尝试着去观察、去访谈、去尽可能地参与当地人的生活，去理解当地人的种种。尽管如此，于我而言，饮食和餐桌却是不同的，在我尽力去理解当地人的同时，所遇的当地人也在不断地理解着"我"和我的"清真"，而我则用实践去阐释何谓"清真"。

"清真"何处寻？是一种对自我的追问，也是对"清真"泛化的检讨。当我们一味地乱用"清真"时，"清真"也就变味了。其实处处有清真，只是我们忽略了本质。在我们做出选择之时，也就是对其进行理解之时。

藏区古树：作为一种信仰的分与合

陈　昭（清华大学）

2015年暑期，我来到四川甘孜进行田野调研。甘孜藏族自治州地处四川省西部，青藏高原东南缘，境内有藏族、彝族、汉族等多个民族，以藏族为主。当地很多地区保留了神树崇拜、植树祈福、树葬等传统习俗。对古树的崇拜，既源于早期人类由于生产力有限而对森林的过度依赖，也有当地宗教信仰的影响，他们将朴素的对森林、树木的情感升华为一种信仰。至今甘孜州的很多地区还流传着关于神树、圣树的民间传说。

甘孜州泸定县西南部的磨西镇有座古观音寺，远看并不显眼，特别之处就是寺中一棵古杉从寺院房顶探出，枝干径直伸向天空。我来到此地时寺庙正在修缮，虽不见工人施工，但门口和寺内都零散地放置着推车、木材、梯子、大塑料袋和一些五金工具。寺庙外围刷的是朱红和明黄色的墙漆，正门不大，上挂黄底红字"观音古寺"的竖匾。寺庙一侧摆着写有"观音古寺，定海神针"的木质牌匾，白底红字，字迹已褪色。木匾下方放置了1998年年底立的功德碑。

三位老人住在寺中，寺中除了供参拜的观音像外，靠后的一个小房间里陈列了不少照片。寺里的老人拿出一个小本子，指着写有"尼斯特·亨利·威尔逊1908年7月17日拍摄"的一页给我看，告诉我其中有些照片是英国植物学家尼斯特·亨利·威尔逊1908年在四川探险考察时拍摄的。照片中除一部分是当地人的合影外，其余都是寺里小院中这棵名为"定海神针"的古树。

关于"定海神针"的得名，当地有多种说法，其中一种较为完整的传说是这样的：站在高处远眺磨西镇，这方土地犹如一条巨龙，由南北上。古镇就建在龙脊上，周围几条河流的河水日夜咆哮，搅扰的当地人年年不得安宁。祖先们建庙拜佛，求神保佑。有一天，一个似男似女、三十开外、衣着朴素的人一早便在庙前拜叩。几个佛家人上前询问，他也不搭理，只是口中念道："弟子不真，佛家听清，如要免难，定海神针……。"说罢踏地三下便飘然而去，众佛家连忙跪地朝天而拜："观音显灵，观音显灵。"于是，这些善男信女就在庙门前种了一棵杉树，几百年后，这棵树长成了两棵，大的一棵被人砍后还流了七天七夜的红水，之后，这棵小的就无人敢砍，一直保留到今天，就是如今的大杉树——"定海神针"。①

还有一种说法，认为古树是金花将军制伏恶龙的三根定海神针之一。很久以前，贡嘎山下有一条哲嘎（藏语，意为"白龙"）危害四方，观音菩萨派贡嘎山护法神多吉洛珠化身金花玛苯（藏语，意为"将军"）前去镇压，并借他三支定海神针与一把金斧相助。金花将军把三支定海神针变成神箭，射杀了白龙。其中一支变成了这棵杉树，另外两支同样变成了两棵大杉树，分别落在磨西镇的金花寺与燕子沟附近。②

---

① 该说法可在四川省中国青年旅行社网站查找到，网址为 http：//www.wabuw.com/info/2633。
② 该说法可在重庆美亚国际旅行社等网站查找到，网址为 http：//www.57023.com/Content/9500.aspx。

据说，20世纪六七十年代时观音庙和古树都曾被烧毁。今天，贡嘎山下小寺庙中这棵已有一千八百多年历史的古树树干、树枝都已干枯，树皮脱落，唯有高耸的枯枝直插苍穹，气势犹存。古杉虽已枯败，但树身上寄生了很多植物，包括菌类、灵芝、格桑花、杜鹃花等。俗话说，云杉古树百年不老、千年不枯、万年不死。寄生了这么多花花草草的"定海神针"，如今依然能够笑迎四方来客。寺内梵音阵阵，仿佛古树在低语。

这棵古树已被收录到当地的小学生读物《做好海螺沟小主人》中，在"家乡篇"第二课中，记载如下："磨西大杉树：位于磨西新公路的右侧，树龄千年以上，树高28.3米，胸径2.78米，磨西镇所在地的杉树村就因树而得名。1991年11月23日凌晨失火，树根燃烧一夜，剩下巨大枯干，后重建了树下的观音寺。此树被老一辈人称为'定海神针'，故事至今流传。"文字下方配有威尔逊拍摄的古杉照片，并注明"尼斯特·亨利·威尔逊1908年7月17日在海螺沟磨西拍摄的大杉树"。岁月沧桑，今天的古树不仅是甘孜州的风景名胜，被来自各地的香客参拜供奉，而且还被列为重点文物保护对象。

美国人类学家华琛在研究中国民间文化时提出了神明"标准化"的概念，探讨了中国政府以微妙的方式干预和推广地方层次"被认可的"神明的实践。[1] 关于甘孜州"定海神针"古树的故事，当地很多人都或多或少知道一些，但多为零散的、口耳相传的片段故事，后经人整理，出现在当地景区介绍中，又被当地官

---

[1] [美] 华琛，《神明的标准化——华南沿海天后的推广，960—1960年》，陈仲丹、刘永华译，载于刘永华主编，《中国社会文化史读本》，北京大学出版社，2011年，第124页。

方网站收录。国家将古树纳入重点文物保护之列和政府发行的小学教材将其收录其中等行为进一步认可了神树的存在价值,并将其作为一种规范化的历史记忆逐步植入当地文化中。

根据当地的民间习俗,被奉为"神树"的树有个明显的标志,就是人们会在树干周围挂起各色经幡。在甘孜州,类似"定海神针"的神树还有巴塘的"古桑抱石"、泸定的"古柏连云"银杏树王等,如果将这几例有传说并由当地部门宣传推广、国家定级保护的古树视为华琛所指的"被认可"的神树,那么这些神明确实已经代表甚至取代了当地更多的神树,因为当我们问及无论是旅游局的工作人员还是当地乡民时,一般得到的有关当地神树的信息都是指这几棵古树。

命名即权力,亦是一种政治。一棵"被命名"的古树,就能指代一片无名的森林,甚至代表一个地区的文化。在古树"定海神针"的两个传说版本中,就能看到这种文化解释的分歧与融合。汉族通常自认是龙的传人,把龙视为自然力量的代表和民族力量的象征,因此在"定海神针"的汉族版本中,龙与水灾紧密相连,虽然折磨人类,却并不被认为是灾害本身,因此用"定"这个字眼。而在藏族版本中,直接被称为"恶龙",且被藏族将军的神箭和金斧所杀。从某种程度上看,这也体现了这一地区汉藏两族历久弥新的政治较量和文化融合。直到现代化的今天,显然是汉族文化占了上风,以至于脱胎自汉族本土道教的神明"观音",不仅成为汉传佛教中的一个重要形象,还直接深入本是藏传佛教重地的甘孜,建庙接香,与"定海神针"古树融为一体。这正是关于信仰与认同的暗指,一个人和一群人,一群人和另一群人,乃至和一个政权的关系亦是如此。神明信仰势必要与当地文化相融合，借"定海神针"古树，我们既看到了神明"标准化"的实践，也看到了神明"本土化"的实现，这同样也是文化"标准化"与"本土化"的融合过程。

主流文化影响百姓宗教生活的方式，并不是依靠强制，而是采用更为巧妙的方式。而乡民很少能够意识到这种国家干预，以及国家政权与民俗信仰的关系。这也验证了学者刘志伟的观点："将国家视为一个文化的观念，教化的过程，不是通过自上而下强令推行的，而是本地人自下而上利用国家的语言，在地方社会中运用与提升自己的地位。……与其将'边疆'视为一个承受国家制度扩张的开放空间，不如更多地关注地方上的人们如何运用他们的创意和能量建立自己的身份认同。"①

围绕古树的纷纭众说，看似合理，看似游戏，却折射出一种穿越千年的记忆融合。河水、巨龙的洪荒记忆来自这片土地上各个民族共有的古老传说，观音、佛祖、定海神针等主体概念源自汉传佛教，却又夹杂着贡嘎、多吉洛珠、金花玛苯、神箭这样的藏族文化，孰先孰后已难分辨。我们能够确定的是，当尼斯特·亨利·威尔逊1908年来到这棵树下时，探向高高树冠的，无疑是一双来自西方的眼睛，以及现代摄影技艺完好保存下的那个永恒瞬间。这其中也融入了关于这棵古树的社会记忆，成为一段佳话。当我来到这棵树下，望向那高高伸出檐外却已失去生机的枯枝时，不禁想到，这无关儒道、不论汉藏、融合东方与西方、杂

---

① 刘志伟，《地域社会与文化的结构过程——珠江三角洲研究的历史学与人类学对话》，《历史研究》，2003年第1期。

糅而并不统一的记忆,就这样口口相传,千年之后却意外进入了民俗文化的工业流水线,成为导游与游客口中整齐划一、简单好记的台本和符号,伴随着闪光灯、威尔逊与人民币,与整个村落一同滑向城镇化、品牌化、国际化的渊薮。我甩甩头,试图甩去这片刻的纷扰,当目光再次投向那高高的枯干时,仿佛看见了遮天蔽日、如云的绿冠正冲着我露出沉静的笑容。这一刻,古树虽然无言,却笑看历久变迁,包容着万事万物。当我们追寻着古老的记忆,倾听着纷繁的民间传说,仰视面前的古树时,体会到这就是认同的真谛,不是争辩与决裂,而是接纳与包容。放眼四周,历经了原始与文明、传统与现代、革命与建设、动荡与喧嚣的藏区古镇,正显现着这片土地的生机与魅力,这也正是生机永存的藏区古树所彰显的社会生命。

神树 (陈昭 摄)

"互为他者性"的人类学田野调查

李文钢（贵州大学）

哲学家勒维纳斯提出了对传统西方哲学具有颠覆意义的他者性理论，企图通过确立他者在交往过程中的优先性和不可还原性而赋予他者以核心地位。他者这一地位的获取根本上取决于对交往过程中的自我的定位，在他者性理论中，自我是为他者的存在者，是对他者承担责任的伦理主体。很显然，人类学的田野调查过程就是一种"互为他者性"的过程。

事实上，我在动笔写这篇随笔小文时，一直想冒险使用"'互相利用的'人类学田野调查"作为题目，以表明田野调查过程中调查者和被调查者之间的角力过程，但深思之后觉得这样的文章题目既有哗众取宠之嫌，也不利于批评性地审视人类学的田野调查工作，最终使用了"互为他者性"，而不是"互相利用的"这样的词来修饰人类学的田野调查过程。

对人类学的田野调查过程而言，社会科学研究方法的教科书中一直强调研究者要站在客观中立的立场，主张研究者要小心谨慎地推进自己的研究计划，不要因为研究者的到来而影响研究对象的日常生活和社区的社会结构。这样做既是为了使研究对象免受研究者的消极影响，也是为了保证研究结论的客观性和科学性。这样的流行看法把研究者摆在了特殊的位置，将研究者的研究行为预设为对研究对象的日常生活具有一种天然的破坏性。

社会科学研究方法的大师级人物艾尔·巴比认为，从事实地研究的人扮演了两种极端的角色,一种是"火星人",一种是"皈依者"。在研究过程中,不同的情况要求研究者扮演不同的角色,扮演什么角色既要根据实际情况,又必须遵守研究的方法论和研究伦理。事实上,不管研究者如何遵循研究的方法论和研究中的伦理道德,都难以做到不对研究对象的生活产生影响。造成这种困难的原因不仅在于研究者做出多大的努力,也与被研究者如何回应研究者的研究行为有很大的关系。

其实,从事过人类学田野调查工作的人都心知肚明,田野调查的过程是一个双向互动的过程,研究者对研究对象可能造成影响,研究对象也可能会对研究者造成影响。因为研究对象也是一个能动者,会根据自己掌握的知识,将研究者的角色重新做出解释,出于各种目的与外来的研究者建构超越一般层次的关系,会主动要求研究者卷入他们的生活中去。

人类学的知识生产因建立在特定的田野工作地点之上而具有了合法性,但是作为一个隐晦的概念,"田野"揭示了许多人类学没有明确表述的假设,下"田野"意味着到农区、草原或是"荒野"中去。对中国的人类学研究而言,下"田野"在很大程度上意味着研究者是从城市里来到偏僻的乡村中从事研究,研究者与被研究者之间的关系不可避免地被打上了城市与乡村关系的烙印。

此时,研究者就面临一个两难问题,是始终坚持客观中立的原则,还是根据实际情况卷入研究对象的生活中去。如果研究者始终坚持客观中立的原则,不卷入研究对象的日常生活,势必会与研究对象变得日益疏远,研究对象会将研究者看作是不近人情的人,很难相信他们还会"真诚"地向研究者提供真实信息。

如果根据实际情况卷入研究对象的生活中，那么如何把握这个限度才能保证研究者是在一种自然状态下从事研究。

从某种程度上说，研究者是在利用研究对象提供有用信息，据此完成自己的研究计划，只是我们不愿意在被认为是一种高大上的学术研究中还存在着日常生活的利益交换。当然，研究对象也不会纯粹地将研究者看作是从事科学研究的人，将自己置于被研究者的位置，而是将研究者看作是一个资源的携带者，有能力帮助自己解决日常生活中面临的问题。研究者要想从研究对象那里获取资料，在与研究对象互动的过程中必定要符合研究对象对自己的角色期待，为研究对象做些力所能及的事情。因此，研究过程也就成了研究者与研究对象之间建立互惠关系的过程，强调研究者的客观中立立场只是人类学田野工作的一种理想追求。

深度访谈与参与观察几乎已经成为人类学研究最基本的方法，似乎没必要再做过多解释，但这里面也会有一些个人化的体验。2014年，我在攻读博士学位时，在云南省昭通市与贵州省威宁县石门坎交界处的一个多族群聚居村从事了半年多的田野工作。在宁村从事田野调查时，我常常做两件事：一是不断向不同的村民解释我不是来这里采访的记者，只是来这里从事调查研究的大学生。1995年，时任国务院副总理朱镕基来到宁村视察乌蒙山区的扶贫工作，宁村因此而变得远近闻名，也经常有各级政府官员和记者到这里视察和采访。

宁村作为一个很有名的村子，经常有很多记者来采访报道，我随身携带的照相机让村民以为我是记者。尽管我反复强调自己只是一个大学生，仍然有很多村民将我和记者的作用等同看待，认为我是一个有文化的人,又是从省城的大学里来,有能力让官方听到他们的声音,反映他们的真实诉求。在调查过程中,我不断向村民解释我的学生身份,不仅是为了遵守研究中的伦理道德,也是让村民不要对我产生角色期待。在田野调查中,当村民询问我是哪里人,我回答我就是本地人时,村民们没有再把我当作陌生人看待。其实,过去我也和宁村村民有过很多次间接接触,因为宁村村民从城里回家坐的这些面包车就停放在我家门口的一块空地上。我读初中和高中放学回家时,就常常看到宁村村民在这里等车。所以当我回答我家住在什么地方时,村民们立刻就觉得我不再陌生。

在与村民实际相处的过程中,我也会力所能及地帮助他们做一些事情,但前提是这些事情是个体化的,不会对社区的社会生活造成影响。例如,当我闲下来的时候,教访谈对象的子女做作业,帮助不会写字的村民撰写获得政府最低生活补助的申请书,也帮助过一个即将离婚的中年男子向做律师的高中同学咨询如何争取孩子抚养权的问题。我也会到地里帮助村民做一些事,有时候村民边做事情边随口说出来的话才是他们内心的真实想法。一些贫困而处于社会边缘的村民希望我能帮助他们获得政府的帮助,反映他们的声音,因此改变他们的生活处境。对于这样的诉求,作为一个学生,我是无能为力的,我只能委婉地拒绝了这些人的要求,并反复说明我只是一个来这里做调查的在校大学生,与政府没有任何关系。

研究者与研究对象之间建立的互惠关系,并非总是破坏了田野工作地点的自然状态,关键是以什么方式卷入和在多大程度上卷入研究对象的日常生活。参与观察和深度访谈只是一种研究方法，最终目的是获得研究资料。质性研究资料的信度与效度不仅取决于采用什么样的研究方法，也取决于研究方法的使用背景。在田野调查过程中帮助村民做一些事情，目的是获得研究对象的信任，使收集到的研究资料具有更高的信度和效度。

谁解鱼之乐

张　帆（四川大学）

　　研究异文化的人常常会面临一些普遍的误解，其中最大的一种误解就是本文化的人对该文化最有发言权。外人嘛，"子非鱼，安知鱼之乐"。这一误解如果仅仅存在于普通人的头脑中，我们自可以一笑了之。然而，当这种误解存在于涉及民族文化事务的管理者和具有相当知识水平的非人类学学者思想中时，则让人哭笑不得。我是一名人类学者，曾在河北的汉族村落做过七个月的田野调查。因为博士论文研究的需要，我也曾在贵州水族地区连续进行了一年多的人类学田野工作。在此，我从自己的生活经历和田野经验出发，对那种误解谈一些我的体会。

　　很多人认为，本文化的人和外来的研究者相比，具有语言方面的优势。真的是这样吗？我是天津宝坻人，汉族。从19岁离家到外地读大学至今，每年在父母家的日子不超过两个月。家乡话的音调虽然尚能掌握，但一些特有词汇已经完全不会说了。有一段时间，我说的家乡话基本就是汉语普通话的强行方言化，因为所有词汇基本都是普通话里的词汇。后来，我有意地从家人和朋友的谈话中重新学习方言词汇，并尽量多地使用它们，像一个外来者那样。

　　开始在河北的汉族村落做田野调查时，当地方言让我感到很头疼。虽说论难懂程度，北方方言与闽浙赣等南方地区的方言相比根本排不上号，但身临其境的人也颇觉麻烦，既不是完全听不懂，也不是每句都能听懂。特别是一些专有名词，要听很多次才能明白，有时还会造成误会。当地有一句骂人的话，攻击对象既包括小孩，也包括成人，叫"死孩子"，至少我初听起来是这个发音。吵架时咒人死，完全说得通嘛，我就没太在意，以为自己听懂了。后来慢慢掌握了他们的一些发音规律，才恍然大悟，那个词其实是"私孩子"，即私生子，也得到了村民的证实。在汉文化的规定中，"私"可比"死"痛苦多了，也恶毒多了。换个角度想，我如果不是专门研究亲属制度，可能对那个词就不会那么敏感。所以，自以为懂了永远是研究者的大敌。这也说明，即便是本文化内部的研究者，也没有什么天生的优势，懂与不懂还要看是否做了扎实的研究。

在水族地区调查时，我一直在物色一个助手。正好我住的那个寨子有一个刚结束高考的男生叫阿灯，他在家度暑假，准备上大学。介绍人和我都很满意，觉得阿灯是水族人，又读完了高中，没有比他更能胜任助手工作的人了。于是，我再去调查和访谈的时候就带上阿灯。经过几天的接触，我发现事情不太对劲。他是水族人没错，日常生活中的水话当然说得比我好，也能够帮助我向访谈对象说明来意。但是，当我请他翻译一些水族鬼师或卜娘的仪式性语言时，面对一个又一个水族鬼名，他和我一样茫然。

有一次，我在常去的卜娘家里遇到了当地一位小学女老师，她姓韦，大专学历。我去过她任教的小学，之前就认识韦老师。那天她是陪着婆婆来找卜娘问卜的。她们聊天时，我在旁边听。当聊到一个水语词"亚明"时，韦老师问她婆婆亚明是什么，老人就给她解释。听到韦老师这句话，我顿时大跌眼镜。当时我已经在水族村寨待了半年,知道亚明是水族中老年女性佩戴的银项圈;同时,亚明也指水族信仰体系中一种危害女性健康的鬼。那是我第一次意识到,"本文化的人对该文化最有发言权"这个说法是有问题的。

一个大学生、一个大专学历的小学教师,按理说文化程度都比较高。不过,这种"文化"是书本上的知识,是在学校里通过汉语习得的。对于人类学家探寻的"文化",哪怕是他们自己身处的文化,其掌握的程度就未必足够深入了。他们掌握的水话应付一般生活交流自然没有问题,但对于一些该文化中的"高级词汇",他们的语言优势就不存在了,甚至不如我这个在田野刚待了半年的研究者。阿灯和韦老师都是常年在外求学,阿灯更是从初中起就住在学校,离开本文化的环境已经太久了,像离家多年的我一样,变成了文化内部的陌生人。

2014年夏天,我为水族的鬼师石公申报"贵州省高级水书师"职称。准备材料,上下奔走,最终因"成果太少"没有申报成功。职称申报所要求的"成果"指的是将水书翻译成汉语文本,译著数量越多申报成功的概率越大。石公只上过小学二年级,不具备翻译的能力。即便他有这个能力,一个整天奔走在水族村村寨寨为百姓念鬼祈福的人,有什么必要去翻译那些东西呢?鬼师是代表普通水族百姓与鬼打交道的人,而"水书师"这个新名词完全是没有文化依据、闭门造车的结果。据我所知,制定"水书师"职称评定标准的人里面有些就是水族人。用一些与本文化实际情况完全不符的条款来评判本文化的传承人,这种现象近百年来在中国不断发生。这些人不仅对本文化没有发言权,而且在某种意义上从事着伤害本文化的工作。

对一种文化最有发言权的人肯定包括一部分本文化的人，但并非所有本文化中的人都懂他们自己的文化。作为汉族人，我对太多的汉族文化是无知的。我相信，在神、鬼和祖先的信仰结构问题上，美国人武雅士比所有汉族人都更有发言权。大部分本文化的人只是按照该文化的规定日常起居、洒扫应对而已。据我的经验，对所属文化最有发言权的本文化中人，都是长期关注、专门学习过相关文化知识的人，与他们的所谓"学历"无关。一些卓越的研究者，对民族文化的研究也具有权威性。这种权威性一方面体现在对水族文化的内容具有广泛而深入的了解，一方面体现在对该文化的意义和性质具有独到研究，而后者是那些一般意义上的民族知识精英所不具备的。很多少数民族学者研究自己的文化并取得了很好的成就，但那是由于他们具备了高水平的研究能力，而非来自其所属的文化身份。

　　没有研究就没有发言权。对民族文化有没有权威性，与是否属于本文化，是否有语言优势都没有必然关系。掌握当地语言、亲历文化现象是对人类学研究者的职业要求。我们经常在媒体上听闻某位大学者掌握多少门外语，所以才成就斐然；也听说某人类学家做过几年、十几年的田野调查，著作等身云云。其实，这都是普通百姓的鸡汤式想象，跟想象皇帝用膳时吃一碗倒一碗没什么区别。民间想象不能代替学术标准，勤奋也未必一定就有成就。对研究者而言，一切都以他的研究成果是否有独创性和超越性为最终评判标准，而不是看他掌握了多少外语，出版了多少本书，获得了多少头衔。盲目追求数量是贫穷的后遗症，也是判断外行最好的照妖镜。

"我"在田野中的身份问题

安丽哲（中国艺术研究院）

"我"的真实身份

我们在做田野调查之前，首先对自己的身份要有个认知。因为研究者一旦到了田野，就会面临向被访谈者介绍自己的问题。人类学研究讲究田野考察中信息来源的合法性，提倡被访谈者应该拥有知情权。研究者在实际访谈中首先要介绍自己的真实身份以及此次访谈要用于做什么，同时，如果被访者搞不明白你的身份，也会对你提出的各种问题产生抗拒，从而提供非真实性的信息。

在实际操作中，我们会发现真实的田野比书本上复杂很多。人类学者常常将被考察的社会或者社区分为简单田野和复杂田野。简单田野指的是人文环境较为简单，人际关系也较为简单的田野环境。这种田野环境往往是熟人社会，也就是说，一个社区或者族群的成员彼此认识，人与人的关系较为简单，普遍有信任感。在这种环境下，作为外来的研究者，可以相对容易地进入当地人的生活中，并建立起一种相互信任的机制，使当地人能够更容易理解"我"此行的目的，这样的田野做起来较为容易，我们将其称为简单田野。在简单田野中介绍身份的时候，面临较多的问题可能是由于语言不同，或者民族文化背景不同所导致的身份辨别以及认同上的困难。简单田野中的被研究者往往是处于弱势的一方，他们的知识背景和文化背景决定了他们并没有过多的话语权，这时研究者需要遵守较强的职业伦理，有责任有义务保护对方不受伤害。复杂田野常常指的是对经济较发达、知识结构层次较多、人文环境较复杂的社会群体的研究。在复杂田野中，研究者往往面临的是一个充满陌生人的群体，在这种情况下，研究者面临的更多的问题是信任危机和功利冲突。如何介绍自己的真实身份也成为研究者需要认真思考的问题。在复杂田野中，研究对象往往由于同样具有话语权和知识文化背景，使得研究者和被研究者处于较为平等的境地，他们能够很好地保护自己，然而也给研究者开展访谈带来了困难。

"我"被想象的身份

在田野调查中，如果被访者对研究者的来源环境一无所知或者并不了解的话，必然存在一个对对方身份认知偏差的问题。因为研究者在介绍自己时用的每个词语，对被访者来说都可能是一个陌生的词语。那么，如何理解来访者的身份，就变成了被访者基于自己已有的知识和经验之上的想象与猜测。比如说我在贵州苗寨考察的时候，当地百姓对我身份的猜测有：记者、游客、可以给我钱的人、可以给我盖房子的人等，在这些推测基础上，对话的内容也具有了选择性和针对性。当然，这种被想象的"身份"直接造成了访谈内容的不可靠性。这也就是为什么人类学家总是要在考察地点待足够长的时间，从而将这种猜测变成习惯和了解，获取尽量接近真实和现实的信息的原因。

如何建立可沟通的身份

讲究被研究者的知情权其实是人类学研究伦理的一部分，主要是为了尊重对方，使双方站在一个透明的、平等的角度。一般来说，人类学研究者来自于主流文化，而被研究者来自非主流的社区，如果人类学研究者自己不能讲究研究伦理，非主流群体的声音往往是不被体现，或者被埋没的，这是很不公平的，所以我们在下田野前需要告诫自己一定要遵守田野中的研究伦理。然而，由于语言差异或者文化差异，有时候研究者在解释自己身份的时候往往会遇到不被理解的状况，这时就需要研究者对如何建立可沟通的身份有一定的认知。在实际的田野中，作为考察对象的社区通常也有几类，例如主社区与次社区。主社区就是我们常说的此次调查的目的地，可沟通的身份需要研究者耐心地用对方可以理解的词语解释给他们听，以增进相互之间的了解；或者在与当地人的长期接触中，用行动告诉当地民众自己的身份和此行的目的。以上是在主社区访谈时建立可沟通身份采用的方式。十多年前我在考察黔东南苗族服饰的时候到过西江千户苗寨，刚去的时候当地人问我是做什么的，我说我是做人类学研究的，当时自认为他们会听不懂，想进一步解释的时候，他们竟然都点头，意思是知道我是干什么的，一问才知道，之前有个日本的女人类学家在这里考察过一年，他们从她那里得知了究竟人类学家是做什么的，他们还会带我去看我想看的，讲我需要听的。这就是前面的人类学家打下的基础。

刚才提到的次社区是作为主社区的参照，例如我在研究梭戛苗寨的时候，还需要去同区域的其他民族社区去看，这是研究主社区的文化背景与参照。不过这类考察并不需要去很多趟，可能就是走马观花式地了解这一带有哪些民族，他们的生活文化大致与苗族有什么区别。这时候很可能没有足够的客观条件去和当地的民众解释自己的具体身份和详细目的，建立可沟通的方式就是将自己身份中带有对方可以理解的地方用最简单的词语描述出来。每个人其实都是综合身份的合体，如我在宁夏回族自治区南部山区考察一个次社区村庄的时候，被当地村民围观，大家非常好奇我究竟来做什么，我是研究者，同时也是一名老师，我会说我是老师，大家会非常高兴，不再纠结我的身份问题。如果去的是博士或者硕士研究生，也可以直接介绍自己是名学生，大家也会明白这个身份的意义。

作者在田野中　　　　　　（安丽哲 供）

阳光总在风雨后

张　鑫（鄂尔多斯应用技术学院）

近几年来，源于人类学经典的研究方法——田野调查受到越来越多学者的喜爱和运用。作为获取研究资料的最基本途径，田野调查是各学科研究的基础。

我的老师和我说过，田野调查要以调查社会群体行为意志的文化资料为主要目的，不能在调查过程中加入个人的行为意志和主观臆断。于是，每一次田野调查前，我都会制订详细的流程计划和具体的操作规范。如确定基本的调查框架、调查的设计，选择调查的时间、地点、角色，提前查阅资料，熟悉调查环境，尽量选择有节日、有社会活动的日子，并落实准备相关工具，研究当地民俗文化，学习当地方言，进行深度访谈，问卷调查，把记录材料整理分类、归档等，最后提炼出具有特征的现象，再从中归纳出一些普遍性，最终目的是调查资料能够被重复验证。

然而，我在田野调查过程中往往会遇到诸多困难，或是思维停滞，缺乏捕捉文化特征的能力，难以找到突破办法；或是无功而返；或是因族际之间、与调查对象之间的文化差异，给调查过程带来一定程度的干扰。这些并不都是规范的程序和调查以及调查人能够约束和控制的。在全球化时代背景下，伴随着多元文化的交融，田野调查的时间、地点、手段、方法或许将进行符合时代背景的革新，也或许没有计划的某次旅行会给你的田野调查提供思路，我的一次经历就印证了这个"奇迹"。

2017年夏天，我回到了久违的家乡，外出求学工作的这十几年，因各种原因去过很多城市和乡村，却很少回儿时的故乡，总觉得它太过熟悉。这一次回家乡，没有什么计划，只是探亲、休闲、会友。一天下午，无意间听家里老人提起在英国做翻译工作的表妹最近也在家乡附近，正在为一部音乐剧担任翻译。第一反应是，应该去看看好几年没见的表妹；第二反应是，在一个经济并不是很发达的地区拍摄一部蒙古族题材的音乐剧，而且导演还是美国人，会产生怎样的特殊效果呢？

带着这样的好奇心，我决定一探究竟。于是在音乐剧首演当天，开上车拉着弟弟妹妹一起去看热闹。可是过程并不顺利，走上高速公路不久，天空便开始乌云密布，刚才还是太阳当空照，瞬间感觉天就要黑了，于是开始懊恼没有事先看看天气预报，这和过去每一次外出都要做足功课的我相比，似乎是一个从未做过田野调查的门外汉。更让人无奈的是，首演当天的地点在草原深处的一座蒙古大营里，除了走高速公路外，还要经过一段乡道，乡道很窄，还有些坑坑洼洼，我七拐八拐还是没有找到目的地，而且这个过程中雨越下越大，雨刷器最快的速度都来不及扫干净玻璃上的雨水，我只能以20迈的速度慢慢前行，幸运的是，我们赶在首演开始的前十分钟到达了目的地。下了车一看，整个车身全是泥，走了两步，鞋子和裤腿全沾满了泥和雨水，再回想整个过程，顿时觉得沮丧、失落得很。演出的场所也和平时看到的音乐剧表演场所有很大不同，大概是因为天气的原因，除了一些政府的官员和媒体，并没有太多的观众，自己也便没有什么兴致了。然而一位老人的致辞却引起了我的注意，他就是文化部原副部长陈晓光先生，我开始仔细地观赏，了解这部音乐剧的创作背景和演职团队，似乎又开始了某次田野调查，然而首演的时间毕竟短暂。

看完首演从蒙古大营出来，发现雨竟然停了，顿时心情豁然开朗，脑海中浮现出很多想法。就在前段时间，一直为课题的名称和结构纠结，此次观看音乐剧的经历，一下子让我有了方向和思路，于是在家乡的剩余十几天里，我有一多半的时间都穿梭在蒙古大营里，和导演、演员、观众、牧民做田野调查。

那天在回家途中，我看到了美丽的彩虹，你可以想象，在草原深处，带着泥土的芳香，一片广袤无垠的草原上空，呈现的那一道色彩缤纷的彩虹是怎样亮丽的风景，也许这就叫阳光总在风雨后吧。田野调查如此，人生亦如此吧！

以子之矛陷子之盾，何如？

陈秋蓉（云南大学）

"吾本仙人，堕落凡尘。今入佛门，再踏星辰。"这是三罗的微信签名。三罗是一个年轻的佛爷，在这个布朗族聚居的村寨里，人人信仰南传上座部佛教，佛爷也拥有至高的地位。也许是"新手光环"的笼罩，我有幸在第一次田野经历中参与了三罗从"小和尚"升为"佛爷"的过程。

第一次见到三罗时，他正蹲在水龙头下面认真地清洗茶具。不同于其他佛爷给人的疏离感，三罗戴着眼镜，像个普通大学生，事实上他也的确还是某佛学院的在读学僧。

"我快十九岁了。"被我们问到年龄时，他有些不好意思地笑，笑起来咯咯咯的，像个快乐的孩子。也正是这次同行伙伴鼓起勇气的搭话，为我们和三罗后来的无数次谈天说地埋下了种子。

三罗生于斯长于斯的这个村子很特别。爱茶，以茶为生；爱酒，以酒为乐。以我粗浅的认识和第一印象来看，"酒"是这个布朗族村寨热情激昂的部分，"茶"则是他们性格中自律内省的那部分。

三罗不一样，他坦言自幼就内向，幼时出家是因为传统所迫，即每个布朗族男孩都必须完成出家当小和尚这个过程。但渐渐的，他发现出家这个传统竟成了一种完美途径，这条路引导他光明正大地去对抗他所不适应的那部分传统。传统给了他一把矛,他则有机会用这把矛去攻击传统的盾。可以说,他的性格里只有"茶"没有"酒"。

"我最讨厌喝酒了,这个寨子里的年轻人都喜欢喝酒,还喜欢唱唱跳跳,我不喜欢。我也很不理解他们为什么要结婚,把自己弄得乱七八糟,动不动就吵架,日子没有一天是安静的,我不想那样。我从小就和他们格格不入,他们没有错吧,只是那种生活我不喜欢。"说这话时,三罗看向远处的山,似乎是回忆起了过去。

借由出家这一传统躲避传统的人不在少数,佛爷们并不避讳这一点。村民们勤劳朴实,每天都给自己安排干不完的农活,舍不得浪费一点时间,他们也总是自称是闲不住的民族。在佛爷们看来,寺里最不缺的,就是无法面对繁重农活也无法静下心来学佛修行的小和尚。

"我喜欢这样的生活,我喜欢修行。不讲来去,不求升天,一切随缘,不想在寺里的人,就应该放他们走。他们走了对他们和寺里都是好事。来了的都会过去,活着的都会死去,但死去也只是肉体死去了,世上所有的东西都是内心世界的镜像,不要太执着。如果大家都知道,'我'是永恒的,而'我'不是肉体,不是个体,不从主体出发,那该多好。从行为来看,不是'我'在感受,而是感受到了的那个是'我'。'我'是永恒的啊……"察觉到我们又被他的"永恒论"搞得云里雾里,他有些不好意思地捂住嘴笑。

"你们的成果会写成文章吧?我也想写,把我悟到的'永恒'和'看''听''闻'都写成论文,但我想这是不可能的了。你们写东西是学术论文,是可以讨论的,但我如果写了自己的想法，那肯定会被佛教界的其他人说成异端邪说了，不好好学佛，整天胡思乱想。"他收敛了笑容，轻声倾诉他关于写的愿望。

三罗想逃避农活吗？他静不下心来学佛吗？在我看来，他逃避"现实"的理由并不在于此，而是简单的"不喜欢"。《文化模式》里有一段常被引用的话："个体生活历史首先是适应由他的社区代代相传下来的生活模式和标准。从他出生之时起，他生于其中的风俗就在塑造着他的经验与行为。到他能说话时，他就成了自己文化的小小创造物，而当他长大成人并能参与这种文化的活动时，其文化的习惯就是他的习惯，其文化的信仰就是他的信仰，其文化的不可能性亦就是他的不可能性。"对三罗来说，多年学佛的经历给他带来的是勇气和养分，滋养着他内心最淳朴的渴望，即求知。求知欲拉扯着他往前走，他想去探求"永恒"，长大成人以后，他不想拥有其文化的习惯，却比其他人都更珍视其文化的信仰。

"像你这种性格的人，如果这个村子没有出家的传统，那你会怎么坚持做你自己呢？你会去上大学，然后离开这里吗？"我终究还是忍不住问出这个问题。

他看着我，愣了一下："不知道。我觉得哪里都很吵，这个村子的寺里还算好吧，我去过香港地区的寺，还有泰国的、缅甸的，好多地方的，都很吵。我想安静思考我的问题，就像你问的，我在外面会想家，但是回了家我又不想见我的家人。我也搞不懂我自己。有时候寺里也很吵，下面就是宰牲场，每天都会听到杀猪的声音。我听了很难过，不知道为什么宰牲的地方会离寺里那么近，很难过。"

一次次闲聊后，三罗一开始开朗聪颖的一面暂时退场了，我看到了他的迷茫，他的挣扎，他的困惑。就在三罗要升佛爷的前一天，我在他家看他父母如何配合康朗和阿章们准备仪式，三罗家人来人往，十分热闹，而我脑海里忽然闪过那句著名台词："只要有人，就有恩怨，有恩怨，就有江湖，人就是江湖，你怎么退出啊？"既然如此，那我希望他能在"江湖"里平平安安快快乐乐度过一生。1月28日上午11点18分，我在朋友圈写下了对他的祝福："祝愿年轻的三罗能成为一个快乐的佛爷。"三分钟后，三罗评论了一个笑脸，我则感谢现代通信工具，让我这个不善言语表达的人能够送上对朋友的祝福。1月29日，隆重的仪式举行过后，三罗得以受比丘戒顺利成为佛爷。

临行的前一天，我和同学去寺里跟三罗告别，此时的他已经是佛爷了。他身上裹着新袈裟，那是他自己用一块20米长、1.5米宽的枣红色棉布制成的。他笑称自己也快开学了，这次为升佛爷请的假真是太长了。寒暄过后，我们都沉默下来，是三罗先打破冷清的气氛，说带我们最后再看看寺里的建筑。

"你们一直拍人，拍仪式，没有拍这些建筑。我觉得很可惜，每一次寺里翻修，几百年前的东西就会消失一些，下一次翻修，可能就不会再有旧东西了。"他仔细指出每一处他记忆中的老物件让我们拍下，并说："你们拍下来带回去给懂佛教懂历史的老师同学看看吧，好多东西就是这样子的，还没有搞清楚就消失了。"

好多东西就是这样子的，还没有搞清楚就消失了。作为一个菜鸟新手，第一次田野调查给我的感受也正是如此。刚刚熟络起来就要分离的朋友们，刚刚适应就要离开的村寨，刚刚接触却突然消失的事物。我衷心祝愿三罗真的能成为一个快乐的佛爷，而我自己，就做一个恣意江湖的孤胆英雄吧！

因心造境：联合国开发计划署中国少数民族青年和女性创业就业发展项目田野调查

郭 鹤（中央美术学院）

2017年10月到11月联合国开发计划署"Youth Solution Trip"青年实践项目举办第二期。"Youth Solution Trip"旨在支持青年领导力、赋权青年的创造力和实践能力。每年联合国开发计划署都会资助一批优秀青年专家，以"联合国开发计划署项目实践专员"的身份到开发署各项目点，执行为期21天的实践任务。

自2015年项目成立以来，成立了牟定彝族刺绣协会，已吸纳会员250人，主要为20～55岁的女性。刺绣协会已经承担了刺绣技能培训、精品T台秀等部分工作，此外还构建了彝族创业就业互助组，开展了能力培训活动，举办了减贫与发展论坛。

我在项目中的角色

作为四名Youth Solution Trip青年实践项目专员之一，我参与了联合国开发计划署少数民族青年和女性创业发展项目。在项目点云南省楚雄彝族自治州牟定县开展调查、研究、采访，并参与相关会议和项目活动，深入了解，发现并感受当地存在的社会问题和挑战，最终结合自己的专业知识和实践结果，为联合国开发计划署和当地社区提供切实可行的解决方案。

田野调查中的感动

在田野调查过程中，感动和急迫相互交错，感动于他们仍坚持用自己的方式将古老的技艺进行传承，但是机器刺绣的快速化、批量化生产使得手工刺绣在夹缝中生存。下面记录的是调研中令我感动的"人"和"物"。

调查过程中，我们走访了许多刺绣方面的非物质文化遗产传承人。一次机缘巧合，我到了腊湾村，这里毗邻姚安，也位于地震过的三村交界处。村子里的人说，从这里走路去县城，需要摸黑去再摸黑回。翻山越岭，大约30公里，走小路也要25公里，这样算来，来回要12个小时。我来到了腊湾村的一个民间绣娘起阿姨家中，她向我们展示了许多她设计的刺绣作品，周围村子的人需要做新衣也会过来找她。让我比较意外的是，她在过去十几年都是免费帮人刺绣，只有近几年才开始有微薄的收入。我和她女儿身材相仿，她拿出了女儿在过节时穿的衣服，于是我有幸体验了一次彝族姑娘的穿戴配饰。围腰的穿法也特别讲究，阿姨在帮我穿戴时围了一圈，当她的手在我身前比量时，一种强烈的代入感油然而生，关于传统服饰的敬畏和对于配饰在方寸挪移间的"正"深深震撼到了我。而这个时间节点是21天中让我感到最震撼的点之一。

作者在田野调查中　　　　　　　　　　　　　（郭鹤 供）

　　另一个让我感动的"物"是"鞋垫"。虽然鞋垫这个物品我们很多都市人都不再用了，但它几乎是每个人童年的记忆，尤其是在童年记忆中，因为鞋的尺码总赶不上脚的变化，买的鞋子也是时大时小，更何况在独生子女政策之前，每家每户至少是两个孩子，在当时的时代背景下，好多人都是穿哥哥姐姐的鞋子，由此，鞋垫更是每家每户的必需品，也伴随了那一代人的成长。而关于鞋垫，彝族却有另外一种含义——定情，即在男女两情相悦，约定嫁娶时，女方送给男方的定情信物。所以即使在今天彝族的传统手工艺品中，鞋垫也占有一席之位。一家之中，妻子为丈夫绣鞋垫，母亲为儿子绣鞋垫。刺绣实际上在很长一段时间承载着一个家族生命的"传承"。

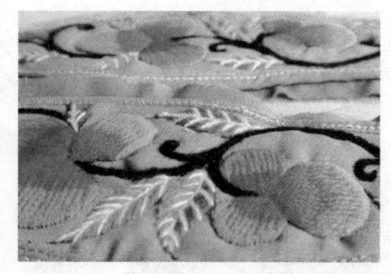

鞋垫和鞋垫花纹　　　　　　　　　　　　　　　　　　　　（郭鹤 供）

　　我们可能把彝绣当作艺术品来看待，但是对传统的彝绣传承者来说，它是敬祖先和传血脉的情感纽带，最初她们是绣来作为自用或给家人的日常用品，比如鞋垫，比如衣服、布包、背被。对绣娘来说，老人、丈夫、子女们的穿着都饱含着她们一针一线的感情，做成一件成衣就是完成了一种寄托。手绣市场受到机绣的强势挤压后，不得不缩减。然而高人工高成本的手绣虽然无法在规模上取胜，却可以在质感上取胜，那种纹理和表面上的精致是机绣做不到的。如果我们试着调和二者，在解决问题上，我们设计出发挥机绣特点的几何纹样，机绣可以扬长避短。腾出的市场空间就可以让手绣得到发展，形成良性的循环。

　　在人工智能时代，机器化将不可避免地代替人工化。在人们越来越追求高效高能的智能过程中，是否当人更像人的时候，才更有温度。我想，这也是"人工智能"中强调保留人属性的意义。当机器人都会做饭的时候，我们还有什么存在的必要？当机器人都会刺绣的时候，手绣的存在还有什么必要？现在如果还看不到刺绣行业的发展，不知道手绣会不会被机绣取代，我们不如把这个命题换成"纸质书是否会被电子书取代"。纸质书那种质感和在翻动书页的动作中营造出的仪式感是永远无法被替代的，所以虽然亚马逊的 kindle 电子书卖得火热，却仍然无法替代图书馆的场所精神。

"连接得了的城市，回得去的故乡"，需要从 80 后、90 后这代人做起。当地人流行着一段话，叫作"南下找媳妇，北上找老公"，所以当地的年轻劳动力呈现空心化状态。现在就像是站在时代的十字路口，这代青年人的发展影响着未来彝族刺绣的发展，"传承"或者"断代"也在这代人的发展轨迹中。希望通过我们对彝绣的再挖掘和彝绣产业结构的升级带动，可以使青年人自我理想的实现与彝族非物质文化遗产刺绣达到共赢，这是一件互相成就的事情。

记得和朋友聊到一句话，叫作"万物均有裂痕，那是阳光照进来的地方"。

我们此次的项目点是一个十分特别的位置。首先，让我们把地球仪翻转到亚欧大陆的一侧，我们可以看到，亚欧大陆的中轴线穿过中国云南。进一步放大，我们看到了云南的中心在楚雄。再放大，我们会发现，楚雄的中心在牟定。在这里，有着关于楚雄的一个美丽的传说。楚雄，又称"鹿城"，没错，名字的起源和一只神兽"马鹿"有关，当地人的猎户祖先在追逐一头鹿时，被鹿引领到那个世外桃源，之后便定居下来，于是有了现在的楚雄。

彝族有一种专门整理像上面故事的职业，通过口口相传的形式传承那些"由来"，这种形式叫作唱"梅葛"。梅葛作为一种记录题材，用当地人的话表达它的奇妙能力，就是"可以把人唱笑，也能够把人唱哭"。唱梅葛很大程度上需要传承人临场发挥，在主调的基础上用委婉的语言娓娓道来，有些像我们的文言文，不同之处在于梅葛是唱出来的。而这美妙的唱腔曲调也面临失传的危险。出于对梅葛的兴趣，我希望了解更多，腊湾的李书记热情地讲给我们听，说梅葛是有着漫长的传承历史的。在彝族的文化中，"爱情"这个题材用于很多形式，比如刺绣，比如鞋垫，比如梅葛。很久之前，未出嫁的姑娘是有"姑娘房"的。她们谈恋爱是有独立的空间的，暧昧男女之间的悄悄话也是用唱的形式表达的。梅葛中有嫁娶题材的专项，传情要唱，定情要唱，结婚更要唱，曲调间一来一往的传情达意，唱起来三天三夜也唱不完。

田野调查后的思考

《诗经》有云："呦呦鹿鸣，食野之苹，我有嘉宾，鼓瑟吹笙。"这是"凝聚力"的呼唤。当今时代无疑是一个"加速时代"，但也是一个"集智"的时代，在移动互联网平台这个媒介下，时间似乎被"折叠"了。对彝绣来说，折叠其中的空间就是发展时机。作为设计师，我在确定了"纹样"和"语言"这两个点进行切入后，做深化设计，将此次田野调查的感受转化为设计，也希望能够为彝绣的发展贡献一己之力。

有亲情味的田野

纳　倩（云南民族大学）

"著名回乡"纳家营位于云南省通海县西北部，纳家营因元代率军来此屯田的临安元江宣慰司都元帅纳速鲁（汉名纳璞）先祖而得名。纳速鲁是云南首任平章政事赛典赤·赡思丁的四世孙，不过据碑记资料考证，纳速鲁并未到过纳家营，而是他的儿子纳荣、纳华、纳富①到的纳家营。纳家营历来人才辈出，有世袭锦衣卫，武略将军，著名的阿訇，以及现代著名的阿拉伯语专家纳忠教授和《一千零一夜》的翻译者纳训先生等。回族善经商，纳家营回族也不例外，他们很早就通过继承先辈制作刀、枪的手工业和走马帮、饮食加工等方式经商，至今仍是云南省著名的商业乡镇之一。经济的发展、人才的辈出以及伊斯兰教的良好氛围，使得它成了享誉中外的著名回乡和侨乡。

硕士论文选题时，我将纳家营作为自己的田野点。之所以选择纳家营，一则因为上述的优点，二则因为纳家营是我家族的老根。2016年的中秋节我到纳家营开展了第一次田野工作，可这并不是我第一次来到纳家营，此前我已经来过五次，一次是寻根，其他几次是参加大学生实践活动。此前觉得自己每次到纳家营都有不同的体会，现在想来，其实参加大学生实践活动时每次

---

① 纳速鲁有四个儿子，分别取名荣、华、富、贵，但纳贵一支最后并未定居纳家营，关于他们的去向当地有许多版本的传说。

的感受都差不多，无外乎是增加了自己的知识以及喜欢这个地方，那时的我并不了解纳家营，单纯地觉得这是一个教门好的地方。而做田野之后，纳家营带给了我很多的思考，我也认识了不同面的纳家营，认识了很多的"他们"。

此文的目的一是叙述我在田野中遇到的"他们"，把我当作亲人的"他们"，二是借此感谢"他们"。

记得我到纳家营的第一天，先找了此前实践活动时认识的纳WC巴巴（古波斯语，指爷爷），巴巴很热情地招待了我，在我不知要找谁的时候，巴巴带我去了周QW老师家，清楚地记得当时周老师下拜后开着车来接的我们。因为是第一次自己下田野，此前也没有任何经验，所以只是大体知道这次来想要的是什么，至于具体要怎么做，还是懵懂的状态。所以到了周老师家，我就先说了此次的目的，老师还约了纳JC大爹一起来商量，经过一晚上的聊天，老师给我安排好了要找谁进行访谈。至今也是这样，每次我下去，和周老师商量了要做什么，老师就会给我提供需要采访的对象。我的采访对象不是自己的选择，这可能是我田野中的一大遗憾，说明我对这个地方不熟悉，之后需要更多的学习和提升。

从第一次到现在第四次田野，周老师、纳WC巴巴、纳JC大爹成了我最信任的人，他们每次都会给予我很多我想不到的帮助和关心。他们常对我说："你来到这里，这里就是你的家，你想怎样就怎样，你需要什么就告诉我。"每次下去他们定会请我吃当地美食，也定会邀请我去家里吃饭，我不去他们还不开心，说我见外。访谈一天后，还要聚在一起询问进展，为我解决一切难题。记得第二次去的时候，在和访谈对象聊完后，巴巴就跟人家说:"你帮她找个人家,把她拴在纳家营吧。"回来后,我还跟朋友开玩笑说我会不会做个田野就把自己嫁到纳家营了。其实我知道,这是巴巴对我的爱,他真的就像他说的把我当作他的孙女一样喜欢我。这次巴巴还对我说:"你就是我的孙女,你走了我和周老师、纳 JC 都挂着你。"每次巴巴这样说的时候,我很感动也很开心,很多时候我觉得自己越来越不会待人处事,可是很奇妙,巴巴和周老师他们却很喜欢我,这是多么大的恩典。作为学生,对他们给我的爱,最好的回报我想就是努力再努力,就像周老师告诉我的"你要好好做研究"。周老师除了帮助我做田野,还常给我一些生活方面的指导,对我做的事情都特别的支持,遇到难题了还开导我,有的难题一问周老师,他就特别耐心且像一股细流慢慢滋润我的心窝,让我舒心,跟老师在一起还学到了很多待人处事的方法。

除了巴巴、周老师和 JC 大爹,我的每一位访谈对象对我都特别好,他们把我当作到家做客的客人,热情地招待我。现在我常想,别人去做田野要带着礼物去给访谈对象,而我什么都没有带,可是他们却待我如亲人,留我在家吃饭或是请我吃饭,他们觉得我还是学生,不必带礼物给他们,等我有独立的经济能力了再说。很多采访对象在访谈中还对我说:"你要好好做,我们民族需要你这样的人。"我知道这是他们的一份期望,也是我的一份责任,我很感动,因为他们在第一次与我见面时就说出对我的期望,这是一份宝贵的信任。所以,虽然我现在没有带什么礼物给他们,但是我把他们给予我的记在了心里,有时我会希望时间快一些,让我有独立的经济能力去回报他们给我的一切。

每次田野我都觉得收集资料是其次,每一位"他们"给予我的才是最珍贵的收获。感谢每一位待我如亲人的"他们"。

我的老师曾经说过，不同的人即便到了同一个田野点也会有不同的感受和认识，有的人会很喜欢，而有的人则不喜欢。我想我应该属于前者，因为这里让我有家的感觉。

我的桦皮船情结：
纪念鄂伦春族民间工艺师郭洪强

方 征（中央民族大学）

祖国东北的大兴安岭，林海茫茫，河流密布，黑龙江的支流呼玛尔河从森林深处奔流而过，养育了这里勇敢的鄂伦春。十八站、白银纳是坐落在呼玛尔河畔的两个鄂伦春族民族乡，他们的先民长期在这里生息繁衍，创造了灿烂的狩猎文化。直至20世纪50年代，鄂伦春族还在大兴安岭这片广袤的土地上过着迁徙游猎的生活，较好地保存着传统的文化遗迹。桦皮船是呼玛尔河流域鄂伦春人独有的交通、狩猎工具，是鄂伦春人勤劳、勇敢和智慧的象征。这种船具有轻便、灵巧和速度快的特点，搬动时只需一人就可以轻松扛走。特别是在狩猎过程中，它在水上划行时轻巧无声，动物不易发现，为猎人打猎创造了很好的条件，因此夏季猎人们经常乘坐桦皮船狩猎，射杀在河边或水泡边饮水的动物。鉴于桦皮船悠久的历史和独特的工艺，2007年被列入国家级非物质文化遗产名录。然而，随着大兴安岭环境的变化，找到能够制作桦皮船的桦树已经很难了，随着人们生产方式的改变，桦皮船也已经淡出了人们的生活。目前，能够制作桦皮船的民间艺人已经寥寥无几，这种工艺面临失传。

2010年7月9日～23日，在中央民族大学相关课题的支持下，我带领傅颖、赵展、刘岩3名研究生来到位于大兴安岭深处的鄂伦春族乡白银纳和十八站，进行桦皮船制作工艺的记录和民间文化的调查工作。在白银纳，经过一个星期的等候，我们终于见到了桦皮船工艺传承人郭洪强。初见洪强时，他一身迷彩服，身背一个旧皮包，脚蹬一双解放鞋，身材结实，黝黑的脸庞略显沧桑，明亮的眼神里透出一个中年男子智慧的光芒。见面后寒暄了几句，我便向他说明了来意：准备做一条桦皮船，并对制作工艺进行全程录像。使我感到意外的是，他竟然欣然应允，并告诉我们："制作一个好的桦皮船，必须是长期在河边生活，并有多年划船经验和制船经验的人才行，别说让你录像了，就是我手把手地教你几天你也掌握不了其中的奥秘，即使你能做出船来，下了水也只能翻船。"洪强的一句话不仅打消了我们以前的疑虑，他的坦率、豁达更使我的敬佩之情油然而生。

在随后一个星期的制作过程中，我们才真正领会到桦皮船制作工艺的困难和复杂程度。制作桦皮船首先要寻找能够制船的桦树皮和樟子松，扒桦树皮只能在6月底7月初，我们翻山越岭，经过千辛万苦才找到一棵能够做船的桦树，扒树皮要求很高的技术，划痕不能深也不能浅，否则会造成树木死亡。制作船底、船帮的樟子松同样要求很高，有经验的人一看就知道哪棵树能用、哪棵树不能用，树木的纹路必须是"顺岔"，如果纹路不合适就缺乏韧性，也就不能将船底做得很薄了。原料找到后，洪强便打开了他那个旧皮包，拿出了特有的工具，与我们一起开始了为期一周的桦皮船制作工作。桦皮船做好以后，洪强和他的姐夫刘中帮我们用木箱进行装钉并托运回北京，后来我将桦皮船捐献给中国体育博物馆进行永久收藏。

初见洪强时，他很少说话，只是埋头干活。然而，洪强嗜酒，在我们一起工作的一周里，每天中午和晚上他必须喝酒。我作为一个民族文化的研究者,也习惯与调查对象在酒桌上聊天,这样可以拉近彼此的距离,消除隔阂,对对方也才能有更真实的了解。从此,洪强便打开了话匣子,给我们讲了他划船漂流、打猎、捕鱼、上学、恋爱等生活经历。他每天记日记,这个习惯已经保持了30多年,日记里记述了身边发生的事情和鄂乡的发展与变迁。洪强经常一个人到山里生活,一住就是一个月,夏天划桦皮船去漂流,几乎漂遍了大兴安岭的每一条河流。他喜欢山里的生活,喜欢老祖宗传统的生活方式,却不会种田,家里菜园子的荒草已经长满了院落。在一起的日子里,我对洪强产生了浓厚的兴趣,他高中毕业,有文化有知识,在现代社会环境下长大,却又对传统文化有着深厚的感情;他对现实生活中身边发生的事情感到不满和无奈,对山里自由的生活却充满无比的眷恋和向往。

一周的朝夕相处,我和洪强建立了深厚的感情,由于我年长一岁,我们便以兄弟相称。分别以后,我经常受到洪强的"骚扰",特别是深夜一两点钟接到洪强的电话,告诉我他逮到了猎物让我来品尝,使我一夜无眠,思绪又回到那一片一望无际的山林。在鄂乡的日子,我真切地感受到鄂伦春族群众真挚、热情、豪爽和友善的情感。

由于工作的需要,我从2006年开始从事鄂伦春族传统文化的变迁与聚居区村民健康的研究,曾8次深入12个鄂伦春族乡做过调查。2011年7月,我带领中央民族大学的8位师生再次踏进十八站和白银纳进行调查,与洪强相见分外亲切,我们把盏叙旧,畅快淋漓,相约来年一起进山体验生活。2012年7月,我再次如约而来,然而由于河水暴涨,洪强带领全家进山,无法相见,致使我进山体验猎人生活的愿望落空。2013 年 4 月 11 日,一阵急促的电话铃声响起,洪强的姐夫刘中告诉我,洪强因脑出血去世。顿时,我泪流满面,心痛如绞,再也不能与我的兄弟一起进山,一起畅谈,一起体验山林的生活了! 2013 年 7 月,我再次来到洪强家,看望他的老母亲,与老人相拥而泣。老人告诉我,洪强整天念叨我,还用老树根给我做了一个菜板,在山上打到猎物总想着要给我留点,捕到鱼总说要是我在该多好! 2013 年夏天的一场特大洪水冲走了洪强在河边的所有遗物,连同他的日记和用老树根制作的菜板,就像他的灵魂一样随着呼玛尔河的流水漂向了远方! 由于发大水,我无法去给洪强扫墓,原计划整理洪强日记的想法也落空了。我带着空空的行囊和失落的心情回到北京,不禁问苍天:我的兄弟在哪里? 他的灵魂在天堂是否得到了安宁?

2013 年 4 月,我的研究报告《鄂伦春族村民人口结构和死亡原因调查》受到了党中央和国务院的重视,国家领导人亲自对报告做出批示,黑龙江省和内蒙古自治区党委组成专业调查组开展了深入的后续调查,对提高鄂伦春族群众的健康状况制定了切实可行的方案。然而,我的兄弟郭洪强却永远地离开了我们!

愿我的鄂伦春族兄弟姐妹能够健康、平安! 愿勇敢的鄂伦春族繁荣、昌盛!

田野路上的"见招拆招"

宋 丹（中国社会科学院研究生院）

作为一名民族学专业的学生，田野调查是我们学习过程中必不可少的一门课程。通常，我们在老师们的带领下，或是前往偏僻的小山村，或是来到繁华的大都市，在做田野的过程中感受不同地域、不同民族的风土人情。有时候我们也会遇到一些窘境，这就需要我们开动脑筋，见招拆招。

第一招：躲。每个人都有自己害怕的东西，比如蛇、狗或是虫子。我们做田野调查时常会到农村或是大山里，让人恐惧的这些"洪水猛兽"就会不经意地出现。记得去广东连南瑶族自治县调研时，有一天下午，调研队伍在当地工作人员的带领下来到了三排镇油岭瑶寨，我们准备到山上的老瑶寨做几个访谈。山上植被茂密，山路十分狭窄，到了老寨的门口时，司机告诉我们寨子里车子开不进去，只能步行，于是一行人下了车走进了老瑶寨。寨子里的房屋大多是由石头和木头制成，许多已破败，房屋之间隔着一条条蜿蜒狭窄的石子路。大部分村民已移居至山下的新瑶寨，仅剩些年纪稍大的老人仍居住于此。我们与一位老奶奶做访谈时，她家的母鸡和小鸡正在一旁吃食，小鸡仔们毛茸茸的，甚是可爱。而方老师见此情况很是紧张，她先是镇定地快步经过它们，然后迅速地躲到了别的老师身后，在确认和小鸡一家有一定距离后才稍稍松了口气。后来她告诉我她对一切有羽毛的家禽都觉得害怕，认为它们是不理性且不受控制的，并且具有一定的攻击性,一句话就是它们是不讲道理的,所以看到它们还是"三十六计,走为上计"。后来同行的一位男同学因为小路上突然出现的一只小黄狗而惊慌失措,并以最快的速度绕道而行。我本人在海口的一次调研过程中,险些受到大鹅三兄弟的攻击,或许是我当时没注意步入了它们的领地,只见它们快速地向我靠近,不停地摇摆着身体,嘴里发出大叫声,扑棱着一对大翅膀。一想到大鹅会啄人这件事,我心跳加速,腿都软了,出于本能,我以迅雷不及掩耳盗铃之势跑到了附近的一座妈祖庙中,大鹅三兄弟或许是看我离开了它们的领地范围,于是雄赳赳气昂昂地转头走了,我这才躲过了一劫。所以说,当你在田野路上遇到这些"不讲道理的生物"时,还是乖乖地躲着走吧。

第二招:不论你是否会喝酒,宴席上的酒杯还需满上。在经过一天疲惫的调研后,晚餐是大家最放松的时间。但有时候当地领导出于礼节会请我们一起吃个便饭,这时候大家就会有点压力了。领导们一般都十分热情,在简短的欢迎致辞后会邀请我们共同举杯。这时大家就有些犯难了,本来就不会喝酒,但这个场合不喝一点又有失礼节,这酒到底是喝还是不喝呢?我第一次遇到这种情况时选择了喝,心想着饭

广东连南三排镇油岭老瑶寨蜿蜒的石子路　　　　　　　　　(宋丹 摄)

桌上人多，而且应该不会勉强女生喝很多酒，一会儿敬酒的时候小抿一口表示礼节就行。当然，也会有人忠于自己的原则，抑或是怕被灌酒，尽管他人百般劝说，仍然坚持滴酒不沾。后来有一次我们和导师私下一起吃饭时，他告诉我们如果以后遇到这种情况，酒杯斟上酒是一回事，喝不喝酒又是另一回事。酒杯里倒上酒和大家共同举杯其实是一个团队统一步调的表现，手握酒杯也是大家进一步交流沟通的工具。领导们知道大家都是学生，也不会想尽办法灌酒，主要还是带动一个气氛，欢迎大家的到来。如果遇到对方向你敬酒，你可以选择小喝一口或是用嘴唇碰一下，对方要是要求一饮而尽，你可向对方稍作解释，一般都不太会勉强。因此，如果田野中再遇到以上这种情况，牢记"斟酒的动作要快，抿酒的姿势要帅"。

第三招：遇到不明食物一定要多问多观察，小心谨慎。我们到民族地区下田野时，经常会遇到一些具有当地特色的食材，有一些或许是你这辈子都接触不到的。我在广东连南调研的时候曾遇到几种奇特的菜肴，令我大开眼界。有一次在饭桌上吃到一种颜色金黄、香糯松软的食物，看似像猪皮又不是猪皮，餐厅服务员告诉我们这是被誉为省级非物质文化遗产的排瑶牛皮酥。先前我只知道牛皮可以做皮衣皮鞋，没想到还能吃。牛皮酥是经过牛皮挑选，自然风干，火烧，木槌敲打等十多道工序后制成的，将锤松的牛皮清洗干净，与黄豆煸炒后焖一段时间，即可上桌，可谓是极具特色的一道菜肴。我听闻连南当地养殖竹鼠，这是一种以竹子、植物茎秆为食的鼠类，成年竹鼠可长到 2～4 公斤，虽然它与老鼠不一样，但想想还是有点害怕。在我们即将离开连南的前一晚，服务员上了一道看着像红烧猪蹄的菜，我夹了一块放在碗里，观察后品尝了起来，味道有点奇怪。我正想问服务员是什么菜时，坐在我旁边的师姐端了端眼镜，一脸严肃地对我说："如果我没猜错的话，你碗里的应该是竹鼠肉。"顿时，我脑中一片空白，默默地将竹鼠肉留在了小碟子里，有点绝望但还是要保持微笑。在经过"误食竹鼠事件"后，我小心谨慎地观察着每一道菜肴，最终发现了一盘红烧狗肉，一是我知道当地有吃狗肉的习惯，二是在盘子的最上面摆着一个小小的狗鼻子。这次调研后，每当我不确定饭桌上是什么食物时都会多问一句，或者选择不吃。所以，当你遇到不明食物的时候，要多问多观察，不然你可能会哭着说："狗狗这么可爱，怎么可以吃狗狗。"

以上三招是我在田野调查中学到的小经验。田野路上有蓝天白云、青山绿水，有突如其来的"不讲道理的生物"，也有来自当地淳朴的风土人情，有我们从未见过的奇特食材，也有我们从未体验过的民俗文化，所有这些都使我们的田野调查更为丰富多彩，也让我们对人类学和民族学更加着迷。

牛皮酥 （宋丹 供）

民族村发展实践的文化反思

王 华（江南大学）

太湖之畔的回民村跟江南的其他村庄别无二致，一直以来名不见经传，然而它却在新农村建设与发展中逐渐脱颖而出，成为苏南地区民族团结进步的一个亮点。我有幸路过此地，遂入村参观。只见平坦开阔的水泥路两侧，连片的果树无边无垠。此时正值阳春三月，素洁的梨花和妖娆的桃花纷纷引来了众多游客和摄影爱好者。眺望远处，波浪般的茶树丛起伏在连绵的丘陵上，身着鲜亮衣裳的采茶女们正在这片绿色海洋上忙碌着。青天之上，几缕袅袅炊烟娓娓地讲述着休闲农家乐的故事，似乎城市与乡村丝丝缕缕的勾连尽在这里演绎。

回民村的中心矗立着一座始建于明太祖洪武年间的清真寺。据当地百姓介绍，这座清真寺建设年代比常州市区的双桂坊清真寺还要早几年，素有"先有陡门塘，后有双桂坊"之称。只可惜原先的清真寺毁于"文革"，眼前这座是2000年在原址上重建的。附近，镶嵌着穹顶门廊的二层小楼是村里的民族文体中心，这座伊斯兰风格的标志性建筑被改造成回民历史博物馆。白墙黛瓦两面坡风格的民居，现如今皆被改造成带有星月符号的穹顶，原有的方框形门窗都被改为拱形。这一切的改观都发生在近几年，却让到访的人感受到浓浓的伊斯兰风情，同时也似乎提醒着人们族群认同的延续性和传承的合法化。

城西民族文体中心　　　　　　　　　　　　　　　　　　　（王华 摄）

据统计，2017年全村总人口约2800人，而回族人口356人，以韩、董、吕、米四个姓氏为主，绝大部分聚居在陡门塘一带。据《武进县志》和回民家谱记载，苏南回民村的回民元朝至元年间陆续南迁至此定居。其中，韩姓回民在元朝初期自河南南阳地区迁来，被公认为是最早迁徙过来的一支，距今有七百余年的历史。从地理上看，回民村处于无锡、常州、宜兴三个城市交接的边缘地带，是一个典型的以传统种植业为主的江南村庄。村民利用河道密布、气候温和、雨量充沛等优渥的自然条件，发展出以稻谷、水果、茶叶、竹笋等为主的多样性的农业产业结构。然而，即便处于经济发达的苏南地区，回民村也并没有因此富裕起来，在千禧年之前仍然是个落后、贫穷的地方。这是不是暗示着现代化的"滴漏效应"并非憧憬中那么美好呢？在城乡二元的固化结构中，一些促进发展的宝贵资源往往轻易地就被城市所吸纳，中心与边缘不平等的权力关系在不经意间便被建构起来了，其影响至今仍旧在有些地方持续发酵。

回民村的变化肇始于新农村建设战略。村庄的政治精英因地制宜，抓住了"民族"二字，将几乎被同化殆尽的回族文化重新刨出来，高调举办清真美食节，兴建民族村史馆，民居风格回民化，鼓励重修回民族谱，计划修建回民公墓等，同时，包括开通管道天然气，建设健身广场，动员种植果树等，无不体现出村庄精英的用心良苦。经过几年的励精图治，回民村先后获得了很多表彰，譬如"全国民族团结进步模范集体""中国少数民族特色村寨""国家级生态村"等荣誉称号，同时也入围了江苏省特色田园乡村试点村庄，获得了高达数千万元的基础设施建设资助。无疑，从建构整体性角度，国家安排具有一些文化差异的内部"他者"，政策的照顾与资源的配给代表了主体社会对回民村的关怀和支援，以彰显治理的包容性和文化的多样性。

尽管物质生活水平有了提高，但村庄内的新问题却不容小觑。精英们将村庄的发展预设成一个相对简单的过程，认为建设项目进村，资金到位，发展的障碍便能解除。事实上，他们高估了这一切。陡门塘民居外墙被统一进行伊斯兰化的立面改造，引起了一些非回族成员的不满。村里通过对回民发放补贴来塑造族群身份，这种夯实族群边界的做法让汉族成员不能接受，认为这些回民原先与他们一样，现在却要被优待。"他们跟我们没有什么两样，凭什么就拿补贴，不公平！"回族村史馆的建设更令本村的汉族成员意识到因文化尊严的丧失而带来的痛苦,他们对此议论纷纷,牢骚满腹。另外,村民们响应村里的动员,把仅有的土地都种上了茶树和果树,但在发展投资的覆盖下,他们拥有的权利和得到资源的机会并非人人均等,丰收带来的喜悦却因销路不畅而大打折扣,更不用说休闲农庄旅游所引起的机会和收益的不平衡了。

民居的立面改造 (王华 摄)

村庄内部回汉之间出现的微妙关系,让我们看到了经济发展所带动的文化变迁是多么复杂的事情,而刻意改变一个地区的风俗习惯和行为模式又是多么危险的工作。事实上,一个地区的文化的整体性是每一个因素都有机交互作用在一起的,某个因素的变化,往往会引起其他因素的联动甚至冲突。从人类学的角度看,首先要认清"发展"的本质,因为它既是一种话语建构,又是一系列的实践活动，其自身具有创造性破坏的力量，或剥夺或增强参与者的权利，导致新的不合理和不平衡。为了避免发展项目沦为普通民众和规划者之间的斗争场域，当地是否应当组成一个协作团队，共同协商、设计、监督和实施呢？

挖掘文化，热闹社会，快乐自己

刘文娟（山西大学）

"我就是要挖掘文化、热闹社会、快乐自己，我组建洪洞威风锣鼓艺术研究会就这一个目的……"说这句话的时候，程会长向上举起了右手，像是在喊口号。

程北成，1957年生，山西省洪洞县辛村乡白石村村民。2014年11月18日，他花了三万元注册资金成立了洪洞县威风锣鼓艺术研究会。研究会成员主要是老年人，当时最小的是48岁，最大的82岁，都是十里八乡打威风锣鼓的好把式。

2015年1月第一次见程会长，在他家中，我们一行五人把简陋的房间挤得满满当当。程会长上身穿着深蓝色棉衣，没有穿外套，很随意，眼袋很大，看上去甚至有点凶，身材短小精悍，不认识的人见了，或许会对他心生畏惧。我们一落座，他就给我们泡茶水喝，零碎的茶叶在满是水垢的透明玻璃杯里上下翻飞。寒暄中才得知，他的老伴几年前去世了，家中两个女儿常年在外打工，很少回家，他独自一人过日子很是自由，想什么时候去打工就去，不想出去打工就在村里种种地。他只有一个爱好，就是打威风锣鼓，直到2013年，他终于决定要做一些和威风锣鼓有关的事。

据程会长讲，他小的时候，村里每到过年就会有锣鼓表演，渐渐地，他看多了别人打鼓，自己也就会了。十几岁的时候，他家里穷，买不起鼓，锣钹铙镲这些铜器更是贵重。村里有钱的几户人家合伙才能购买一套锣鼓乐器，入了股的人才可以使用，他只能远远地看着，摸都摸不着。程会长说到动容处，语气也变得激动起来。现在，他不愿意和村里原有的锣鼓队合伙，想要借着威风锣鼓非物质文化遗产的名气做一些不一样的事，而不只是单纯地组个锣鼓队。既然是队伍，就不能是散兵游勇，还得是挂了牌获了证，政府认可的正规团体。他认为挂了牌，花钱在政府办了手续，就把自己、成员、研究会都紧紧地连在一起了，以后就不能随随便便散伙。程会长从2013年8月1日开始筹办，2014年11月18日成功挂牌。历时一年多的努力奔波，程会长拉到当地某石业公司的经济赞助，得到了文化名人的扶持，以及临汾金鼓乐文化有限公司的技术支持，挂牌后还在洪洞县电视台做了报道。程会长初中毕业后就没有再上过学，大半生都在种地打工，和普通农民一样踏踏实实过着普通的日子，临到老年却迸发出如此大的能量。

"挖掘文化、热闹社会、快乐自己，只靠我一个人是不行的，我拉了这么多人参与进来，到处去寻求帮助，参与的人多了，心劲儿就更大了，我们研究会的前途能更明朗，也能更好地回报社会……"程会长的话语里带着他特有的追求，喊着口号向前进的那种气魄。

2014年研究会挂牌前，程会长给研究会会员每人都筹到了一套装备，而且程会长在装备上进行了创新。服装恢复山西农民传统的打扮，白色土布汗衫，黑色土布褂子和裤子，褂子不系扣子，用黑色腰带系上即可，扎裤脚，头上再围上白毛巾。鼓为黑色，背鼓的带子也用了洪洞当地土布染包袱。

2015年农历三月，洪洞羊獬村"接姑姑迎娘娘"路过白石村时，程会长领着他的老伙伴们在白石村大路边打锣鼓。程会长热情洋溢地指挥着，他双手高举，腰身有节奏地摇摆着，就像在战场上指挥着千军万马般神气。研究会里 82 岁的老大爷系着红腰带，专注地拍着钹，连腰带的一头掉了下来也没有发觉。那红腰带的穗穗随着老人拍钹的节奏上下颠颠着，在风中飞舞，甚是有趣。"接姑姑迎娘娘"作为当地的盛会，吸引了大量背着相机的专业摄影人。活动休息的间隙，程会长不停地招呼摄影师们，希望他们能对准他的队伍，多拍点照片帮他宣传宣传。他又不停地给大家介绍队伍里的成员，介绍着他的研究会。

2016 年，山西卫视《人说山西好风光》大型旅游宣传栏目火了起来，程会长的洪洞威风锣鼓艺术研究会代表临汾市在舞台上打威风锣鼓，助力临汾市旅游业，至此，研究会也算真正地走上了正轨。这以后，临汾市里有些威风锣鼓文化公司也找上了程会长和他这个充满特色的团队，一起合作露面的机会也渐渐多了起来。2018 年 1 月，在临汾市威风锣鼓产业园剪彩活动上，程会长带领着自己的团队受邀参加活动并大展风采。

程会长说过，像威风锣鼓这样的非物质文化遗产是永远不会消亡的，有太多的临汾人对威风锣鼓有深厚的感情并愿意亲身去演绎这项伟大的艺术。在洪洞这片古老的土地上，程会长认真地"挖掘文化、热闹社会、快乐自己"，把传承文化的重任扛到自己肩上，一个农民能做到这些真的不容易。

让我们在人生的田野中再相遇哦……

——宋小飞

第三部分 田野记事

新疆纪行：近距离的坎儿井文化体验

萧　放（北京师范大学）

新疆大学与宝亨集团共同举办的"非物质文化遗产保护传承、开发利用"会议，原定于2003年5月在乌鲁木齐召开，由于"非典"的影响，延期至7月25日至29日。新疆于我而言是一个有魅力但又不是轻易能去的地方，因此这次会议成为我西行的契机。25日上午10点，我坐上了北京开往乌鲁木齐的国航班机，这是一架波音777飞机，机身宽大，运行平稳。3小时后，飞机安全地降落在乌鲁木齐机场。新疆大学的张昀老师和新疆民协的巴赫提亚在机场接待，本次同行的北京与会者有刘铁梁、高丙中、邢莉等诸位老师。住到博格达宾馆后，晚上我到一个民族歌厅边吃边看表演，第一次近距离接触维吾尔族生活。

坎儿井是我们在中学历史教材中学过的，早就想看看。坎儿井由立井、明渠、暗渠三部分组成，一般开凿的方法是依一定的间隔距离打若干立井，然后从地下掏渠连通立井，将水从地下引上地表。坎儿井主要集中在吐鲁番地区。吐鲁番是四周高中间低的大盆地，地下水来自天山雪水。吐鲁番年降雨量只有16.7毫米，而蒸发量是3000毫米，水汽的交换极不平衡，大片绿洲的维持全部来自天山的雪水，天山水是吐鲁番人的生命之水。在老坎儿井，我们进到了地下通道，近距离地接触天山来的清澈流水，对古代人民的创造力由衷地叹服。吐鲁番有近千条坎儿井，连接起来大约5000公里，人称"地下运河"。有人说坎儿井是与万里长城、京杭大运河并称的古代三大工程之一。

参观完坎儿井，同行的人都要回乌鲁木齐了，我因为要去维吾尔族同学阿依提拉家里，就一个人留了下来。我给阿依提拉打了电话，告诉她我在老坎儿井等她。当旅游车开走的时候，心里有一丝惆怅。几分钟之后，一个女孩飘然而至，一声老师，听起来是那样悦耳。跟着阿依提拉搭上三轮车，到了一个地方，等不到车，于是乘出租车，讲好30元钱，前往艾丁湖。艾丁湖是世界第二低地，仅次于约旦死海。车飞驰在湖中公路上，湖面到处是杂草丛生，司机说要走过艾丁湖需行200公里。尚未下车，家里打来电话，只是信号不好。

很快到了艾丁湖乡阿克尤里村7号（从门牌上看到的，据阿依提拉说是前进一大队四小队）阿依提拉的家中。房子是新的，据说是去年拆掉了80年前的旧房，盖上了新房，门朝南，客厅很大。她的父亲母亲爷爷奶奶都来了，虽然语言不通，但依然感受到了他们的热情。她的弟弟妹妹虽然都上过或正在上中学，但都不会讲汉语。先上炕，摆上小桌，喝茶、吃馕、吃葡萄。在她家门口见到一张维吾尔语的宣传品，我以为是"一年早知道"那类，结果阿依提拉告诉我是防"非典"的注意事项。"非典"流行期间，她家人都很担心在北京的她，老奶奶比画着告诉我她当时十分着急，在家流眼泪。然后阿依提拉陪我看她们家的葡萄园，老奶奶也是一道去的。老奶奶告诉我，阿依提拉14岁前是跟着她长大的，俩人感情很深，上学去了，就想她。我在葡萄园给她们照了合影。在园子里碰到几个摘葡萄的婶子，两个八九岁的小孩赶着驴车穿过很矮的葡萄架，搬运葡萄到窨室晾晒。

阿依提拉还带我去看了村里的老坎儿井，以前她们就喝井里的水，现在改喝自来水了，坎儿井水用来浇地。去看了窨室，弥补了我离开葡萄沟时没有看窨室的遗憾。窨室四面是砖砌的透风墙，便于阳光与风穿过，以使葡萄尽快风干，据说大概两个星期葡萄就会干瘪。窨室的地基近两米高，我踩在驴车上才能上去，室内她的小叔正在晾晒葡萄，一层层一架架，满屋绿色。离开窨室，到了阿依提拉上中学的地方。

3日下午，经过三小时的空中飞行，我回到了北京。时间虽然只有十天，但自觉精神又有进境，对新疆、对维吾尔族文化有了感性的认识，对民族共同体的重要性有了更深切的体会。政府只要能够促动地方经济，尊重并理解民族文化，国家的安定、民族的团结就会安于磐石。

诙谐幽默的老锅头

郭淑云（大连民族大学）

多少年来，赵氏家族一直遵循虎年祭祖的传统。1999 年 1 月 13 日（农历十一月二十六），赵氏家族沿袭族制，如期举行了烧官香仪式。

1 月 12 日，我回到吉林市，在德胜门商店一家摄像机修理部租了一台摄像机，又请师傅教了使用方法。第二天清早，我独自一人踏上了开往莽卡乡的客车。这是我第一次自己拍摄录像，而且录像、拍照、记录都由我一人承担。多亏赵氏家族几位在外打工的小伙子，他们帮了我不少忙，可即便如此，我还是累得疲惫不堪，忙得不亦乐乎。仪式结束已是深夜，我和衣躺在火炕的一角，很快就进入了甜甜的梦乡。

在这次祭祀活动中，一个叫赵文华的老锅头给我留下了深刻的印象。在满族民间，锅头和族长、萨满被尊为主持祭祀仪式的三大主祭人。他们各有分工，又相互配合，共同完成阖族大祭活动。其中，族长主要负责祭祀仪式的组织，家族成员的联络，资金的筹措，物品的准备等工作；萨满主要负责主持祭祀仪式，处理相关事宜；锅头则主要负责祭祀供品的制作，摆供等事宜。我参加了多次满族祭祀活动，切身感受到，在祭祀过程中，最辛苦、最劳累的莫过于锅头了。特别是阖族大祭的烧官香仪式，依传统要杀五到七头猪，现在也要杀两到三头猪，从杀猪、摆腱子、摆供，做打糕、米酒、水团子等供品，到为参祭族人做饭，都是锅头的工作。

在多年的萨满文化调查中，我发现，满族凡保留萨满祭祀的家族，都有几位兢兢业业、任劳任怨的锅头。锅头作为满族祭祀的三大主祭人之一，不仅要有为家族服务的奉献精神，也要掌握专门的知识和技术。赵氏家族的赵文华老人就是其中的一个代表。

赵文华老人当年69岁，塔库村人，曾六次参加家族祭祖活动。他是一个睿智的长者，诙谐幽默，充满智慧，在祭祖仪式上的讲话风趣而实在，给我留下了深刻的印象。先于他的族长和萨满代表讲话，都主要对家族祭祀仪式的如期举行表示祝贺，同时向祖先和族人表示一定竭诚为本家族办好这次烧香祭祀活动。随后，老锅头赵文华代表参加这次活动的其他三位锅头赵文才、赵志刚和赵耀波讲话。他的讲话言简意赅，独具特色，他先喊一声："请打糕石。"然后说："打糕石起空，祝办谱祭祖成功。猪由我来杀，米由我来淘，大家都吃好。"这几句话确实将锅头所承担的工作和他们的心愿都表达得淋漓尽致。

这次祭祀活动虽有其他年轻的锅头参加，但赵文华老人却事必躬亲，始终在厨房忙碌。我看他实在太辛苦，劝他休息一会儿，他总是笑笑，对我说："老前辈吃一口肉不容易，一定得让它干净利落。"

他不仅对祭祀中锅头的工作程序了如指掌，技术娴熟，而且对整个祭祀程式也相当熟悉。在赵文华老人看来，从事锅头这项工作有很多讲究，需谨遵各种禁忌。仪式期间，我跟随其后，听他讲述了祭祀供品的制作、摆放的规矩和禁忌。

据他讲述，打打糕有如下禁忌：请打糕石时须上香。如出意外则视为不敬所致。此次祭祀期间，有一个小伙子在抬打糕石时砸伤了脚，于是老萨满在祖爷前为其祈祷一番，而小伙子则在祖爷前磕头谢罪。

蒸米时锅头不能说话，用手势示意将米放在盆里，从头上相互传递至神堂。

在灶台前干活的人不许乱说话。

打打糕时先由锅头将蒸好的米淘出来，放在槽盆里，锅头单腿跪着。由老萨满先打三榔头，然后由族长、萨满、锅头轮流打。两人东西站立，然后单腿跪着，把榔头扛在肩上。滤糕人盘腿坐在北面，用手势示意打糕人起立，打糕人一边一下地打，若两个榔头相碰，此二人即被换下。被换者要半跪着将榔头轻轻放在石头两边，接替者继续按上述程序进行。

打打糕有专用术语，将"洒水"称作"下雨"，打打糕期间谨遵此吉祥用语。

任何人不能在打糕石上跨越，不能碰打糕石。

打糕时不许说难听的话。

选身子洁净的本家媳妇做打糕。其家中应老少辈齐全，被视为"全乎人"，隐含了美好的寓意——家族兴旺发达，族人健康长寿。做打糕时，由熟悉程序的年长的妇女现场传授年轻媳妇，完成家族内的技艺传承。

杀猪和领牲也有一些禁忌。随着满族先民逐步定居和农业的发展，满族祭祀主要以家畜猪为牺牲，并有诸多禁忌。祭祀用猪必须是黑色无杂毛的去势公猪，自养或到专门饲养的农家购买。购买时任卖家出价，祭祀人家不能讨价还价。祭祀神猪须在祭祀前几个月选好，并要特殊喂养，一般以猪胖体重为佳。

从杀猪到摆供的过程中，领牲是一个重要环节，因此也成为满族祭祀的一个重要特色。满族烧香祭祖非常重视领牲，将猪是否领牲视作祖先神对族人满意与否的标志。所谓领牲，即由族长代表全族向猪耳朵里倒酒或水（如个人家烧香，则由家主操作），如果猪耳朵动了，即意味着祖先神已领此牲，如猪耳朵不动，则意味着祖先神有所不满。对祭祀家族来说，领牲具有如此重要的意义，因此也必然有一些规则和禁忌。

神猪不能抓，只能领。领猪时，由萨满捻香，族长、萨满、锅头等人面向祖爷，虔诚地跪在神堂前，由族长祷告，请老祖宗保佑领牲顺利。祷告完毕后，两位萨满拴上腰铃，唱起神歌，边击鼓边后退，直至退到猪圈前。此时，室内外鼓声大作，其他萨满击手鼓，鼓师打抬鼓。族长在前，萨满、锅头在后，倒退往外走。这时要维护好秩序，前来参观的人要靠边站，中间须让开一条路。到了猪圈门口，族长跪下再次祷告：请老祖宗显灵，保佑领猪顺利。随后族长亲自打开圈门，萨满打鼓、甩腰铃，猪便自动从猪圈中出来，两个萨满一前一后护卫中间的祭祀猪一路至神堂，其中一位面对神猪，击鼓后退；另一位紧随猪后，至房门口，萨满说："门神爷请两边，把神放进来。"待两位萨满将猪引至西屋时，两个小伙子上前把猪摁倒。此时不许摸到猪的尾巴和耳朵，不许用绳子绑猪腿、猪嘴，只能绑猪的身体。捆绑猪的绳子有特定的系法，要系活扣，不能系死扣。猪被引进屋后，要把猪头朝向西面的祖爷板，腿朝北、背朝南平放在地上。

领牲仪式时，所有参祭者面向神堂跪下，萨满在神猪左侧，族长在神猪右侧，老萨满举起盛满白酒的酒杯递给族长，由族长往猪耳朵里倒酒，猪耳朵动即为神猪已领牲，阖族相互道喜。

杀猪时要迎着刀，即刀刃朝向猪身。

赵氏家族祭祀领牲有自己的规则，不同的祭祀仪式由不同的人承担领牲之职。祭祖领牲由族长执行，因祭祀的是祖先神位，族长祷告说："老祖宗保佑领牲顺利。"背灯祭领牲则由萨满执行，因背灯祭典的是神并非皆为本族祖先，故归萨满负责。

在满族萨满教祭祀中，家族不同、仪式不同、祭祀的神灵有别，供神的方位因此而异，祭祀供品的摆放也各具特色。

祭祀仪式上用于制作供品的工具，为锅头的专用工具。这些用具平时不能使用，专为祭祀而制，专供祭祀而用。锅头用具主要有以下几种：哈玛、打糕石、打糕榔头、槽盆、神案、供器。

祭祀活动虽然短暂，但赵文华老人的一举一动一直萦绕在我的脑海中。时光飞逝，转眼到了 2007 年春节，我与赵文华老人分别已近 10 年，老人也已年近八旬，想再去看看他的心情愈发迫切。春节过后，我和赵志仁老师相约，专程去塔库村看望老人。岁月风霜使得老人的背驼了，脸上的皱纹更多了，耳朵也有些背了，但他对家族的感情和责任心依然如故。我坐在热炕上，腿上盖着棉褥子，与老人开心地聊天，多年的牵挂之情终于得以释怀。

怀念"三家寨"

张　晓（华南师范大学）

1997年，我参加中国社会科学院翁乃群老师主持的课题"南昆铁路沿线建设及其少数民族社会文化变迁"，从南宁到昆明铁路沿线选了八个不同民族离铁路五公里左右的村寨进行调研。中国社会科学院、广西、贵州、云南四地的八位学者参加，每人负责一个村寨。我是苗族，所以负责的是一个苗族村寨，叫"三家寨"，位于贵州省黔西南布依族苗族自治州册亨县巧马镇。这个村寨距离铁路和镇上约有三公里，在镇上可以看见"三家寨"在对面的山上。辗转乘坐汽车到镇里，然后步行去村里。我是1997年5月进入村寨的，大约1999年7月离开，中间来来去去，每次待十天半月或者更长时间。

这个村寨当时有58户人家，到我离开时增加到60户，是有人分家独立成户增加的。苗族语言分三大方言，即东部、中部、西部方言。在贵州省黔西南布依族苗族自治州，三种方言的苗族都有，中部方言的是明清时从贵州省黔东南黄平等地搬迁来的，被称为"黑苗"；东部方言的是后来识别的，被称为"喇叭苗"；而"三家寨"属于西部方言川黔滇次方言的，被称为"白苗"。不过，根据他们的自称"蒙雷"（音），他们应该属于"花苗"或者"青苗"那个支系。我是中部方言的，我的家乡在贵州省黔东南苗族侗族自治州雷山县，不过我学过西部方言川黔滇次方言，只是那个时候还不是很熟练。

"三家寨"是因最早有三户人家搬到这里而得名的，村寨的历史很短，1959年左右才有了这个村寨。在黔西南布依族苗族自治州成立以前，这里是册亨布依族自治县，布依族大约占总人口的70%，苗族人口很少。那个时候野猪太多了，经常袭击庄稼。苗族人善于打猎，附近的一个布依族邀请他们一起居住。苗族去了以后住在山上种玉米，布依族住在山下种水稻，"三家寨"慢慢发展成后来的规模。当初苗族搬来的时候，森林茂密，野兽很多，他们开荒种玉米，每天收工后还可以打到猎物，生活基本没有问题。

到了1997年我去的时候，因为人口增长，土地有限，无猎可打，他们变得极其贫困。他们的土地种的粮食不够吃半年，主要是靠到附近巧马林场去种树，在幼树的空隙种点粮食来补充，住房都是用玉米秆作为材料来建造，家里最值钱的就是一口煮饭、煮猪食用的大铁锅。

我去的时候是6月，是农村生活最艰难的时候。我们每天吃的是玉米面和"干巴菜"。他们很会做玉米面饭，很好吃，但是那个"干巴菜"吃一两次还可以，天天吃就受不了了。"干巴菜"就是晒干的白菜，把它泡软来煮或者炒（没有油，所以很少炒，基本是煮）。于是我赶快把我的生活费提前付了，后来他们用这个钱到集市上买了大米和一堆莲花白。其实天天吃莲花白也难吃，但是对他们来说就是好生活了。

故事一：村民把政府介绍来的人都当领导看待

我是1997年5月31日进入三家寨的。翁老师和县里民族宗教局的领导带我先到镇里，然后镇里的领导又带着我们到了村里，所以村民们知道我是上级政府介绍来的人。

7月1日香港回归了，附近的村民来问我："不是说香港回归的时候全国来一个贫困大普查吗？怎么没有来查我们村啊？"他们来问，是因为有人告诉他们这事情得去问领导。中国社会科学院的彭雪芳老师来自北京，在隔壁一个布依族村寨做田野，他们把她当成领导了，我来自贵阳省城，他们把我也当成领导了，弄得我们哭笑不得。

有村民给建筑工地打工老板不付工钱，他们也来找我，请"领导"去帮他们追欠款。可我哪里有本事帮他们啊！

还有一次我联系美国亚洲医疗服务中心来捐赠一车衣物，因为当时贵州很多地方都没有对外开放，我必须向县政府报告这件事。因为我的大学校友担任县领导，我就联系了他。就因为这个校友，后来捐赠现场来了大大小小好几辆车子。镇领导主持捐赠仪式，并安排捐赠单位、县领导、镇领导和我讲话。因为没有安排村民讲话，所以村干部就自己站起来发言："感谢每个领导！"为这个事情我的校友很生气，但是村民不这么称呼怎么称呼啊！他们又不会说那么长串的名称，而且一切政府安排来的人对他们来说都是领导。

故事二：村民们可爱的"无知"

三家寨是一个自然村寨，也就是一个行政组，以苗族为主，只有一户布依族。组长是苗族，叫吴光荣，只读过一年级，只会写自己的名字，其他人读书的也很少。村寨有学校，是一间十五六平方米的土坯房子。因为村寨穷，所以没有人愿意去那里教书，村民还要自己筹钱请老师，好像工资是一个月一百多一点，家长再送点菜。老师教一到三年级，是复式教学。尽管条件很艰苦，还是可以请到老师，我在田野期间遇到的一位女老师就很不错。

我到三家寨做田野，他们完全不理解我做的是什么。当时我在贵州省社会科学院工作，我说我是来做"科研"的，吴光荣组长"明白"了，他告诉大伙说："张老师是来做'研科'的。"

我给组长留了一张名片，回到贵阳以后他们给我写信了，但是收件人写的是我家的电话号码。幸好邮局很负责任，根据这个号码打了电话，我才能收到这封信。

三家寨周围的村寨都通电了，唯独这个村寨还没有通。一位副镇长想帮助他们，就带他们村的几位干部到州府所在地兴义市去找供电局。据说当时供电局大楼是这个小城最高而且唯一有电梯的建筑物。镇领导带他们到那里，电梯门打开后就带大伙进去了，但是出的时候他们还没反应过来电梯门就关闭了，直到门再次打开他们才赶快出来。出来以后他们说在电梯里上上下下就像做梦一样，因为从来没有坐过电梯。

故事三：村民的自尊

在我进入三家寨之前，当地出现过邪教组织——门徒会，有一部分人卷了进去，还有八个人被判了刑，为首的是一位高中生，还不满18岁。于是这个原来很团结的村寨就有了一点裂痕。信教的认为不信的出卖了他们，不信教的说信教的给他们丢脸了。我是政府介绍去的，住在组长家，当然属于不信教的家庭。于是信教的部分村民就远距离地观察我，看我是不是嫌弃他们。我当然不会，每一户都去访问，他们慢慢才对我亲近起来。到了后来我离开时，他们好多人家把珍贵的鸡杀了请我去吃饭。

我印象最深刻的是，美国亚洲医疗服务中心去捐助衣物和棉絮，那些都是从国外捐来的新衣服，数量比较多，平均每户十多件。然而，那位获刑的年轻人的父亲却拒绝接受捐赠，理由是他的儿子给大家丢脸了。村干部说服不了他，就让他亲自来和我谈。我知道他家很贫困，因为出了这个事情，他的妻子和儿媳都离开了。我告诉他，如果是很少的捐赠物，那么他不要也就算了，但是这次衣物比较多，确实能解决一点困难，他不要就太遗憾了。没想到他跟我提了一个条件，如果他接受这些捐赠，那么就必须由我亲自送到他家，并且在他家吃一顿饭。我答应了他，并根据他家人的情况挑了一背篓的衣物，第二天早上亲自背到他家，并在他家吃了饭，他才接受了这批衣物。可见，村民再贫困也不接受施舍，他们有自己的尊严。后来，他儿子还从监狱里给我写了一封感谢信，并表示要好好改造！

故事四：村民的深情厚谊

三家寨坐落在半山腰上，有一条小溪从两座山的山谷里流过，农户就散落在山谷两边的山上。他们喝水要到山谷里去挑，等于是挑水上山，比较辛苦。通过打听，我知道了水是从山上流下来的，有比较高的落差。如果在山的高处修筑水池，再买些水管把水引下来，就可以接到各家各户。而且在他们投工投劳的情况下，只需要花费 2500 元就可以实现家家有自来水。于是我回贵阳和很多人说起这件事，贵州大学一对留学生夫妻捐赠了这笔钱，水也就真的引进家了。

村寨的学校只有一个土坯房，我正遇到滋根基金会有对图书的小额捐赠，经申请获得了 1200 元，去书店买书又获得八折优惠，于是买了相当于 1500 元的图书。这些图书都是我一本一本挑选的，分为三类：一种是给老师教学参考的，一种是给孩子们看的，还有一种是给村民读的农业科技读物。

另外，我向贵州省民委为这个学校申请了两万元资助，这笔钱当时已经到了县民委，我离开后不知道最后是否到位。

我做的这些都是很小的事情，但是没想到村民们看得那么重。在当时来看，我觉得三家寨的苗族似乎不像我们集聚区苗族那样把热情敞开表达出来，他们比较内敛。他们话不多，妇女们遇到我邀请我去她家坐坐，一会儿她才慢慢地告诉我，水引到家里是多么方便，让你感觉到她们那种情感藏在心灵深处。让我很惊讶的是，我离开三家寨前收到好多封信，是村里的年轻人写的。信的大意是：他们读了我买来的那些书籍，感觉社会没有抛弃他们，使他们有了活下去的勇气。这些信中的文字都不太通，但是里面的感情却非常真挚。我意识到他们心里有一个细腻的敏感的情感世界，非常需要社会的尊重与呵护。

1999 年要离开时，我和村民已经结下了深厚的情谊。在我要走的前几天，学校的孩子们天天练习唱歌，是为我送行准备的。他们开过一个群众大会，没有叫我参加，通常这样的会议我都是不会缺席的。第二天早上，组长来找我，请我帮他们写一封感谢信。我说太没有必要了，我不会帮他们这个忙的。后来组长和几个人买回来了两块长方形的镜屏，上面写着几行字：

> 尊敬的张晓老师：您不辞辛苦，不怕蚊虫叮咬、道路泥泞……您离开时，一位九十岁的老太太紧紧握着您的手，千言万语汇成一句话：谢谢！但是张晓老师却说：应该感谢中国共产党！

这镜屏一块是给贵州省社会科学院的，一块是给我的。我说："镜屏就留在村里吧，我自己都走不动，哪里还能扛得动镜屏？"组长说他帮我送到贵阳，但我当时是联合国开发计划署"扶助贵州扶贫与可持续发展"的项目管理专家，还要去兴仁县检查项目，还是没法带走。现在想来，那时候我还是太年轻，对村民的情感理解和体会得不深，没有好好珍惜这两块镜屏，而是说服吴光荣把镜屏放在了兴仁县扶贫办公室的车库，后来被他们搞修建就丢掉了。

我走的那天，天气特别热，全村的村民都集中到了村口送我，那位九十多岁的老太太也来送我了。学校的孩子们在老师的带领下唱起了他们准备了几天的歌曲。几乎所有人都顶着烈日送我到火车站，我现在想起来都很过意不去。村民们对我的那种情义，我真的不知道怎么来表达我的感动和感激之情！

自从离开三家寨后，我就一直没有回去过。2002年翁老师说组织我们去回访，但我当时急着去美国做访问学者，而且一去就是三年。回来以后听说三家寨已经搬迁到大亚口村了，我也和他们失去了联系。有一天，吴光荣的女儿居然打电话给我，我高兴至极，又重新联系上了他们。三家寨虽然已经不存在，但是村民们还在，什么时候我一定找时间去回访他们。

怀念三家寨，怀念三家寨的村民们！

废墟中的废墟：长城与长城脚下的村庄

康建国（内蒙古社会科学院）

2017年6月13日至23日，我和内蒙古社科院历史所翟禹博士一起对晋蒙交界一带的长城城墙、城堡、明代卫所以及其他古城遗址做了一次系统的调查。长城是人类建筑史上的伟大工程，是世界文化遗产。但无论怎样，它已不可避免地成了"历史的废墟"。内蒙古与山西主要是以明长城的城墙分界的，界碑就立在城墙遗址上。这里是山区，是明代九边重镇中大同镇和山西镇的主要防区。宏大的城墙防御体系彰显了明朝强大的国力和军事水平，同时也证明了成吉思汗的子孙并非徒有虚名，没有他们给明朝造成如此强大的军事威胁，这样的人类建筑史上的奇迹也就没有存在的必要了，因此，长城应该是蒙汉同胞共同的历史见证。长城是战争的产物，但它却保障了大多数人民安居乐业的生活。没有了蒙古军队的袭扰，长城以南的人民能够安心耕作，而有了长城之后，明军也不再时时出兵北伐，长城以外的蒙古人也能安心放牧。因此，我们既要从战争视角去理解作为军事防御工事的长城的出现，还要从和平与安定的视角对它们加以认知，更要从人类重要的历史文化遗产的角度去认识它，这对我们今天认识和挖掘长城的历史文化价值有非常大的启发。

长城并不只是一堵又高又大的墙，而是综合的军事防御体系。从调查情况看，晋蒙交界处的长城虽然现状不是很好，但诸要素完整，历史信息完备。从现存的遗址我们可以看到，长城是由墙体、墩台、烽火台、城堡（寨）构成的。

墙体：这是我们今天能够看到的最主要的长城遗迹。在蜿蜒的山峦中，连绵不断的墙体与自然地理环境构成了一幅浑然天成的自然与文化高度融合的景观。墙体是方便军士防御的巨大掩体，以一当十，以一当百，也可以一夫当关万夫莫开。但前提是必须有军士驻守，否则再高的大城墙也是摆设，珠穆朗玛峰都不能阻止人类登顶。

墩台：光滑的圆锥形墩台具有攻击敌人、瞭望战场、传递消息等多重功能。北京的八达岭长城，因为山势险峻，墩台和墙体、烽火台是结合在一起的，而在这里它是独立的。

长城上的这个村庄现在就叫"口子上"村　　　　　　（康建国 摄）

烽火台（烽燧）：这个本来应该独立于长城之外的战场消息传递设施，理论上它应该早于长城。发现敌人来了，燃放烟火示警和传递军情。长城是沿着军事防线修筑的，而军事信息不应只在前线传递，更重要的是传给后方大本营和中央。因此，烽火台有与长城城墙在一起的，也有独立的烽燧线。传说燃料是狼粪，这个很可能是错误的认识。中原狼少，狼粪稀缺，为了传递军情，难道要涉险去敌境捡拾狼粪？不合情理！考古也证明狼烟就是用就地取材的树枝，且常备于烽火台上，是重要的军事物资。狼烟之说，应来自于，每每敌军来犯，烽火台上烟火四起，骤然紧张的局势如同狼来了一样，让人恐惧和压抑，久而久之，狼烟四起被形容为战火纷飞的岁月，烽火台上的烟火也就成了"狼烟"。

关口：在漫山遍野当中，长城防御线不可避免地要经过各种山峦，也要经过沟谷，于是总有一些薄弱的沟谷地带成为防御的关键地点。长城防御体系在这些沟谷地带均称为关防要地、军事要塞，一般都是河谷平缓之地，因为便于车马行走。在非战争时期，这些地方也是往来的便捷之地。战争时期，这里就成了要塞，往往是军事争夺的战略要地，也是双方军事交涉的地点，因此有的地方留了城门。

城堡（寨）：城堡应当是晋蒙交界地带长城防御的核心，驻军是长城体系中最核心、最重要的因素。他们负责长城沿线的巡逻、维护和情报传递，包括参与军事战斗，而城堡则是唯一能够实现封闭性防御的军事据点。

长城是古代的军事前沿阵地，周围也都是军事禁区，一般无人居住。自长城的军事功能废弃之后，这里的居民也渐渐多了起

万家寨 (康建国 摄)

来。清末以来，国力衰微，时局动荡，大批民众加入走西口和闯关东的队伍，很多人就在长城脚下安了家，长城成了他们的依靠和遮风挡雨的家。他们扒下城砖垒砌院墙，甚至直接在墙体上开窑建屋。

如今，这些窑洞和城砖垒起的山村，一个个都废弃了。时至今日，这里仍是交通不便、生活贫瘠之地。即使这样，多少代人曾因为长城的庇佑，在风雨中活了下来。如今这些废弃的山村也成了废墟中的废墟，它们和长城一样，是岁月留下的痕迹，讲述着人间的恩怨情仇和历史变迁。很多村子已经无人居住彻底荒弃，有些也只剩下留守的老人，这个村庄我们只见到了三个牧羊人和两只狗。他们不是这个村的，只是夏季来牧羊的，这个荒村成了他们的驻地。

崇山峻岭间断续蜿蜒的长城，静谧的山村里传统的窑洞，沟壑纵横的黄土地，古朴淳厚的乡村民风，吸引着背包客、摄影爱好者、考古爱好者和美术采风者。无论在山西还是内蒙古，我们都见到了这样的采风"基地"。

　　随着城镇化进程的加速，一些村子因为村民进城、搬迁或者政府的转移安置等原因已经荒弃，成了长城脚下新的"废墟"。然而也有些村子因为长城以及其他历史资源丰富，被评为了"传统古文化村落"，但是略多的硬化地面和现代材料的仿古装饰破坏了这里的意境。

　　走在长城和长城脚下，你才会深刻地认识长城这个"废墟"以及"废墟中的废墟"。长城的魅力之一是其身上承载了深厚的历史信息，不可轻易破坏，更不容轻易改变。长城留给世人的绝不是长城本身，它身上承载的是历史，是人文信息。人文，就是人类活动留下的痕迹，它的残破也是信息的一部分。战争年代，它可能承载了战火、生命、血泪。如今墙上的窑洞和城砖修筑的屋舍，是它承载的新的历史信息，已经成为长城的一部分。

　　历史不能重现，更不可复制。要深刻了解我们需要什么，在长城上我们不需要让它重现历史，因为它是举全国之力修筑的军事设施，今天我们没有这样的需要，因此也不需要举全国之力来恢复历史，历史不可复制，也不可逆流。因此，重修和复建都是错误的。保护的目的，就是尽量不要让风雨伤害它，不要改变它的现状，不要改变它的历史趋势，否则它将变得毫无意义。不当的保护可能造成更大的伤害。

　　留下命脉，拥抱未来。长城承载着历史与文化，自然景观承载着观赏与健身，乡村生活承载着回忆与体验。感受文化与历

将军会堡（朔州平鲁）　　　　　　　　　　　　　　　　　　（康建国 摄）

史，拥抱自然与健康，体验传统，创造新生，让"废墟"与"废墟中的废墟"不再寂寞，让走了和来了的人都心生留恋。留恋过往，感受生命的生生不息，拥抱明天，未来可以有更多畅想。时代在发展，认识在发展，人们的需求也在不断提高，只有留住根本，留住命脉，人们才能在日益增长的需求中持续发展，不断进步，否则就是竭泽而渔，焚林而猎。打造人文—景观—生活于一体的环境，才是游客对精神家园的需要，才是本土人对幸福家园的需要。家园和梦想不可偏废。

古尔邦节小记

苏　林（安阳师范学院）

新疆有两个节日是其他地方没有的，那就是肉孜节（开斋节）和古尔邦节。节日期间，全疆放假。

古尔邦节，又名宰牲节，是伊斯兰三大宗教节日之一，其重要程度等同于汉族人的春节。乌鲁木齐市红雁池东社区的哈萨克村有二十几户哈萨克族牧民，十几年前，他们从达坂城迁居到这里，以放养骆驼、售卖驼奶为生。从2017年5月开始拍摄哈萨克村后，热依扎一家就成为我们的主要拍摄对象之一，她作为即将步入大学的高三学生，成了我们最亲密的朋友。热依扎说，9月1日正好是村子里宰羊，但是因为我还没有安顿好，同行的小伙伴也因为身体原因没有办法去，所以只好推迟到9月2日。

虽然第一天没有到村子里看宰羊，但是在朋友租住的小区以及大街上，都可以感受到浓浓的节日气氛。人们三五成群地聚在一起宰羊，还有的正把待宰的羊拴在楼下的树上，也有的人牵着羊往空地上走。空气中弥漫着浓浓的羊的味道。

第二天一早，我们一行三人乘公交车又换乘村里的面包车，又一次走进哈萨克村。时隔两个月，再次来到村子里的时候，一切似乎都还是往常的样子，一条大路贯通村子，两旁是零零落落的骆驼圈，还有一群骆驼。

第一次来的时候，这些骆驼都还在掉毛，长相很不雅观，简直丑得不能直视，发在朋友圈里的照片被很多人吐槽，怎么这么丑。而今时至九月，天气渐凉，骆驼的毛也已经长得差不多了，看起来跟之前完全不一样了。

骆驼　　　　　　　　　　　　　　　　　　　　　（苏林 摄）

原以为去晚了一天，错过了宰羊，但是当我们到热依扎家的时候，他的父亲正在帮别人宰羊，而宰羊的地点就在她们家对面的空地上。

古尔邦节，家家户户都会宰羊，很多家庭需要请别人帮忙，适当地付一些酬劳。虽然哈萨克族是游牧民族，但并不是所有人都能够熟练地掌握宰羊的技巧，大路旁三五个人围在一起，将羊倒着拖到空地上，捆绑好之后，热依扎的父亲手拿着刀，只轻轻一下便将羊杀死，而后熟练地进行下一步的处理。

坐在屋里的热依扎看见我们来了，热情地招待我们。尽管少数民族热情好客，不会在意什么礼物，但由于是节日，空着手去总觉得不妥，可又怕所选的礼物犯了什么忌讳，左挑右选，最后只能按照汉族的习惯，带了些水果。

热依扎和骆驼 （苏林 摄）

在新疆的少数民族看来，古尔邦节就类似于我们的春节，家家户户都格外重视，每家每户除了要宰羊之外，还要准备其他东西。热依扎家的床上放着一个长桌，桌上摆满了各种各样的食物。

盛放这些食物的器皿异常精美，巴旦木、开心果、各种各样的糖果、油炸的金黄馓子、葡萄、香蕉、苹果，还有些叫不上名字的少数民族食物，满满当当摆了一桌。在精美的容器当中，这些食物闪烁着诱人的色泽，让人垂涎欲滴。

热依扎请我们坐到床上，给我们泡了咸香的奶茶，没有吃早饭的我们正大口喝奶茶的时候，热依扎又端来了煮好的羊肉。热气腾腾的羊肉放在盘子里，热依扎用小刀将肉切成一块一块，边切边招呼我们吃。我知道，这一刻，我吃到了真正的手抓羊肉。

在吃东西的时候，我们和热依扎谈起了他们最近的生活。由于村子邻近水库，环保查得比较严，前一段时间村子里下了通知，禁止村民再出去放牧，因此骆驼只能在圈里养，可即便如此,来买驼奶的人依然络绎不绝。

热依扎已经接到了大学的录取通知书,虽然很想去其他省份读书,但经过综合考虑,她还是选择了留在新疆。她从屋里拿出自己的录取通知书,告诉我们过几天就要开学了,那个时候他爸爸会去送她。

就在我们边吃边聊的时候,门外进来一位大叔,坐下来跟我们打招呼之后就开始吃羊肉,大概是天热,又或许是走了较远的路,他显得有些饿。他用手撕开羊肉,放到嘴里大嚼,边嚼还边用不太标准的普通话对我们说:"兄弟,吃!"

他会说的汉语并不是太多,从他进来到离开,说得最多的就是"兄弟,吃"。虽然话语简单,但是这几个字却让我感受到了少数民族人民的热情与豪放,也更让我喜欢上了这片土地以及这里的人。

同伴和热依扎 (苏林 摄)

无论是古尔邦节还是开斋节,都有一个共同的习俗,那就是走亲戚串门,这个同我们汉族的节日习俗一样。不同的是,他们的节日里,由于不定时会有人来家里,因此桌子上的东西不撤,即便主人不在家,远道而来的客人也可以及时享用美食。

除了亲戚以外,街坊邻里也会互相串门,到邻居家里坐坐,吃点糖果,吃点羊肉,虽然可能只有短短的几分钟,但这也是必不可少的礼节,同时也可以拉近亲朋邻里之间的关系。在我们待的那一段时间,就有四五拨人来到他们家。

在这片广袤的土地上,每一个地方,每一天都发生着很多事,我们都只能在自己的生活范围内,感受着那份狭小的喜怒哀乐,直到有一天我们走出去,看到这个世界的另一角和那里发生的事情。

感受一个民族的节日,就是深入了解这个民族的历史。当以前的朋友、街坊邻里还在用他们固有的思维讨论新疆的时候,我尝试过告诉他们我自己的感受和认知,但是我的话语力量似乎并没有传言在人们心目中有分量,但这并不妨碍我自己去看见,去感受,去理解。

我的首次田野经历

萨敏娜（中央民族大学）

我的第一次田野调研是在 1997 年夏天。1995 年我考取中央民族大学哲学专业硕士研究生，在导师佟德富教授的指导下，我确定的毕业论文方向是北方少数民族的原生信仰文化研究。为了完成硕士论文，增加感性认识，我于 1997 年暑假回到家乡内蒙古莫力达瓦达斡尔族自治旗进行实地考察，了解和收集达斡尔族民俗信仰文化方面的第一手资料。在史志办采访并收集资料时，我与前去调研的内蒙古社会科学院毅松研究员、陈烨博士相遇。得知他们即将赴乡镇调研时，首次调研没有经验并独自走访的我决定跟随他们下乡进行考察。我们的目的地是腾克乡，敖金锁乡长热情地接待了我们，并推荐我们去特莫呼珠村采访调研，据说那里尚有一位巴格其还在活跃中。在特莫呼珠村，我们一同度过了几天愉快的田野时光，至今回想起来依然记忆犹新。

从乡里出发，我们直接找到特莫呼珠村村支书孟明太，年近 50 岁的孟明太夫妇热情地接待了我们并安排我们住在他们家。他家的院落及主屋属于传统达斡尔民居建筑，主屋为三间大草房，前后庭院除了宽敞的空地外主要就是菜园子，主屋的西屋为一转圈的南北大炕加西炕。毅松与陈烨被安排与男主人一起住在主屋，女主人陪着我住在他们为新婚长子修建的位于主屋东面的两间新房中，长子与儿媳因工作关系平时都不回家住。

孟明太书记简单地向我们介绍了特莫呼珠村的基本情况。经孟明太夫妇的介绍和推荐，接下来的两天我们到一些村民家中进行了采访调查。我们重点走访了两位达斡尔族老人，一位是77岁的郭金阳，村民们称他为"哑巴·乌塔其"（即哑巴老爷子），另外一位是乐杰。郭金阳老人心灵手巧，擅长制作抽旱烟的烟袋锅、烟袋杆和烟袋嘴。达斡尔人擅长种植烟叶，过去莫力达瓦一带的旱烟叶在东北地区小有名气。达斡尔族那时也有很多吸烟者，老人基本上都用带滤嘴的长杆烟袋锅吸烟，带滤嘴的烟袋锅叫作"硕么日提·代日"，烟袋嘴有用翡翠、玛瑙制作的，也有用木头制作的；烟袋杆用木头制作；烟袋锅一般都用红铜、黄铜制作。郭金阳老人首先向我们展示了他为制作烟袋嘴、烟袋锅、烟袋杆而发明的类似于缝纫机模样的自制车床，还有很多大小不同的锥、钳、刀等工具和材料，可以制作大小不同、长短各异的烟袋锅和烟袋杆。其实，20世纪末达斡尔人已经很少使用烟袋锅抽烟了，大多改抽现成的烟卷或者自卷旱烟。

郭金阳老人与他的机床　　　　　　　　　　　　　　（萨敏娜 摄）

乐杰老人向我们介绍了达斡尔族的传统婚嫁习俗，回忆了她出嫁时的情况，还从箱底拿出她出嫁时穿戴的首饰及达斡尔族传统民族服装给我们看。传统达斡尔族婚嫁礼仪非常讲究，说媒、订婚、迎娶、送嫁，程序复杂而隆重。老人还向我们展示了她制作并收藏的各种图案的荷包，荷包上绣有书花（满文图案）、戏剧人物（薛仁贵夫人井边打水）、莲花、树木、房屋等图案。据说，不同形状的荷包挂在民族服装的不同部位，有挂在腋下的，有挂在胸前的，还有挂在腰间的。①

乐杰老人的荷包　　　　　　　　　　　　　　　　　　　（萨敏娜 摄）

此次调研于我而言最重要的收获是有幸考察了一场由巴格其主持的达斡尔族民间祭祀敖包求雨仪式。这个仪式正契合我此次

---

① 毅松主编，《田野中的求索：达斡尔族鄂温克族鄂伦春族调查与研究》，内蒙古教育出版社，2009年，第1～20页。

田野调研的主题，主持祭祀敖包仪式的正是先前了解到的那位叫吉日克的巴格其。①1997年夏天，莫力达瓦地区干旱无雨，庄稼已显枯黄，特莫呼珠村的村民们日日盼望下雨。我们去调研的时候，恰好听说吉日克要带领村民上山祭祀敖包求雨。达斡尔族民间求雨一般有两种仪式类型，一是河边祭祀河神求雨，二是上山祭祀敖包求雨。《达斡尔族社会历史调查》记载："达斡尔人祭敖包由来已久，十分普遍。祭敖包主要祈求风调雨顺，五谷丰收，牲畜兴旺。"②特莫呼珠村的敖包修建于村西面的山上，是一座石头垒制而成的敖包。1997年7月19日早，吉日克带领十几个男性村民，带着白酒、罐头和几只活鸡等供品与祭品，开着两辆小四轮拖拉机到村西头的山顶举行祭祀敖包求雨仪式。此次祭敖包求雨活动没有女人参加，跟着吉日克上山祭祀敖包的都是村中男子，且以二三十岁的年轻男子居多，也有两个年长一些的。不过，祭祀的祭品活鸡、白酒和罐头是由村里几户人家的女人准备的。

吉日克的祭祀敖包仪式主要由搭建祭台、献牲唱祷、宰杀牺牲、煮肉、献祭唱祷、跪拜磕头祷告、互相泼水、分吃祭品等几个环节组成。首先在敖包旁边搭建了一个小型祭台，即几块大石头立在一起；献牲环节是把几只老母鸡捆绑着供在敖包前，吉日克挥舞着一只大大的旧手帕唱歌祈祷；然后，帮手们宰杀那些老母鸡，把头连着鸡皮剥下来挂在敖包旁边的低矮灌木丛上面，还把鸡血滴一些在敖包和祭台的石头上面；再然后，打开白酒和罐

---

① 孟慧英，《寻找神秘的萨满世界》，西苑出版社，2004年，第149～154页。
② 《达斡尔族社会历史调查》，内蒙古人民出版社，1985年，第256页。

头供在祭台前面，助手们架锅煮肉，几只煮熟的老母鸡摆供于祭台前时，吉日克再次舞起手帕唱歌祷告。当时我没有录音录像设备，相机还是从亲戚那里借来的，没有完整地记录下具体的唱祷内容，只是大概了解到唱祷内容为祈请上天、敖包神降雨润泽庄稼。仪式主持者吉日克是巴格其，没有法服，只是穿着平常的衣服，也没有法具，只用一块旧手帕作为法器在唱歌祷告时挥舞。吉日克唱祷完毕后，带领村民们给敖包跪拜磕头。仪式结束后，参加仪式的村民一起分享了祭品和供品。说来也巧，吉日克带领村民上山祭祀敖包的那天晚上，特莫呼珠村就下了一场大雨，庄稼终于久旱逢甘霖了。晚上，我们听着屋外隆隆的雷声和哗哗的雨声，由衷地为村民们感到高兴。

"巴格其"吉日克带领村民祭祀敖包求雨　　　　　　　（萨敏娜 摄）

"巴格其"吉日克带领村民祭祀敖包求雨　　　　　　　　　（萨敏娜 摄）

除了祭祀敖包求雨，达斡尔族还有女子河边祭祀河神求雨的风俗。与祭祀敖包求雨女子不参加的习俗相反，这种河边祭河神求雨的活动男子不参加，只邀请一两个男子帮忙杀鸡、煮肉，"这种集会由主祭的巴格其或通达祭文的男子致辞，祈求降雨解除干旱"[1]。早期的调查资料认为，巴格其全部由男子担任，近年的调研发现女子也可以传承巴格其道路，此外，我还发现敖包的功能也不仅仅限于求雨。

特莫呼珠村调研结束后，在回尼尔基镇的路上，我与毅松研究员、陈烨博士在"霍日里·绰罗"前合影留念。[2]那时我还不

---

[1]《达斡尔族社会历史调查》，内蒙古人民出版社，1985年，第257页。
[2] "霍日里·绰罗"，莫力达瓦达斡尔族自治旗腾克乡境内的一个山崖，在修建尼尔基水库前原来的老腾克乡的霍日里村附近。

知道村民们眼中"霍日里·绰罗"的神奇,也尚未修建尼尔基水库,嫩江水还没有漫到"霍日里·绰罗"脚下,附近的乡村都还没有搬迁。2015年腾克乡鄂嫩哈拉7个莫昆恢复重建鄂嫩哈拉敖包,邀请著名的达斡尔族大萨满斯琴卦、沃菊芬师徒为其主持重建与祭祀仪式,7月1日举行重建敖包仪式,7月2日举行祭祀敖包仪式,在这之前,斯琴卦率弟子们首先于6月29日举行了祭祀"霍日里·绰罗"仪式。据说"霍日里·绰罗"是腾克乡一带的地方守护神,生活在这里的人家家都供奉,尊敬地称其为"霍日里·乌塔其",意为"霍日里的老爷子"。

毅松、陈烨和作者1997年7月内蒙古莫力达瓦达斡尔族自治旗腾克乡特莫呼珠村西山合影　　　　　　　　　　　　　　　　　（萨敏娜 供）

这是我第一次进行田野调研,因为当时条件限制,我只拍摄了一些照片,当时也只是想去看看,没想到十年后我会一头扎进田野而不能自拔。2008年我考取了中央民族大学宗教学专业博士研究生，师从牟钟鉴先生学习宗教学理论与方法。先生非常重视少数民族的传统文化研究，一直鼓励我发挥自身优势研究本民族文化。相隔十年后，当我重新回归学术研究道路，再次走进田野时，特莫呼珠村的调查成了我全部田野工作的缘起和出发点。

那些不能唱的与能唱的：保安族"花儿"记

宋　颖（中国社会科学院）

花儿是产生和流传于甘、青、宁、新部分地区的民歌，主要用来表达爱情，生活在这些地区的回族、撒拉族、东乡族、保安族、汉族、土族、藏族、裕固族等人民常用汉语歌唱，其格律和歌唱方式都比较独特。保安族在演唱时，衬词多用民族语言来唱，还吸收了周边民族的一些语言风格，很有特点。2004年10月，保安族所在的积石山县还被联合国教科文组织确定为"民歌（花儿）考察采录基地"。

2012年7月24日，我们前往甘肃省大墩村，对花儿歌手进行访谈。大墩村隶属于临夏回族自治州积石山保安族东乡族撒拉族自治县。适逢斋月，事先联系的歌手马瑞不在家，保安族学者马沛霆给我们推荐了马黑娃（MHW）和马满素（MMS）。

我们乘车从山路上向北行进，那时还没有手机地图，寻找大墩村花了不少时间，转遍了甘河滩和梅坡村之后才看到去大墩村的小路。访谈马黑娃的时间大约一小时。在大墩村找到马黑娃家里，他和老伴在家。由于他自小学习古兰经，信仰虔诚，正逢斋月不能演唱，只能给我们讲讲个人经历和演唱片段的歌词等内容。

马黑娃说自己小时候嗓子好，人长得也好，又爱好这个，因为花儿是唱爱情的，所以常和比自己年纪长的人在一起，多听几次就学会了。他幼时学过诵古兰经，诵经时周围人都很爱听，觉得他的嗓子非常好。而且，当着人唱花儿，有的人会因为害羞唱不出来，而他自小非常大方，唱得也比较好。麦场上干活时，这一堆那一堆的人聚在一起休息，只要马黑娃一开口唱歌，人们就都聚到他的周围来听。

1962年时从北京来过几个人，让他给唱个民歌，他觉得自己家的背景不好，让唱也不敢不唱，就唱了自己编的两首。这两首的歌词是这样的：清茶不要喝要喝奶茶，渴死了也不要喝凉的，来时说有什么要说实话，我亏死了自己也不要告诉别人。新的路没有修成，旧的路被凿断了，新朋友我没有为下，旧朋友离得远了。

歌手临场自编的词由心而发，应时应景，常常反映着演唱者的心理、情绪和愿望。

马黑娃见到我们，虽有不能唱的规矩，但谈兴倒是很高。他继续讲起了后来的遭遇。到了20世纪70年代搞运动，因为他家里背景的原因，要把他拘留起来"法办"。马黑娃是个出了名的老实人，别人告诉他说："这次要把你拘留了，你以前还唱过花儿，不三不四的，还骂共产党，要法办你了。"他性格耿直，就反问回去："无缘无故为什么要法办我，我不唱花儿不就行了吗？"但还是被拘留了十来天。后来被拉出来时，有人说这个"犯人"家里有两个孩子，有老人，让他回家吧。这样，他才回了家。当时家里很困难，老母亲怕他再被抓起来，就让他去了青海黄南州，就是保安族迁徙之前居住的地方。到了1979年他才回到村里，当时他的一位亲友让他留在村里。文化局有三个工作人员就来找他，当时他还非常害怕，担心自己又被抓起来。但是这次见面与以往不同，对方非常客气地请他坐下，问他会唱些什么。据马黑娃回忆，等到了割麦子的时候，送他去了县里，住了五天，又准备了衣服、粮票等送他去了兰州，住了半个月左右，他就和几个藏族、裕固族的歌手一起去了北京，到了北京住在香山，参加了51个民族的一个大演出。他说当时有人告诉他："你们是爱唱歌的，你们是文艺家，各自代表各自的民族发言，犯错误了我们负责，你们尽情地唱。"

马黑娃提到的这次北京经历，就是1979年召开的全国少数民族民间歌手诗人座谈会。当时要求每个人唱四首，马黑娃只唱了三首。当时他演唱的是"个人最喜欢的水红花令和河州三令"。1980年又参加过一个花儿会，连续参加了三次莲花山花儿会，据他回忆，是在1982年至1984年。因为他有家室，所以"对唱使不得"，他就唱了歌颂祖国的花儿，歌词是"太子山上的苦丝蔓挣扎着爱太阳，太子山下的白毛毡挣扎着爱祖国"。因为他自觉上了年纪，后来就不再去了。

从马黑娃家出来，我们就赶去正在洗车房工作的马满素那里，录制他所演唱的几首花儿，曲令是"河州二令""大河家""青海花儿""水红花令"。马满素是个洗车工，他工作的洗车房在镇子上，我们赶到时他正在认真地擦洗车辆。等他工作完后，他的堂兄弟陪同他一起带我们到路边的树林准备去唱几段花儿，但是暑期涨水，树林已经被淹了，只好在路边演唱。

他面对着树林，抒发着内心的向往，丝毫也不看我们。这几曲花儿唱调委婉，以长音、颤音起头，深情婉转，由低沉渐渐转为高昂，悦耳动听。他唱的时候，周围经过的车辆竟然都停了下来，人们聚拢过来安静地聆听。马满素性格内向，朴实又害羞，他提到，花儿平时是讲心里话，很少当着这么多人来唱。而旁听的我们，却被眼前的河水、树林和他淳朴的歌声带入充满情愫的另一片天地。

像马满素这样在外打工但爱好花儿而且唱得好的年轻人，已经越来越少了。马黑娃也提道："改革开放以后，人们忙着搞生产去了，而且大墩村周围自然环境改变了，人们很难再像以前那样一边放牧一边歌唱。现在山上到处都是人，现在唱的人更少了，因为小孩白天要上学学习文化知识，没有时间上山放牛放羊，就算放也是在村子的周围，而这些地方是不能唱花儿的。年轻人出去打工又回不来，所以现在唱的人越来越少了。"

花儿一般被称作"野曲"，只能在远离村庄的山间田野里唱。曲调有的深情温婉，有的高亢激昂，歌词大多以表达男女爱情为主要内容，因此不能在村庄周围或家中吟唱，有老人在场时也不能唱。现在的社会交往和娱乐方式日新月异，人们的生活内容发生了极大的变化，要想听到质朴纯洁的花儿，看到人们在山野、田野等自然环境中抒发情怀，几乎只能每年六月在当地的花儿会上才能一览风华了。

天津回族村落宗教文化掠影

王津捷（中国社会科学院研究生院）

西关村是一个以回族为主的村落,坐落于天津市津南区。几年前一次旅行途中,偶然听到几位村民谈起西关村,使我一直想了解这个即将搬迁的回族村落,后来曾在一年中拜访西关村数次。本文通过田野调查的一些观察和访谈,记录和展现西关村回族伊斯兰教文化的缩影。

初访旧西关村

中午1点多坐公交车去西关村,和司机聊天,司机就是西关人,他家已经搬迁了,现在在葛沽租房。司机说现在西关村还有几十家未搬迁的村民。

一进村子,远远看到最高的古式建筑就是清真寺,所以我先去清真寺拜访阿訇。阿訇是山东人,他说学经都要到外面的清真寺去学。他是小时候到这个清真寺做的学生,后来这个清真寺原来的老阿訇走了,他就做了阿訇。他现在三十多岁,家人都在老家。阿訇的工资一部分是政府发的补助,主要是教民的捐献。清真寺现在有五个学生,都不是本地人,十几岁。清真寺一般教他们阿拉伯语、波斯语,然后学习经典,东部的清真寺念的经文发音已经"中国化"了。在清真寺学习和在教经学校学习的最大不同是,清真寺是一边实践一边学习的,而教经学校里是纯课堂式的，缺少实践的环节，所以教经学校的学生到了寒暑假都要去清真寺实习。他们这里每天不光上课，还有生活和实践，上课是一部分，教的东西也都是"中国化"了的。阿訇一直强调，伊斯兰教和佛教、基督教一样，都是教人行善、与人为善，不强调战争，善是最主要被强调的。

清真寺大门　　　　　　　　　　　　　　　　（王津捷 摄）

第二次进清真寺

因为想看村民中午做礼拜，所以中午 11 点左右进入清真寺。这时阿訇在午休，我就到对门的浴室，发现有两位老人在浴室准备洗大小净。这两位老人都是六七十岁的样子，较瘦，头发白了，说着一口天津话。后来来了一位小伙子，他说他是自己做点小买卖，中午抽时间来的，还说现在回族年轻人都应该好好学（伊斯兰教），应该有信仰。

后来陆陆续续来了一些老年人，都是六七十岁，穿着白褂、布鞋，来洗大小净。每进来一个老人，第一句都和大家说"色俩目"，大家也回一句"色俩目"。人渐渐多起来了，那位年轻人主动向新来的老人介绍我。知道我的来意后，一位年轻人说："伊斯兰教就是一种生活方式，它教给你怎样生活，什么该做什么不该做。"我看到一位老人洗小净，问他洗小净都洗哪些，他说："最重要的是四个部位，手臂要洗过肘部，还有脸、头发，最后是脚。"最后那位老人和我说："要想学伊斯兰教的知识，还是要请教阿訇，他们是学者，我们讲的只是一些参考，也不是完全正确，还是要向阿訇学。"

之后他们陆续向大殿走去，我离开浴室走到阿訇的房间，遇见阿訇，问能不能一起进去，他说："你不是穆斯林，不能进大殿，只能在大殿外看。"这时大概是12点50分，下午1点做礼拜，我在看大殿门口的碑和大殿的匾，有乾隆皇帝当年巡幸西关村时为清真寺所题的匾额。后来老人们都进殿了，我在殿外长凳上坐着。之后几个学生和阿訇穿着白色的袍子走到殿门口，一个学生唱了一段阿拉伯语的经文，然后进殿。阿訇和学生带着他们做礼拜。礼拜结束后，一位大爷跟我说他就是门口寺志的四个撰稿人之一，他对清真寺和西关村的历史非常了解，说以后让我带电脑和录音笔来，给我讲讲村子的历史，我欣然答应。他说村的西北角有卖羊肉的，那里人还多一点，叫我可以去看看。

之后我也随着人群出了清真寺，按照老人指的路往村子西北角走。村子的西边有一条路，有一间平房写着卫生所。再往北走是一个丁字路口，路北边是两间简易房，东边的一家就是卖羊肉的。村民都说这里的羊肉很有名，因为不注水，塘沽人都到这里买羊肉。卖羊肉的是一位男性，他说现在就剩他一家宰牛羊的了,人们从葛沽过来买,一买就是几百块钱的,买的少的不值得专门过来一趟。他不太愿意搬迁,因为底商只适合卖肉,没有宰杀的地方。我问他宰牛宰羊是否都到清真寺,他说不是,宰一批羊,把阿訇请来念经言才能宰,死肉不能吃,不念宰的不能吃,必须让阿訇过来念。路南边东侧有一个小卖部,我很渴又很热,就进去买了瓶冰镇雪碧。小卖部不大,货也不是很多,每种东西只有两三种品牌。小卖部的东西两头摆着几架缝纫机,有两名妇女正在做衣服。她们对我很热情,让我坐着歇会儿,还问我吃饭没有,桌子上有饼和菜让我吃,我谢绝了。她们问我来意,和我聊了一会儿天。她们说城市孩子学习就是好,咱们这农村,孩子放学还得到地里面去跑一圈呢。

礼拜 (王津捷 摄)

主麻日

今天是主麻日,清真寺的学生在用扩音器念经,一位大爷还给我带来了寺志。"回汉是一家，同道不同教，"大爷说，"伊斯兰教就是一种信仰。"我问他信仰伊斯兰教对他有什么好处，他说："回教教人们行善，怎样做事，例如怎样对待死者等，教人们施舍。你看殿外这些馒头油饼，都是人们买来给大伙分的，这对自己是福报，所以回民人际关系、邻里关系也好。"我问他搬到楼房好吗？大爷说："还是搬过去好，住得舒服，还是赶上好时候了。冬天买煤多贵，这样不用买煤了。也有不方便的，以前平房住得自由，习惯了，现在得爬楼，不如平房住得自在。楼房里回民少，做饭飘来的味儿也不习惯。在村里回民多，大家都方便。我年轻的时候也到清真寺学过，但是后来为了生存，没办法按时听课。"

主麻日清真寺大殿外　　　　　　　　　　（王津捷 摄）

礼拜结束后，我从清真寺出来，碰见一位做生意的中年人，四十多岁。他说有人打电话要货，今天就不过去了，现在是斋月嘛，他在封斋，来回跑太干渴。下午还可以，一会儿还要去天津上点货去。他给了我一袋主麻日清真寺发的烧饼，我说家里有，他说家里有是家里的,这里的是这里的,我很感谢地收下了。他告诉我在清真寺就不要再吃了,清真寺是不许吃东西的。我问他搬迁前后宗教信仰习俗有什么变化,他说:"没有什么,挺好的。宗教信仰,你看阿訇讲得多好啊,每个星期五都要讲,有信仰是一件多幸福的事。你知道我们把斋是一件多幸福的事。在还有几分钟快要开斋的时候,在等待着可以吃东西的那一时刻,你知道是多幸福吗?有信仰做事就有底线,没有信仰做事就没有底线,说没有底线,吃没有底线,穿没有底线,嘛都没有底线。你听没有底线,你的脚去的地方没有底线,咱们人不同于动物。你该说的可以说,不该说的别说。该看的可以看,不该看的别看。该听的听,不该听的别听。就是牙齿看住自己的舌头,该讲的讲,不该讲的别讲。为什么说有信仰和没有信仰是不一样的,有信仰和没有信仰一看就能看出来。"我接着问他信伊斯兰教给他个人带来什么好处,他说:"信仰伊斯兰教带来的好处太多了。我们不吃自死的东西,自死的东西根本就不能吃,这都是古兰经规定的,这都是好的东西。这个东西……一时半会儿说不清。教我们怎么为人做事啊,怎么去爱自己的国家,(看到清真寺的教室墙上贴的字)'爱国爱教''和谐和睦''真主从来不让行善者徒劳无酬'。"我问:"所以您就是礼拜五主麻日做一次礼拜?""对。人不能长时间的信仰而不去劳动,不能长时间的劳动而不去信仰,劳逸要结合,到时候听听讲课挺好的。要是咱都是一个民族的就可以打问候语了,互相道安宁。"

开斋节前一天

本来以为今天是开斋节，到了之后发现不是。在清真寺门口碰到了三位小朋友，清真寺门口是马厂减河，河边有三位二十多岁的年轻人在钓鱼，三位小朋友在那儿看。他们都是西关人，三位小男孩中两个是汉族，一个是回族。我问回族男孩知道哪天是开斋节吗？他说不知道。我问他学经是什么时候，他说前两天已经结束了。开学之后一两天开始学，前两天刚结课，再学就得下学期了。我问他是家长让来的还是自愿来的，他说自己想学。一位汉族小朋友说，老师说不分汉族回族，想学就去，另一个汉族小孩说，不是想去就去，清真寺不能随便去。我问都教什么，他说就是念清真言。我问教不教什么是伊斯兰教，他说也学。我问他觉得学经对自己来讲有什么好处吗，他说他也不知道，然后他们就走了，有点害羞的样子。

斋月

村子里大多数人都搬走了，剩下几十户，又赶上斋月，很少见人出来走动。这天天很热，见到一家院子里有两个孩子在玩耍，一位老太太走出来，我就和她坐在门口聊起了天。她说孩子是她的孙子孙女，放假了，不学经的话也就不来了，学经才来。平时孩子上学，老两口儿在这待着。老伴每天都去做礼拜，但是她去不了，得看家。我问她有没有封斋，她说把不了，要给两个孩子做饭，老伴一天放羊去。"这个地方这一个月都得把斋，到阴历二十八你再来就行了，我们这开斋节，这就是我们回民的年。你们汉民都过三十，过年都贴对子，我们把斋到过节，按现在来说，到了二十八就是点一宿灯，就像过三十一样。过年嘛，一年就这一回，这是正式的回民过年。买羊肉，包饺子。我们这都养羊，不养羊不行啊，因为到了开斋，都宰羊。宰鸡、宰羊最多了。你们是过年上坟，我们这个开斋节都上坟去，这是回民的风俗习惯，都上坟念经去，反倒是哭的少啊。"我开始向她了解村里汉民和回民是否有区别，待遇是否平等，她说："都一样啊，没有差别。按说汉民应该跟回民一样待遇，因为咱这的汉民人家都不吃（大）肉，随着咱。娶媳妇啊，都是回民媳妇，也有回民娶汉民的。不过这里汉民少，好比这是一百户吧，不准有二十户汉民。回民有嘛习俗汉民有嘛习俗，就是不去清真寺。可是到了有圣会的时候，他们乐意去也让去，还给他们牛肉，嘛都给，和回民的待遇一样。人家汉民不吃（大）肉，也不买（大）肉。再说回来了，过年过节的人家肉也不动，嘛也不动，办喜事也是按回民的风俗。只有汉民死了跟咱不一样，人家烧去，咱这里埋，咱这回民没有烧的。头二年呐，汉民也不烧，都在这埋。汉民这里专门有汉民坟。人家汉民有乐意烧的，烧的干净。"老太太给我倒了一杯水，我正好口渴了，水是井水，很甜。说起封斋，老太太说："多胖的人把斋也能瘦，一天不吃饭，也不喝口水，把了七天瘦了五斤，多好。如果要减肥，就把斋。半夜两点多钟吃一点儿，这一天不吃，到晚上快八点的时候就开斋了，那时才能吃饭呢。把斋就是为了给自己这辈子做的事情免灾，自个儿这辈子不做坏事儿，所有的坏事儿就都给你免了。"

葬礼

即使不是一个村的回族,如果遇到办丧事,也会主动来帮忙抬棺材或者做其他,没有任何忌讳,大家一起帮忙来抬遗体。遗体停放在一个绿布罩着的棺材里。一位小伙子和我说:"回民办白事,都得有人去。就算楼上就这一家是回族,只要说句话,大家都会来帮忙。这家死人了,去那家敲门,穿白布进去,嘛话没有,没事儿。按汉民的风俗,死人穿白布不能进别人家,但是回民没事儿,敲门就让进。你要说我们回民呐,比方说死了人到另一个地方埋,汉民回避这个。但是到了西关,如果没人帮着抬(棺材)的时候,即便不认识,西关人也会帮着抬。"

新小区的城市生活

西关村村民陆续搬到了葛沽镇的新小区,大家仍然住在一起,但也是和几个村子的汉族住在一个小区里,不同的是回族家庭在门口都贴着写有清真言的牌子。我敲了几家的门,有些怕是上门推销的,一开始不愿意开门,但当我说明来意之后,都让我进门并热情地和我聊天。我问一位大娘,屋上面钉的小牌叫什么,大娘说:"那是回民杜瓦(清真标志),是回民都有。汉民没有,汉民门上是对子。谁来了一看杜瓦,这是回民,没那个不叫回民。有回民这俩字,始终就有清真这俩字。看我们这个小孙子:'奶奶我买东西你放心,你吃吧,这都有,都是回民,都清真。'他都知道。"

在我和一位小伙子聊天的时候,他的女儿(五六岁的样子,在上幼儿园)在一边玩。这位小伙子就考他的女儿:"回民不让吃嘛?"小女孩答:"大肉。""卖糖堆儿没贴杜瓦的能吃吗?卖别的早点没贴杜瓦能吃吗?""不能吃。"这时,这个小女孩的奶奶告诉我:"小孙女到外边跟我去转,没有杜瓦的东西一律不能吃,就找带杜瓦的东西,没有杜瓦的东西都不吃。"

绣花鞋垫：彝族的定情信物，我收到两双

李　赛（北京启行青年发展基金会）

我凭着记忆找到她家，却看到门上挂了一个没扣住的锁。"家里没人，一定是去赶集了。"我对主人留下的信任稍感诧异。在留与走之间，我选择擅自进入小院把东西放下。

回到停车处，我四处张望，竟然在不远处的小卖部发现了她的黑帽子，紧接着看到了她的羽绒背心。虽然不确定就是她，但我还是跑了过去。"普奶奶！"我叫住了她，她好像没认出我，"昨天我去过您家，您还记得我吧。"听罢，她笑了，露出一口镶过的银牙。

这里是云南楚雄彝族自治州牟定县。远有化佛山，近有成化湖，针线将五彩缤纷穿进城市的每个角落。我作为联合国开发计划署青年实践项目的一员，来到这里调研了解当地彝绣的传承与发展。

提到彝绣，你会想到什么？苏绣是圆形绷框里灵动的鱼群，露水的晨光洗净一片片鱼鳞；苗绣是银饰轻轻撞击中迸发的火焰，搅动神兽眼里的不羁。那彝绣是什么？我们决定去村子里寻找答案。

在牟定的蟠猫乡，我们钻进迷宫一样的村寨，路过一户人家，一大片金黄的玉米仿佛是从水泥里长出来的，柱子也裹上了黄金甲，遥相呼应。

这里就是普奶奶的家。普奶奶又瘦又高，头上戴着彝族老年

女性常见的黑帽子，脚上穿着粉色绣花鞋，山茶花在上面努力地抵御时间的冲洗。彝族将山茶花喻为美神，也用来比喻女性，因此在刺绣中常能看到这种深浅交替、慢慢绽开的图案，甚至在美化街道的墙绘中和餐馆裱挂的装饰画里都能见到盛开的山茶花。

我们问奶奶家里是否有刺绣，她转进里院，不一会儿抱着五六双绣花鞋和几条花围腰走了出来。一群人的镜头瞬间对准那些尘封的技艺。这让我想到当时在肯尼亚马赛保护区看动物大迁徙，坐在越野车里的游客早已备好了长枪短炮，等到成群的角马过河，马蹄声和快门声就开始扮演高声部和低音部。

为了呈现具有年代感的传承，在导演的镜头里，普奶奶坐在收割完的玉米旁边绣花，镜头从全景过渡到她的特写。"太上镜了！"导演连连说了好几次。

我仿佛看到了一个古稀老人，坐在上辈人就坐着的凳子上，丝线无声地奏响千年以前的乐谱，手法娴熟地转出古人的绝唱。一束光照在她布满岁月的脸上，但这是一种人为的特效。奶奶手里的针始终没有穿线，那个绣片是她两年前绣的，因为眼睛不好她早已不做了。最后一件作品是为孙子结婚绣的衣服，奶奶说："她妈妈也会绣，但是太忙了。"奶奶的孙子今年才13岁。想到也许要再过十多年这件衣服才能穿到孙子身上，我突然打了一个寒战。

普奶奶一家是牟定彝绣产业举步维艰的缩影。一方面，老一辈绣娘逐渐体力不支，子女忙于工作，没有时间也没有兴趣传承这门手艺。"更小一点的孩子都去城里读书了，不怎么回家，学习压力也大，怎么可能学这个。"普奶奶笑着摆摆手。放学后趴在妈妈膝头，看一针一线交替变出大千世界的场景已成为历史。

另一方面，为了满足大批量订货的需求，很多绣娘开始用机器代替手工。刺绣赶上了市场化的脚步，双手却逐渐失去了技艺。

法国人类学家斯特劳斯说："技艺，是人在宇宙中为自己找到的位置。"现在，这个位置摇晃得越来越厉害，有时我也感到很无力。面对外界物质的诱惑，难道要锁住人们走出去的愿望，将他们的一生绣进远古的图腾中吗？

拍摄完毕后，我们即将告别，普奶奶又转进里院，拿出了好几双鞋垫。我刚好站在楼梯下，她第一个塞给了我两双鞋垫，听不懂她说了什么，但她的表情坚定而不容回绝。

在彝族文化中，鞋垫是男女用来表达爱情的信物，男方相亲，如果女方送给他一双鞋垫，表明女方答应这门亲事。女孩出嫁，自己必先带几双鞋垫作为嫁妆，一则证明自己心灵手巧，朴实能干；二则鞋垫能给自己和丈夫带来好运，无论丈夫走到哪里，都有一种温暖的家的感觉。而我则一次收到了两双。一针一线缝进了人情，讲述了相遇。

"我们给您拿了点东西，放在您家门口了。"今天，我就是想把从北京带来的特产送给奶奶，弥补昨天没有回礼的歉意。奶奶的脸上写满了"你们干什么啊，不能这样"的表情，随即用手挽住了我的胳膊，拉着我们回她家。这回，普奶奶的轮廓更清晰了一些。

她家有两头牛、几只羊，还有鸡和猪。普奶奶说："白天就上山喂它们，回来做饭，我们家来人也是我做饭。"一只黑白相间的小狗被拴在院里的小菜园旁边。奶奶的儿子在昆明上班，孙子也在城里读书，平时家里就她一个人。"我家老头五十岁就病死了。"墙上的照片里还能找到老伴的身影。

这次临别，奶奶又上楼给我们拿鞋垫。"我一个人也用不了这么多。"我们再三推辞，但她还是塞给了我们。奶奶让我们一定过来吃饭，我们则叮嘱奶奶注意身体。在小雨中，奶奶家的大门被轻轻关上了。

　　传承，不是机器生产的看似一样的山茶花，也不仅仅是放在店里的非遗传承人证书，而是作为一种满足口腹之外的消遣，于夜晚悄悄潜入亮起灯光的农家，随着一针一线的起伏，往事浮上心头。传承的不仅是技艺，更是记忆。

　　作为外来人，我的记忆里多了两双绣花鞋垫。要如何衡量它们呢？论针脚的缜密，它弯弯曲曲，论花纹的设计，它毫不惊艳，论用色的考究，它更显平庸，但却是一副我想要装裱起来，传给下一代的礼物。因为绣花鞋垫里藏着一段难以忘怀的故事。

　　回到酒店，一丝悔意从我脑海划过，如果我没有在街上发现奶奶，今生也许再也不会走进她家，也不会觉得自己又多了一个大山深处的亲人，多了一份生怕无法兑现的牵挂。每一次握手都不想辜负，每一次拥抱都想再抱。

　　我把奶奶送的其中一双鞋垫垫在了鞋里。它不同于普通的鞋垫，脚掌能接触到针线的纹路，好像时刻提醒着我，总有一天要走回去。

四月南山漫花儿

卢芳芳（中国社会科学院）

大通的山（嘛就）平又宽
尖扎的黄河呀清又蓝
谁把散心的花儿漫：
"马步芳占下的乐家湾"——

四月八南山上搭高台
丁香艳（呀就）梨花白
听者嘛团团围成了圈
尕妹的水红花（呀就）阿哥的白牡丹——

台上那个谁呀背过了脸
一把把老泪揩不干
人说她年年（嘛就）唱少年
回回都唱到泪涟涟——

尕老汉头勾下不开言
老婆婆嘴里面悄声着念
自顾自地笑了为哪般
那年我十八你二十三——

唱得那满场叫红了天
听得我呆坐着湿了眼

> 翻山越岭南山来（呀就）
> 漫不完的花儿与少年——
>
> ——记青海"四月八"花儿会归来

打开手机，不经意间看到我的好友、花儿传承人索南孙斌在美国、加拿大演出的消息，高兴之余，思绪一下子飞到几年前在青海听花儿的场面，以及我们"下回一起下乡"的约定。仔细算来，我与索南相识已有七年，真希望他越唱越好，艺术生命常青。第一次见到他，是多年前在北京某次民族民间歌曲比赛后台，那时他刚获得文化部民族民间文艺发展中心"首届民间传承人"的证书。而与他的友谊，也见证了那世代传唱在河湟大地上"花儿"与我的不解之缘。

> 往西走 向西走
> 朝东的回回往西走
> 往西走 惊回首
> 五荤的大道上再甭走
> 往西走 往西走
> 三条大路的中间走
> 往西走 往西走
> 甭抽烟者甭喝酒
> ……
>
> ——花儿搜集、整理人 朱仲禄

结缘花儿往西走

四月的一天，索南孙斌告诉我，青海大通山的花儿会是5月

1号到3号，南山的花儿会则在5月8号到10号。多年前在青海采访索南孙斌时，说到以后有花儿会就喊我，结果接下来的两年都在忙，没有去成，难得有时间，于是立刻决定去听，以弥补三年多来的遗憾。是的，我知道，这么多年，在我的心里，一直有花儿在召唤。

我的家乡是座海滨小城，父母家楼下不远处有家循化的小伙子开的拉面店，有回我去吃面，一听循化人，问他是否是撒拉族，他很惊讶，连连点头说从没有人问过他这个问题。后来聊到当地的花儿以及那一带的花儿歌手时，他断定我一定在青海工作过至少一年，不然不可能对当地那么熟，对花儿那么熟，居然还知道当地的明星！

第一次听到花儿，是在文化部民族民间文艺发展中心举办的某届南北民歌擂台赛上，认识索南孙斌、张存秀、马俊也是通过那次比赛。听张存秀唱《白牡丹令》《河州花儿令》时，觉得那离我很近，打心眼儿里觉得亲切得很，衬词虽不熟，但丝毫不觉得有隔阂，那纯朴明快、转承自然的音调，总觉得仿佛在哪里听过。旋律上口质朴，忍不住哼在嘴边。我的大学同学兔子因此还送给我一个带有西北味道的绰号——尕妹妹。

读研时某次听讲座，青海师大人文学院的一位老师来到校园，给大家讲"花儿"，于是才知道，花儿产生并流传于甘肃、青海、宁夏、新疆、山西等四五个省区，流传在汉、回、土、撒拉、藏、东乡、保安、裕固等九个民族，以情歌为主，甘肃、宁夏等地称"花儿"，青海地区称"少年"。花儿分为河湟花儿、洮岷花儿和六盘山花儿。河湟花儿有极强的口头程式，音乐非常丰富，多民族文化交融，比兴题材60多种，天文、地理无所不包，是民间生活的百科全书。有人考证，洮岷花儿最早源于羌族民歌。洮岷花儿的传播路线是洮河流域；河湟花儿的传播路线是从大夏河到兰州，再由黄河上溯到湟水流域。老师说："尕，是小、可爱的意思。"讲到这里，兔子同学与我相视一笑。

那老师讲到扇面对，单句单字尾，双句双字尾，交叉押韵，平仄相对，比如：

"尕马儿拉到柳林里/柳林里有什么好哩？/一口一声地出门哩，出门时有什么好哩？"这里是一三句、二四句相对。

演唱花儿用的是河湟方言，就像人们的日常对话：

甲：听说/今晚夕/有电影，

好得很，

你们去哩吗不去？

乙：现在的/电影/胡日弄，

忙得很，

家里来着个亲戚。

老师讲完之后，同学们要老师唱一段，老师说他五音不全，这时，我的朋友说："我们有同学会唱！"我赶紧瞟了她一眼，低下了头。结果，老师说："哦，真的吗？那就来唱一段吧。"于是几个人喊着我的名字，"上去！上去！"我只得站起来，在嬉笑和推搡声中站在台前。多年以后，我仍记得那天穿了件下摆挺宽的蓝格子长袖衬衫，扎了个马尾，挽了挽袖子，对着台下的老师和同学，开始放声唱了几段：

尕妹妹的个大门上浪三浪呀

心儿里跳得慌呀

想看我（恶）的个尕妹妹的好模样呀妹妹

山丹红花开呀

听说我的个尕妹妹
病下（哈）了喂
阿哥子莫急坏呀
称上了些个冰糖者
看你来呀妹妹
山丹红花开哟——

毛毛的个尕雨里抓呀蚂蚱
我看它哟
飞哩嘛跳呀哩呀
抓住你的尕手啊问呀句话呀
我看你哟
哭哩吗笑呀哩呀

白牡丹呀就白个者
白耀呀人哩
红牡丹呀就红呀了时
瞧我的花儿嘛红呀咙哩

多年以后才知道，一口气唱完的这三段分别是《妹妹的山丹花》《牡丹令》和《阿哥的白牡丹》。唱的时候自顾自，完全不看别人，在掌声中走下台，居然也不脸红。老师问："是青海人吗？是西北人吗？""不是，不是。""那怎么会唱呢？""擂台赛上听来的。"

后来，这个问题被很多人问过。若干年后，当我和藏族朋友在一起唱他们的酒歌，在傈僳族村寨里喝完米酒趁醉意涌上之前迅速记下对方唱的歌，和彝族的朋友一起唱起"打歌"，和蒙古族的朋友在餐桌前唱起长调，和裕固族的女孩子一起哼起《哭嫁歌》，总有人问我："你是哪里人？怎么会唱我们的歌？"

我是哪里人，其实已经不重要，重要的是，歌声让我们相识。相逢是首歌。

与其说我喜欢民歌，不如说是民歌喜欢我，任何一种民歌旋律，听上两遍，我基本都能原原本本地唱出来，谱都不用记。家里有人在搞民乐，我偏偏没学这个，只是不知某个时刻生长起来的对民族民间音乐的热爱，不知所起，一往而深。

"八宝山下的跑马山，鞑子们占下的好草山，甘州嘛不甘者水滩滩，凉州嘛不凉者米粮川——肃州的坳子是嘉峪关，西宁城靠的是四道川。互助县有一个沙塘川，想着我的花儿拉夜川。"后来，这首叫作《拉夜川》的花儿里提到的"凉州、嘉峪关、互助县的沙塘川"这些地界，我都转到了。多年前，我在青海调查"花儿"的传承情况，在公园随时可见有人即兴对唱起段段花儿。每年六月六的花儿会，村子里总是自发地聚集了很多人买门票，10元、5元不等，于是知道，这片河湟大地，自古"河湟古羌"人的地盘，是盛产花儿的。

十几岁时，我的朋友索南孙斌在一家面馆打工，他的回族老板让他报名参加电视里的花儿比赛，结果他得了少年组的第一名，后来又拿了西北五省区的奖，得到文化部民族民间文艺发展中心李松主任亲手颁发的传承人证书，还差点进了部队，后来进了省文化馆。他是青海平安驿的藏族人，是花儿正宗的传承人。

还记得当时见到索南孙斌时，他正在争取进入青海歌舞团，并不属于任何单位。我们聊到民间传承人的待遇问题,当年李松主任介绍他和一个公司签约,他听了话,没有去部队,不料那公司很快散掉,让他有点后悔。闲聊中说起当年的原生态歌手里面,那个"羊倌"石占明的情况最好,进了"二炮",住房和家属的工作问题都得到了解决,阿宝签的某公司,据说待遇也很不错。

那时我考虑的问题是:体制收编和市场认可,是否是民族民间文化得以持续的重要保证?怎样解决民间艺人的尴尬处境?对待像这样的优秀民间艺人,呼之即来挥之即去,平时则不闻不问,是否有利于传承?如何解决基层某种程度文化尊重缺失的问题?那时关于传承问题还远没有达到时下的热度,这些问题常萦绕脑海,伴我走在观察民族民间文化传承的路上。一路走来,答案也日渐清晰。后来,索南孙斌进入青海省群众艺术馆,而这次邀请我参加的花儿会,就是群艺馆组织的活动。

南山上的好音嗓

> 积石山上的金凤凰
> 落到了湟水的岸上
> 站在歌坛上放声唱
> 好音嗓
> 压倒了万人的会场
>
> ——西北花儿唱词

这次去听"四月八"花儿会,坐了20多个小时的车过去,并无倦容。第一天是曲艺演出,一大早,和西宁群艺馆的老师们一道赶到西宁南山,那天是阴天,非常冷,高原上有风,观众寥寥,来唱曲艺的多是老人,有青海道情、打搅儿等传统表演,歌唱内容各式各样,比如《老来难》,有孝顺老人、歌颂生活,形式非常活泼,随编随唱。台子的一边是个喇嘛庙,几个喇嘛在里面兜手闲立,我对他们说:"明天这里有花儿会,来看吧。"喇嘛点点头。哈,劝喇嘛来听情歌,俨然我是主人招呼客人一般。

回去的路上,大家说第二天才是花儿会,不知啥时候才结束。

"唱起花儿来,哪还有个完!"摄像的老师说。

"演员都是人来疯。"一位老师说。

"唱戏的是疯子,听戏的是傻子,哎!"另一位这样说。

第二天一早,我在后台和群艺馆的同志们忙前忙后,迎头看见张存秀老师,只见她穿了一身正装裙和中跟皮鞋,比电视里年轻,也高挑,她说自己是50岁的人了,一点都不像,我刚说完"保养得好",另一边的温桂兰老师听见后说:"哪有我保养得好!我都60了!"大家一起笑,我看见她正在抹粉,60岁了,她穿着一身鲜艳桃红的衫裤来唱花儿,头发烫了卷儿。看见的还有索南孙斌和他媳妇卓玛,卓玛坐下化妆,一边和我聊天,她穿了一身大红色的撒拉族服装,管我叫"老师"。

太阳高起来,第一个节目是《花儿联唱》,张存秀老师第一个出场,唱的是《妹妹的山丹花》,人渐渐地多了起来。很大的太阳,人们在台下坐下来,很快围成里外三层。

等到温桂兰老师出场的时候,已经是快结束了,她唱的是《眼泪的花儿飘远了》《花儿与少年》,"少年爱上了白牡丹,白牡丹爱上了少年",唱到眼泪掉下来,不停地擦眼睛,一旁的人对我说:"她每次来唱,都哭,真哭。"我坐在下面看着60岁的她,一身桃红,背过脸一下一下去擦眼泪。

那么小的一个台,下面观众团团坐成圈,这样一个场,竟然充满着充沛的戏剧张力,坐在那里,我感到一种叫作生命力的东西在四周的空气中蔓延,在满脸皱纹的面庞里,在满树怒放的白梨花间,还有身旁人们的笑声里,悄悄蔓延。

索南孙斌一出场,主持人报上"西北五省花儿歌王"的称号,他还年轻,比我都小。他的嗓音格外透亮,台风也大方,参加活动的前几天刚从韩国演出回来。唱着花儿出国,这是他以前从来没有想过的事情。

在这些歌手里面,刘永梅的一首《相思病》让我印象深刻。这首花儿的代表作我在三年前听过,这首典型的民间叙事诗,讲的是情人去世,音调真挚哀婉,总共四句,段段重复,每句之后加了衬词"岗给岗"或"岗岗给",转承自然,当她站在台上用哭腔唱到"阳世里的三间里(岗呀给)/我俩没团圆来么(给儿岗)/死到个就阴间里(岗给岗)/我俩才团圆来么(给儿岗)"时,我的眼泪夺眶而出,感觉她唱尽了千百年来爱的忧伤,也唱尽了自己心底深处的惆怅。唱完之后,她问大家:"你们酸不酸呐?"身边的老太太喊:"哎呀,我们酸死掉了!"我在满场的老头老太太中间悄悄抹掉泪水。回家以后,我把这首《相思病》放给已经是网站主编的兔子同学听,她低头听着,抬头冒出一句:"这起承转合,太牛了!"

马俊是最后一个登场的,群艺馆的老师说他总是最后一个到,差不多快唱完的时候他才来。我留心听他唱,以至于忘了拍摄。只见他戴一回族白帽,轻松自如地立在台上,从"尕妹妹的大门上浪三浪"开始,直唱到《解放大西北》,我留神听,声音清亮,表情生动极了,惟妙惟肖,声音高高低低,错落有致。一句话,他是角儿,仿佛有种魔力,一下子使这个简陋的台子变得高大敞亮起来。他唱起歌来有种光芒,那光芒覆盖住所有台下的观众,显然这个台子是他的。

这就是民间音乐带给人们的纯粹的快乐,我再次领教。这种感觉,比在音乐会现场听演唱会来得自然,比在歌剧院里听歌剧更亲切,它质朴、迷人、野性、粗糙,表达的东西非常简单,可是它情感充沛,元神四溢,脱口而出,而且生命力足具。这些被称为"花儿"的民歌,在青海被称为"少年",歌里有明媚的爱情和出门人的艰难,有马步芳时代的幽怨,有亘古不绝的离别和等待,满山遍野,世世代代。那一刻,我想:只要这片土地上的人还在,只要有生命,就有爱,就会有花儿,它顽强而绚烂地盛开在这里。翻山越岭南山来呀,漫不完的花儿与少年。

午后的曼谷街头，时空是我的了

黄龙光（云南师范大学）

此时，我正舒服地半躺在泰国曼谷 MBK Center 大商场外街头的袋椅上，如果不是身旁临时搭建的舞台上播放的摇滚乐，我想我会马上在异国的土地进入梦乡，虽然近旁马路上摩托车时时轰鸣着马达驶过绿灯。

此刻，我半眯着眼，一抬头，恍惚中瞥见左前方头顶上的天桥，蓝天白云下日光正晒，桥上 BTS 轻轨经短暂靠站后，又呼啸着奔向下一站。就像我们每一个人，先经过一站站旅途，最后奔向人生的终点。一低头，五岁的儿子还一直追着飞落下地捡食的鸽子跑。

这样一个美好的午后，对曼谷本地人来说，是再平常不过的，他们一年 365 天几乎天天如此。但说实话，这种近乎放肆的彻底放松，我在家乡中国西南昆明的街头却从来没过。在那里我们不是空间有限，就是时间紧张，不是怕被偷骗，就是怕城管来。

旅行有一股神奇的魔力，对旅行者而言，它首先是一种从这儿到那儿的时空移动，是异域的身体亲往与心灵在场。其次是一种文化体验，通过参与当地人的生活，对他者异文化进行认知。前者是旅行者从熟悉到陌生的时空转换，后者为我—他之间的互动式参与实践。

这两点，曼谷街头这个小广场无疑都做到了。严格来说，它甚至比专为游客开建的考山路还要做得更好，虽然后者明显体量更大，也更繁华，但其致命的缺点是囿于当地人的主体让渡，使其彻底沦为了泰国的西方幻象。

这个露天开放式广场全由简易材料临时搭建而成，包括各种摊位（含两辆汽车摊位）、桌子、袋椅、舞台、音响等。桌子简单到由直接搬来的柳条箱叠加而成，袋椅是装半袋泡沫粒的帆布大袋子，或坐或躺，自由自便。商场中央空调延伸出来，与自然空气混合，凉爽消暑。

就在我的身后，各种烧烤煎炸煮的小吃摊一溜摆开，时不时飘来的烤肉味，给人一种户外野餐的感觉。50 铢 1 盒的蛋炒饭，150 铢 1 盘的烤龙虾，100 铢 3 瓶的现榨果汁，以及新鲜杧果、椰子等一应俱全，全是现做现卖，非常新鲜。不管生意好不好，没有高声招揽，不见脏乱差。包括街头流动的泰国小贩，逢人就问候"萨瓦迪卡"，脸上始终洋溢着自尊与自信的笑容，上面写满自食其力与取之有道。

广场是一个外来游客和当地人共享的公共文化空间，它位居市中心繁华地段，对怀揣猎奇心的游客来说，提供的食物饮料一样，售卖的价钱一样，模仿当地人，体验当地生活方式近在咫尺，何乐不为?! 他们环顾四周，频举镜头，记录当地人如何现场炒制一盘蛋炒饭，如何娴熟地开一个椰子，镜头下售卖人则从容自信地充分展示泰国的传统民俗。当地人逛街购物，也往往在这经济便捷的空间休息消费，不论是谈情说爱的情侣，还是日常休闲的三口之家，都边吃边聊，神情自然真实。

当然，更兴奋的是作为匆匆过客的游客们。因为来到一个完全陌生的异域世界，意味着可以暂时揭下社会这张面具，放下所有的顾忌和顾虑，做回一个真正的自然的人。合着动感十足的摇滚节奏，我身边既有白人游客提着啤酒手舞足蹈的，也有一边默默品着龙虾一边赛过活神仙般吸着香烟的。

　　我嘛，先喝上一口冰冻西番莲汁，再来一个四肢伸展半眯着，呵呵，这午后的曼谷街头，时空是我的了。

仫佬族依饭节小记

刘洁洁（广西师范大学）

依饭节，在仫佬语中叫"依凡"或者"稀凡"。仫佬族依饭节又称"喜乐愿""做饭节""敬依饭公爷"，依饭就是集体举行酬谢、祈求神灵的祭祀法事活动，目的是感恩还愿、庆丰收、驱灾除难、保寿积福，祈求人丁平安、五谷丰登、六畜兴旺。它是仫佬族民间传统活动，是仫佬族信仰习俗长期积淀的结晶。

依饭节是广西罗城仫佬族最隆重的节日之一，罗城县于2009年、2013年成功举办了第一届、第二届"中国·罗城仫佬族依饭文化节"。

2017年11月6日到8日，在罗城仫佬族自治县，我和师妹有幸参加了第三届仫佬族依饭文化旅游节暨扶贫产业招商活动。这次仫佬族依饭文化节以"千年仫佬·三尖罗城"为主题，主要包括开节仪式暨民俗巡游、祭祀仪式、舞草龙大赛、书法美术摄影大赛、仫佬族美食大赛以及地方特色产品展销、民族歌舞展演等。在这次活动中，我们深深地感受到了仫佬族的民族风情。

罗城仫佬族自治县历史悠久，文化底蕴深厚，民族风情独特，素有"山头尖、筷头尖、笔头尖"的美誉，即山水风景优美，美食丰富，重视教育。"千年仫佬·三尖罗城"，诉说着罗城的悠久历史和动人的故事。

"好玩好耍东门四把"，接待人覃主任告诉我们，在罗城这块美丽神奇的土地上，有许多独特的民间文化体育传统项目。他们引以为豪。在11月6日，我们感受到了舞草龙的热闹场面。

下午两点左右，人们早早地赶到成龙湖广场，观看舞草龙比赛的热情感染着每一个人，作为在自己家门口举办的大节，罗城人颇为自豪。

在舞草龙比赛之前，由师公作法，举行请龙的仪式，祭品整整齐齐地摆放在地上以飨神灵，师公口念咒语并伴随着一系列动作与神灵进行沟通，接着在草龙头上插上香火，随后是点睛仪式，经由专人给龙点睛后，意味着请龙成功，神龙附体，赋予了草龙生命力。

参加舞草龙大赛的队伍是以罗城县各乡镇为单位组成的，根据草龙的编织技巧与造型，节奏的鼓点与舞龙动作的配合，队伍的变化等标准来进行评判，综合以上因素，最终遴选出优秀的队伍，作为代表参加依饭节开幕式的演出。参赛者统一服饰，个个激情昂扬、精神抖擞地进入赛场。随着鼓点的高低起伏，草龙的造型在参赛者手中千变万化，时而盘旋而上，时而呼啸而下，腾云驾雾，气吞山河。此时的罗城已经进入初冬，虽然天气稍冷，但选手和台下观众的热情却丝毫不减，大家共享依饭节欢腾的节日气氛。

仫佬族舞草龙历史悠久，可以追溯到明代，是罗城仫佬族自治县民间传统体育活动项目之一。草龙由水稻秸秆制成，用稻草搓成粗大的绳索，再扎成龙首龙尾，形似长龙。与汉族的舞龙很相似。不同的是，仫佬族舞完草龙后要将它抬到河边烧掉，据说这是为了将草龙送到海龙王处，以祈求年年风调雨顺。

依饭节是仫佬族特有的传统节日，按姓氏在宗祠内举办"依饭道场"，又称"地台依饭"，往往要请三至五名师公来做一到三天的法事，堪称集仫佬族宗教祭祀之大成。第三届依饭节，是由东门镇凤梧村凤立屯的潘氏子孙来承办的。

晚上的时候，在东门镇凤梧村上凤立屯，进行原生态仫佬族依饭节安坛请圣仪式。依饭祭祀仪式由谢忠厚师公主持，整个仪式由四位师公一起合作完成，他们身穿黄色或橙色的法衣，举行请圣仪式。

做依饭道场的地方选在背靠潘氏祠堂的一块露天空地上。在仪式开始前，这里已经提前被村民们用彩旗和气球精心装扮过，洋溢着浓浓的节日气氛。在舞台正前方的大幕上，印着36位神像，两侧贴着对联，上联是"金秋佳节凤凰欢歌迎贵客"，下联是"盛世丰年人神共庆感隆恩"，这副对联正好印证了负责接待我们的覃主任所说的，仫佬族是个感恩的民族，依饭节是仫佬族感恩还愿、庆丰收和传承民族文化的节日。

白马娘娘是仫佬族民众崇敬的女神。传说她常骑白马巡游仫佬族地区，为仫佬族人消除灾难；又传她驱走百兽，为仫佬族人留下稻种，并用芋头造水牛，红薯造黄牛，使它们为仫佬族人耕田耙地。

舞台的左右是身着仫佬族民族服装的当地妇女，与神坛和中间作法的师公们形成一个完整的仪式整体。她们座位前方的篮子里是自家准备的祭品，有用谷穗、粽子、花生、红薯、芋头做成的"猪""牛"等物品，并用红纸条包裹牛身。这些祭品是仫佬后人不忘白马娘娘之恩，感恩答谢的体现。

舞台前方设坛，坛前烧香点蜡，陈列着潘氏牌位，上面写着"荥阳堂，潘氏门中历代先祖考妣之位"，牌位旁边摆放的祭祀供品除了柚子、苹果等水果外，还有猪头、猪脚、米饭、鸡蛋、虾、鱼、酒等种类繁多的食物，以飨祖先，聊表后辈心意。

听师公说，仪式一共有六个部分。但是由于天气原因，后面几个仪式过程，因淅淅沥沥密集的雨点被迫中止。这也是我们此次调查中比较遗憾的一点，没有感受到完整的仪式。

11月7日上午，在民族文化广场举行开幕仪式。仪式共有三个环节，第一个环节是开节仪式，由罗城县领导致辞，自治区领导讲话，师公进行祭祀仪式，由领导及众人敬献丰收稻穗；第二个环节是民族歌舞；第三个环节是民俗巡游，节旗方队、腰鼓方队、依饭方队、仫佬族工艺服饰方队等——展示。看到他们脸上的笑容，可以感受到作为仫佬族后人的他们对本民族文化的自信与骄傲。

因为有岑老师打招呼，为我们的调查提供了诸多方便。在与当地人相处的三天中，我们增长了见闻，加深了对仫佬族依饭节的认识。此次负责接待我们的覃主任，热情周到，他亲自到汽车站接待，让初到陌生地的我们倍感温暖。覃主任讲起罗城的历史与文化来如数家珍，他常说，"仫佬族是懂得感恩的民族"，在这次依饭节中，这句话得到了实实在在的印证。他们对祖先怀有感恩之心，今日的丰衣足食得益于祖先的庇佑，在依饭道场中，沟通神灵，以飨祖先，泽福后世，娱神娱人，欢笑一堂，共享依饭节盛事。在此次活动中，政府、学者、当地人的参与缺一不可。不难想象，三种角色的地位和相互博弈，影响着对依饭节的文化建构。在看到一些媒体工作者或者摄影师为了追求画面美感，要求祭祀人进行摆拍时，新闻摄影与民俗摄影的差异让我陷入了深深的思考……

牛郎官庄神人多

郭俊红（山西大学）

牛郎官庄起初只是一个默默无闻的鲁中山村，因村中孙氏家族自认牛郎是本家族的祖先而被外界认识，2008年之后此地被认为是牛郎织女传说的核心传承区而被天下知。我们也是循着这条线索开始接触这个山庄的。

牛郎官庄的村史并不悠久，"先有牛郎庙，后有牛郎官庄"的俗语表明本村的历史远没有村西的牛郎庙久远。牛郎庙创修于明万历年间，修建原因是沂河对岸有织女洞。万历年间，沂水王知县到织女洞风景区旅游，凭栏远望，有感而发，此处有织女，为何对岸却没有牛郎啊？为满足知县的愿望，更为了弥补大贤山织女的缺憾，驻庙道士四方筹募资金，在沂河对岸修起牛宫。牛郎庙的修建为牛郎官庄聚落的形成奠定了基础，不同家族的人居住在这里，为大贤山上的道士扛活上坡，维持生计。孙氏于明末辗转由淄川孙家大庄落户牛郎官庄，与他们前后来此定居的还有王氏等其他家族，这些家族共同构成了牛郎官庄的主要群体。

牛郎官庄民众的生活并不富裕，他们主要以农业为生，尤其是女性，她们是家里家外的实际支撑者。繁重的生活压力使得这些女性面对外人时羞涩内敛，当问起牛郎是谁，牛郎与孙氏家族是什么关系时，她们更是摆手或者摇头，话语寥寥，有大胆者就"推荐"我们去看牛郎织女的电影或者电视剧，这种田野访谈曾一度让我陷入绝望。

2006年3月31日（农历三月初三）织女洞庙会，牛郎官庄的妇女们早早地就开始准备朝山进香的各项事宜。因村民不"配合"我们讲述牛郎织女的传说，我们只好有意无意地问起她们上山进香的事情，这下终于打开了妇女们的话匣子，有的还热情地邀请我们和她们一起进山烧香。进香的路上，大家争先恐后地和我们谈起村民中的几位"神人"，这些人都有与神怪联系的技能，且每人都有专长，都能在民众的生活中发挥不可替代的作用，例如耿贵爱可以帮人算卦卜前程，孙启忠可以替人看日子，预测事情是否顺利，李传叶可以请家仙帮人查病，苗永香可以给人治病、送子、看婚姻，孙兆宜则可以凭借一双阴阳耳预测人的生死。

赶庙会见面聊天的妇女　　　　　　　　　　　　　（郭俊红 摄）

妇女们一边爬山，一边给我们讲述这些神人的能耐，这些奇谈怪论吓得我们胆战心惊，同时也引起了我们的兴趣。带队的李万鹏老师让我们顺藤摸瓜，沿着大家的兴趣去访谈，结果这些访谈给我们最直观的感受就是这个村子是一个被神怪侵占的空间，村民们个个身怀绝技，拥有与神或者怪沟通的能力。在村民这里，拥有特异功能是让人羡慕的事情，"神人"们可以凭此"本事"在村中占得一席之位。以苗永香为例，她现居小官庄，此地是牛郎官庄的边缘地带，与住居空间相配适的是，苗永香的丈夫王富友所属的王氏家族也是村中的弱势群体。但苗永香却不像她的丈夫那样在村中默默无闻，她有一个重要的社会身份——老母会香社会首。老母会是本庄女性自发集结的进香组织，50岁以上的女性全部参会，但会首只有三位，原本这些会首都是孙氏家族的女性，而夫家是王姓的苗永香却能获得这一重要职位，与其有师父庇佑直接相关。据苗永香称，她是有师父的人，她的师父地母仙是有广东口音的蛇仙，已870多岁，苗永香可以用本地话替师父开口说话，为人治病，也可以给人送子、看婚姻，很灵验。

老母会的成员　　　　　　　　　　　　　　　　（郭俊红 摄）

晚上回到住宿地，同学们对这些奇人异事啧啧称奇之余，几位胆小的同学吓得直往被窝里钻。为什么在外人看来装神弄鬼的人与事却被当地民众羡慕乃至推崇？

在现实的村落生活中，这些"神人"都属于弱势，即使是全村公认的聪明人孙启忠也主要以瘫痪在床示人，其弱者身份不言自明。而那些女性"神人"，她们或者是寡妇，或者是丈夫无能，根本指靠不上。能掐会算的耿贵爱22岁时从北安乐嫁入牛郎官庄，5年后丈夫就生病卧床，10年之后成为一个带着4个男孩的寡妇，生活于她而言比别人更加艰难，她在村中受人白眼，无故被人轻视乃至排挤，39岁时忽然之间成为一个能掐会算的"神人"。之后，她逐渐声名远播，不仅本村的人遇事咨询她，外村的人也多有慕名来找她算卦解惑的，她在本村和周围村落中逐渐有了"身份"与"地位"，再也没有人敢随便欺负她了。

了解了这些人的身世与生活经历之后，我们不再把这些神神道道的"神人"们拥有的特异功能视为装神弄鬼的把戏，更不会对他们嗤之以鼻。这是他们对生活的抗争——他们不愿意被生活彻底边缘化，他们对外宣称拥有沟通人与神灵或者鬼怪的"技能"，这些技能与其说是神技，不如说是他们构建的一种独特的社会资本，他们用这些资本争取让自己回到正常生活的轨道上来。

牛郎官庄的"神人"是呈现出来的表象，透过他们，我们应该看到隐藏起来的本相——艰辛的生活！

在希望的田野上

李文娟（辽宁大学）

我们的调查，在希望的田野上
炊烟在口袋房上飘荡
河流在美丽的蒲河村旁流淌
一片稻田，一片苞谷
十里稻香，十里醇甜
滋养着辽中蒲河村世世代代在这片土地上生活的满族乡民
民俗学人的远方，在希望的田野上
民俗学人的理想，在希望的田野上

到蒲河村做调查，已经是去年的事情了，在为数不多的几次田野经历中，这是我第一次将近 24 个小时没有合眼。为了让众人共享这头"献给祖先的猪"，此次祭祖活动在凌晨三点半左右就正式开始了。2017 年 6 月 7 日凌晨一点钟左右，我们从学校出发，将近一个多小时的车程到达了辽中蒲河村。此时距离三点半还有些时刻，庙门未开，连个"鬼影"也丝毫未见。而 6 月的夜，有些微凉，乡村田野里，睁眼如盲，只有车窗外那一路跟随的月亮与星星点点。顷刻间，睡意来袭，眼睛不由自主地开始偷起懒来，但脑子却在犯嘀咕，在"熬夜成狂，脱发如魔"的时代里，我不禁自问："我们这么做到底是为了什么？它到底有什么意义？"每次下田野，我都会不由自主地问自己。前几次回家乡做田野调查，包括这一次在蒲河村做满族祭祖调查时，这种声音一直萦绕在我耳旁。依稀记得,当我向同乡的部大爷问起节令食俗时,他一脸鄙夷地问我:"什么学校还考这种试?"当蒲河村的一位乡民问我做调查干吗时,还不等我回答,一旁肇老先生的儿子便抢先答道:"还能干吗?他们为了写论文呗!"不知怎的,我竟一时不知做何回答。在他们眼中,我仿佛成了一个"怪胎",一个执念于"吃"且为了"考试"的孩子,一个执念于"论文"的他乡文化的"贪念者"与"掠夺者"。我居然在别人眼中成为这样的形象,成为他人眼中的"调查对象"。我不禁瞠目结舌,面红耳赤。虽不敢豪言我是受过专业训练的田野工作者,但自接触民俗学以来,学术熏陶理应是有的,田野伦理我也多少懂得一些。然而,面对这么多的质问,我竟开始怀疑起自己来。直到后来浅读布迪厄的《实践与反思:反思社会学导引》后才恍然大悟,书中有一段文字是这样的:"社会学家的工作与作家或小说家(这里我特别想到了普鲁斯特的作品)的工作颇为类似:与后者一样,我们的任务也是为人们提供进入各种经验的途径,并且向大家阐述这些经验,不论这些经验是普遍共享的,还是少数人特有的,只要它们在平常是被忽视或者未经整理的,我们的工作就有它的价值。"[1]鉴于此,今天将这篇文章写出来,不知算不算一份"功德"或"交代"……

蒲河幽幽,蒲草青青。蒲河村的日,是恬静而安然的;蒲河村的夜,是热闹而忙碌的;蒲河村的人家可爱却不乏风趣。毗邻沈阳,位于辽中县北25公里处珍珠湖东侧的蒲河村,因一条流

---

[1] [法]皮埃尔·布迪厄、[美]华康德,《实践与反思:反思社会学导引》,李猛、李康译,中央编译出版社,1998年,第270页。

经辽中境内的蒲河而得名，又因大多数村民为满族人，也叫蒲河满族村。蒲河村是一个平凡中透露着不平凡的村庄，说它平凡，是因为它同中国广大农村一样，面朝黄土背朝天是这里最普通不过的景致；它的不平凡，恰也在这些挥汗如雨的满族乡民身上。据该村新修的家谱记载，现居住在辽中蒲河村的村民大多属于兴祖第五子包朗阿的后人密雅纳的子孙，以"肇"为姓。当时为了驻守巨流河（今辽河），且因密雅纳支的田地都在辽西一带，所以雍正年间密雅纳支奉命调往辽西，成为所谓的"兵营子"，战时披甲上阵，闲时垦荒种地，此后世世代代便扎根于此。据村民介绍，蒲河村原址并不在此，是为了修建水库，1971年从村子西边的河堤处搬迁而来的。现在的蒲河村地少紧凑，较之前而言，规模小了许多。投亲的投亲，靠友的靠友，也并非所有人都留在了这里。肇老先生说，虽然当时已经批了一块地给村民，但是人多地少，分配不下来，只能往外撵人，就连他本人也是花了十年时间"借光"回来的。说起今天的另一主角——祭祖祠，其坐落于蒲河村西北处，四面环田，一眼望去，格外显眼。在调查时得知，原来该家庙是关帝庙，距今已有240余年的历史，2003年又得到新建，用大家赞助的资金不断建成现在的规模。这座祭祖祠由好几间屋子组成，庙内除了设有关帝像以及祖宗板外，还供奉着华严大师、南海大士、胡三太爷、子孙娘娘、十不全等。每年农历五月十三祭关帝日，肇氏家族都会在此举行祭祖仪式，有三四百人前来祭拜，前年还有人骑自行车从北京特地赶来的。说到此，当初采访肇老先生时，他那一脸自豪的样子我还记忆犹新呢！

说起肇老先生，那可算得上是一位了不起的大人物，生于

1941年的他，现已78岁高龄。虽然他儿子经常说老爷子是个顽固的人，但不可否认，祭祖祠能有现在的样子多半归功于肇老爷子的努力。常年与肇老先生处事的肇普来也非常认可他的努力，拿续谱一事来说，完全是肇老先生带领族人多次走访沿河各村，寻找散落在各地的支派，最终形成了现在的族谱体系，而这其中的酸甜苦辣又有谁人能知？我相信，每一位奔波于田野中的工作者，都会有那么一刻被小人物的闪光点所深深吸引，在他们朴实的一生中，我们甚至会觉得他们就是我们。田野调查中遇到的每一位访谈对象都是独一无二、各不相同的，现在回想起来，我在蒲河村的田野访谈中，确实还有一大憾事。当天调查接近尾声，即将回学校之际，我坐在庙内一处放置古钟的地方与几位帮厨聊天，有一位五六十岁的大叔也坐在旁边和我们闲聊，还津津乐道地讲述着"狗救驾"的故事。不知是因为被香火熏到了还是情到深处，这位大叔眼睛泛红地向我问道："我心里一直有一个疑惑，不知怎么解答，我也不知道我是不是信对了？"根据大叔描述的情况，我才知道他家只有他自己信佛，而家里其他人都供奉祖先。由于家里没有放置祖宗板，因此他们平时都来庙里供奉，也就是说，他家有两种信奉体系（不知这样说是否妥当）。现在细想，或许是发生了什么事情，才会让他产生如此困扰，迫不及待地想要让人帮他解决，可惜话题正进行时却意外被人打断，我便抽身而去，等回去再找这位大叔时，已寻不到他的踪影。每每忆起这次田野经历，总会向人述说这段小插曲，我也深知自己的力量过于微薄，希望借他人之口以解他人之惑，以便日后若有重遇之时，也算有个交代。

赖特·米尔斯在《社会学的想象力》一书中写道："困扰产

生于个体的性格之中，产生于他与别人的直接联系之中，这些困扰与他自身有关，也与他个人所直接了解的有限的生活范围有关。……困扰是桩私人事务：他感到自己珍视的价值受到了威胁。"[1] 郭于华老师也力倡"倾听底层"，倾听民众如何讲述自己的"苦难"。田野调查过程中，我们也亟须具备这样的"心智品质"——社会学的想象力，如此，我们的讲述才有力道，才能为底层发声。

---

[1] ［美］C. 赖特·米尔斯，《社会学的想象力》，陈强、张永强译，生活·读书·新知三联书店，2005 年，第 7 页。

岜沙行

张　池（四川农业大学）

我读完民族学的硕士后去了贵州都匀工作。贵州是一个神秘浪漫的多民族聚集区，它的原生态民族文化对我有着非常强烈的吸引力。因此，我希望以田野调查的方式走进当地少数民族的生活世界，体会他们的喜怒哀乐。

在调查过程中，我既感受到了少数民族同胞们的热情好客与多彩的民族文化，也看到了他们为追求美好生活而遭遇的辛酸苦涩。其中最让我感慨万千的是在贵州省从江县岜沙村所经历的事情，这件事情折射出一个游猎民族在经济大发展时的迷惘和身份错位。

为了熟悉都柳江流域少数民族经济文化的发展状况，2014年劳动节期间，我从三都水族自治县出发，沿都柳江而下，在调查了都江镇、摆贝苗寨、大利侗寨以及三宝侗寨等地之后，决定考察从江县岜沙苗寨。岜沙声名在外，是黔东南的旅游名景。它由五个自然村寨组成，其名称取自侗语发音，意为"树木繁盛的地方"。新闻媒体报道中的岜沙是传奇之地，岜沙人是"中国最后的枪手部落"，当地盛行镰刀剃头、古树崇拜等奇特习俗。而我对岜沙的印象来自2007年的某个真人秀节目，当时节目组将一名叫"滚吉"的岜沙男孩与另一名广西北海的孩子做了互换，体验对方的家庭生活。节目中的岜沙如深闺里的少女般清秀，人迹罕至，而岜沙人的脸上流露着未见世面的羞涩与对外面世界的向往。总之，新闻报道与电视节目在我的头脑中塑造了一个原生态的、民风淳朴的苗族村寨形象。

5月3日清晨，我离开招待所走到从江大桥旁的农村客运班车点，准备坐班车去岜沙。刚准备上车就被几个司机围住问个不停："你是要去哪点？""我去岜沙。""岜沙啊，你这个时候去岜沙不合适嘞。平常门票30元，我们本地人免费，但是这五一都涨到一个人60元了，一台车还加收60元，你这个时候去岜沙不是被旅游点坑吗？"

从他们的七嘴八舌中我明白了此时岜沙的门票价格太高，为了节省费用，我接受了他们提出的"取巧方案"，即冒充乡村教师坐到终点大洞村然后坐返程班车回岜沙。在支付了六元的车费后，我坐上了由面包车改装而成的班车，狭小的车厢挤满了携带各式货物的山民。我还未到达岜沙村口的门票收费点，远远地就已经看到排成长龙的车队与游客。经过收费点时，穿着岜沙民族服饰的大叔将头探进了车窗向我收取门票，而在我吞吞吐吐之时大洞村来的班车司机大方地介绍了我的"教师"身份。司机的介绍自信从容，让我都产生了自己是山村教师的错觉。由此我被免除了门票，然后司机快速通过了景区。20分钟后，汽车在一个偏僻的岔路口停了下来，司机告诉我可以等车回岜沙了。我说既然是"乡村教师"了，还是先在大洞看看吧。

大洞村是一个位于月亮山脉边缘的侗族村，密密麻麻的吊脚楼从山腰延伸至山脚，村口的梯田在阳光的照射下波光粼粼。村子民族特色浓郁，除了村小的教学楼外，没有一栋现代建筑，而且村里也没有多少人，只剩下了老幼妇孺。此时正值农忙时节，老人们赶着牛车将猪粪运至田地里施肥,身着民族服饰的妇女们则三五成群地围在一起,将秧苗插在家门口的湿润沙地上。我无意打扰他们,于是一个人在村子里转悠。由于外出打工者不少,致使有些房屋年久失修,破败不堪,甚至有一户房屋失火被烧成了灰烬也未见其主人回来,村子中部的鼓楼也摇摇欲坠。这样的场景提醒着我:这个村子正面临着青壮年大量流失,只剩下空巢老人与留守儿童的困境。

村口的梯田 (张池 摄)

从大洞回岜沙的班车很少,我在村口小卖部等了一个多小时也未见一辆。小卖部老板看出了我的难处,愿意以五元钱的酬劳用摩托车带我回岜沙。因为他害怕被岜沙人抓住,所以只将我送到岜沙寨子外。这时我听到不远处传来一阵嘈杂的音乐声,正准备过去时被司机叫住了。他说:"那边是岜沙最高的高台,等下会有剃头、放炮的表演,但那是给游客看的。上台子的各个路口都有人查票,你就不要上去了。"于是我尽可能地走小路,以避开查票的人。

当我走到一个厕所旁时,眼前的一幕让我感受深刻:一位六十多岁的岜沙老人佝偻着身子使劲地刷着厕所,肮脏的厕所被刷得闪耀着陶瓷的光泽。他身着黑衣,脚穿棉鞋,腰间别着一把尖刀,刀鞘光滑闪亮,看得出来他经常擦拭心爱的宝刀。我拿出相机悄悄地拍了一张照片,他似乎察觉到我的存在,右手摸着刀回过头看了一眼。他的眼神犀利,摸刀动作娴熟,这表明他曾是一名优秀的猎手。如今造化弄人,为了养家糊口,他却成了一名认真打扫卫生的清洁工。尽管如此,他仍坚持佩戴匕首,以时刻提醒自己还是穿梭于丛林的猎人。

为了不打扰老人工作,我悄悄地绕道离开。五月的岜沙游客熙熙攘攘,村口的广场上也停满了汽车。初夏的村寨,美景怡人,树木郁郁葱葱,村民家门口一排排的禾晾犹如一排排士兵。我走在村寨小道上,偶然看到一对身着当地服装的母子路过,想拍摄几张照片。谁知我还未开口,两人同时伸出两个手指,笑嘻嘻地重复说着"二十"。我明白了,这是他们在向我要拍照费,更是旅游经济环境下形成的默契。既然如此,我只能离开他们。而在村寨闲逛的过程中,我发现不时有当地人主动向游客伸手要钱,或者示意能够提供付费的合影机会。

在广场上,三三两两的岜沙人围住游客兜售商品或者推介食宿,外国游客尤其受"青睐"。他们的穿着打扮与宣传片里一样,都是身着黑衣,腰别利刃,肩扛长枪,以显示自己是名副其实的"枪手部落"。而在广场的树下，三名岜沙儿童百无聊赖地玩着石子。当我离开岜沙时又看到了这几个孩子，于是问他们能不能拍张照片。也许是觉得我看上去不像游客，孩子们天真地问我的来历。我突然想起了自己刚从大洞回来，由此谎称自己是路经岜沙的大洞村教师。听到我是老师，孩子们就兴奋了，七嘴八舌地说着自己与大洞的故事。譬如他们不久前在篮球赛上英勇击败大洞村小的经过以及大洞学生的成绩情况。他们与我所见过的其他地方的孩子一样，语言毫不拘束，表情天真无邪。而在我听完"吐槽"准备离开岜沙时，他们还远远地向我挥手告别，为我带来了一丝温暖。

广场上的岜沙人 （张池 摄）

民族地区村寨的经济发展是当前民族研究的课题之一。如何吸引村民回乡就业，使其"记住乡愁"，减缓村寨人口流失现象，同时如何使他们回乡后从经济发展中受益，实现分配公平，这是我们需要着重深入调查的方向。岜沙之行让我印象深刻，为了躲避暴涨的门票，我阴差阳错地进入了一个原生态的村落，还从旁观者的角度看到了岜沙人与游客的互动。这次调查我既看到了民族地区村寨的人口流失现象，也看到了岜沙人在旅游经济环境下的变化与落寞。岜沙人曾是勇猛善战的高傲战士，如今却成了当地发展旅游经济的工具。为了生存，他们向游客伸手要钱，本该颐养天年的老人也不得不当起了服务员。岜沙的旅游火了，游客们为了猎奇纷纷涌入当地，本该是苗族人日常生活一部分的剃头、狩猎与歌舞，被改编成了旅游展演。可是，当地人能够从旅游发展中获益多少呢？我所遇见的情况间接告诉了我答案：岜沙人的生活可能并没有得到明显的改善。一些岜沙人逐渐熟悉了所谓的市场规则，为了金钱而折腰。幸运的是，岜沙的孩子们仍保有他们祖先的纯真，这使我感到了些许欣慰。

难忘的边疆田野之夜

黄尚茂（广西民族师范学院）

2010年10月27日，在完成了对中越边境龙州县金龙镇双蒙村板池屯天琴艺术传承人李绍伟先生的访谈之后，我决定去金龙镇住一晚，以便第二天早上搭早班车回南宁。村里的小伙子告诉我镇上有宾馆，而且愿意骑摩托车送我到镇上，于是我坐上他的摩托车，20分钟左右就到了。他给我指了一家宾馆，从外观上看，这是一栋五层楼的民房，一楼是药店，二楼到五楼是客房。

我进去问老板是否有房间，老板说有，但是房间不提供热水，因为镇上很少有外地人来住宿的，老板还告诉我镇上没有其他的旅馆了。没办法，我只能住这一家了。放好行李之后我便到街上去溜达。金龙镇就一条街，十几分钟便可以走完。我反复走了几次，觉得饿了，就进一家餐馆去吃金龙特色美食"脆扣粉"。记得一年前曾经和陈老师、农老师、农主任在这里吃过"脆扣粉"，而今晚我只能一个人吃了。吃完"脆扣粉"，天色已晚，我也不想再溜达了，于是便回旅馆休息。

晚上8点多的时候我觉得很渴，下楼找老板要点开水喝。打开房门往楼下看，发现眼前一片黑暗，没有任何亮光，我感到很纳闷，楼道怎么连灯都不开呢？也不知道开关在哪里，我只好打开手机电筒，凭借微弱的亮光下楼找开水。到了一楼，我问老板怎么不开楼道的灯？老板说："今晚就你一个人在上面住，我们在一楼,所以没上去开灯。"听了这话,除了惊讶就是些许恐惧。这家旅馆是镇上唯一一家旅馆,而我是这家旅馆里唯一的旅客!难道今天晚上我是镇上唯一一个外来人吗?不敢想象,还是赶紧打水回房间吧。回到房间关好门,除了风吹打无法关稳的窗户所发出的声音之外,没有再听到其他声音,我真真切切感受到了乡村夜晚的寂静。我感到此时的风声犹如"蝉噪林逾静,鸟鸣山更幽"里的"蝉噪声"与"鸟鸣声"。我不由自主地掀开窗帘想看看窗外的夜色,外面也是一片黑暗,没有亮光,也没有人走动。我无奈地放下了窗帘。

此时此刻,我突然感到自己并没有真正融入这黑暗的夜色中和这寂静的世界里。我想,这个时候都市里肯定是万家灯火、歌舞升平、车水马龙,而同一时刻的乡村却是这样寂静。乡村与都市的夜晚是如此的不同,或者换句话说,乡村世界与都市世界是如此不同。

后来,我在写硕士学位论文时将主体部分分两个内容来写:一个是"乡村社会的天琴艺术",另一个是"都市社会的天琴艺术"。这样分的灵感正是来源于那一夜关于"乡村"与"都市"的思考。

时光荏苒,岁月如梭。一转眼我已经硕士毕业并在被誉为"南疆国门大学"的广西民族师范学院任教7年。这7年我主要担任民间文学、民俗学、非物质文化遗产概论等课程的教学任务,期间参与申报并获批了广西高校人文社会科学重点研究(培育)基地——左江流域民族文化研究中心和自治区民族院校特色学科——民俗学。得益于这两个平台,我们有足够的经费带领部分学生到左江流域的县份开展村落民族文化调研活动。龙州县村落民族文化调查小组由我负责,在选择田野调查地点时,我毫不犹豫地选择了曾经调查过的金龙镇。

2017年暑假,我和3位同事带领12名学生赴金龙镇及其所管辖的双蒙村开展田野调查。除了我之外,团队其他成员都是第一次到金龙镇,因此,他们的内心充满好奇和期待,而我的内心则是充满感恩和期待。我感恩的是金龙镇的田野经历助我顺利完成了硕士学位论文,助我找到了适合自己的学术方向,助我认识了学术界的前辈和地方民俗文化精英。金龙镇的田野经历让我收获满满!我期待的是学生们能够通过这次田野调查,掌握基本的调查方法,为走好他们未来的"人生田野"之路积累一些实践经验。

这一次的边疆田野之夜,我不再孤独,也不再恐惧,因为我的身边有同事,有学生,我的肩上有责任,有使命。在夜深人静的时候,我内心所想和上次也不一样,我想的是如何带好学生完成调查任务并安全返校。

这一次的边疆田野之行,我发现金龙镇发生了很大的变化。镇上有咖啡馆,有民族服饰和民族工艺品商店,旅馆也有三家,而且都提供热水,还能开发票,边贸生意也热闹得很。民众对民族文化旅游开发也很期待,这样的变化必将深刻影响这一地区民族文化的传承与发展。

诗酒江湖：大理白族自治州白族作家访谈纪实

张 歆（中央民族大学）

一首诗，一碗酒，一缕茶香，萦绕在一起，成了人生，成了江湖。这里没有浮躁多变的人心，没有诉说不尽的愁绪，没有诡谲变幻的世相，有的只是缠绵于唇齿间的香——茶香、酒香、书香。这和我以往对大理的憧憬和幻想似乎重合了起来，又仿佛有细微的差异。不同的是，以往对大理美景的狂想仅限于书本和一些乏善可陈的影视资料，真正去了大理之后，就会发现再多的文字和图像都略显单薄，大理是一个无法言说的地方，特别之处还在于，这次我是以一个研究者的身份进入大理，进入大理白族作家的生活和创作情境中去感受。

一是"诗意的栖居"。我们在大理多是进入作家家中进行访谈，见到的大多数都是"三坊一照壁，四合五天井"的白族经典民居。我们对作家进行访谈的地点多在天井中。一月的大理仍旧有鲜花点缀，"风花雪月"——"上关花、下关风、苍山雪、洱海月"不再仅仅作为一种地理风貌去呈现，而是真正作为一种生活的态度融汇在这些作家的笔端。所谓"诗意的栖居"，大抵就是如此吧，他们无论在生活中还是写作中始终保持着对美的关注，通过将生活艺术化和诗意化来消解生活的琐碎。他们的生活是林语堂先生所向往的"宅中有园，园中有屋，屋中有院，院中有树，树上见天，天中有月"的理想之境。他们的作品中始终氤氲着的是洱海上升腾而起的淡淡的水汽，诉诸笔端的是琥珀色苦涩茶汤中那一缕缕若有若无的回甘。

白族民居一隅　　　　　　　　　　　　　　　　　　（张歆 摄）

二是"诗酒人生"。访谈结束后，作家大都热情地邀请我们品尝大理美食，或食荤腥或啖蔬果，他们都喜欢佐以美酒，喝得最多的是一种名为"雪山清荞酒"的小曲酒，包装不同于我们平时见到的大瓶白酒，小巧可爱。

这种酒入口清香绵柔，回味悠长，缓缓渗入唇齿间的是一种回甘和充溢其中的淡淡的苦涩，一如大理作家笔下那充满温情的世间。他们并不避讳在作品中书写自己对云南乡间一些亟待变革的事情的看法，只是异于那些自命不凡的批判，他们更多的是理解，这体现在他们笔下主人公在滚滚尘世间的挣扎之中，即便那挣扎带有少许无力的宿命感，但仍蕴含着一种坦荡的美感。这种坦荡亦体现在酒桌上，这里并没有令人厌烦的劝酒，更多的是

"青梅煮酒论英雄"的惺惺相惜，是"白日放歌须纵酒"的疏狂肆意，是"桃李春风一杯酒"的感慨万千。席间，白族作家们还会唱起动听的白族酒歌，虽然是用白语演唱的，但是蕴含在酒歌中那种"兄弟情谊深似海"的情致也感染了我们这个由不同民族（白族、汉族、蒙古族、彝族）组成的调研小组，我们不由得跟着打起拍子来，那缓缓的旋律仿佛顺着清洌的美酒流入了我们心中。

三是"茶香醉人"。我们的访谈几乎都是以茶的话题开始，也以茶的话题结束。在访谈完杨义龙老师之后，我们跟着杨老师去他的家中小坐片刻，杨老师执意要招待我们品尝一下他泡的茶。茶刚一端上来，便觉得茶香扑鼻，那种香味一扫我们的疲态，啜饮一口，便觉口鼻生香。我们好奇是什么样的好茶叶才能泡出如此好茶。杨老师告诉我们，茶是苍山上的野茶，是好朋友亲手采摘制成的。水是苍山上的泉水，是他每天早上六点从苍山上拎回来的。唯有这苍山的茶配上苍山的水才能有如此异香，二者缺一不可。我不由得想起一位老师跟我们谈及云南的普洱茶时曾说过，只有在云南本地喝到的普洱味道才最醇厚，一旦将普洱茶带去外地，再好的茶叶也冲泡不出那种香味，原因就在于缺了当地的泉水。

在云南大理进行白族作家访谈的过程中，我们仿佛进入了一个与俗世不同的世界，萦绕于调研过程中的茶香、酒香、书香像是屏障一般，划分出了两个不同的世界："浮躁的"和"沉静的"、"枯燥的"和"灵动的"、"混浊的"和"澄明的"，这种空间的差异，并不仅仅是在地理空间上显现出来，大到一山一水，小至那茶杯中沉浮的茶叶和指尖萦绕的茶香。这也许就是汉书下酒、茶香四溢、诗酒江湖的快意人生吧！

云南大理白族自治州洱源县苏金鸿老师在家中接受访谈　　（张歆 摄）

在我们浮光掠影的调研中，可以感受到大理是一个透明澄澈的地方。这些作家的坦诚和善意，以及他们中肯的意见都给我留下了深刻的印象。我们在短暂的访谈中，感受到的是大理白族作家的使命感与责任感。他们表示，在大理这个独特的文化地域中，如何从那些野朴的充满生活气息的地方性材料中取材去建构自己作品中独特的民族性和地域性，是他们需要长期探索和实践的问题。

经过这次短暂的田野调查，我感受到了大理独特的地域文化，白族作家们特有的文化价值观和创作格局，这些是无法从文本中得到的，对中国少数民族文学进行深度研究，正需要从不同的角度揭示出文本背后复杂的构成因素，结合其地域性特征，深入作家的生活和创作情境，将会使我们的研究不再限于书本和理论，而是通过对独特地域品格的挖掘，呈现文本内部的构成肌理与脉络，这样的研究无疑是更加理性和具有实际价值的。就像那一杯野茶，只有在苍山清晨的泉水中才能散发出属于自己的清雅香气。

七步场村的豆腐文化旅游节

李 芳（云南师范大学）

十二月初，我有事去呈贡县，乘公交车经过七步场村时，习惯性地往对面一瞥，一眼就发现村落入口与平日不同，一座红色的牌楼高高耸起，上面写着"首届呈贡七步场豆腐文化旅游节"。这几个字，触动了我敏感的神经。从县城返回时，我抱着一探究竟的心思走进这个社区。

在村口，一块白色的标语牌上印刷着几排黑体字。黑白相称，十分醒目。这是豆腐文化旅游节的主办方和协办方的名单，有呈贡区委宣传部与文体广电局、呈贡区乌龙街道办事处、昆明市餐饮业协会以及昆明市茴香餐饮公司等，紧随其后的是呈贡区文产办、文联与七步场社区。而区政府明显处于主导、促成与推动节日举办的位置，餐饮企业与村落则是协办方。

进村的行道树上挂着一串串大红灯笼，很是应景，颇有过节的氛围。经过刻有村名的一块大石头，道路分为两条，我选择了靠右边树林的修得很平整的一条硬化路。在这条路上走着走着，发现路边停放着不少小汽车。从外边来的游客也不少啊，我心想。

从道路边停放货车的地段开始，一大块空间被特意隔出来。在这片空间中，木制桌子和小板凳依次排开，地上还铺满了松毛。抬头看了看头顶的拱形装饰，发现每一排都有一个编号，且附有长街宴的标志。我反复念叨的是，长街宴好像是哈尼族用来祈福与祭寨神的，这里的会是什么样的呢？在拥挤的游客流中，村里的中年妇女不时地从屋子里端出托盘，把用小碗盛放的白砂糖放到桌子上。我一边思考着宴席与白糖的关系，一边实践着商业化与产业化引导下的旅游行为。

在长街宴尽头一个临时搭建起来的棚中，妇女们端着白瓷碗，忙着给放在笼屉里且已经蒸熟的豆腐撒上磨碎的红辣椒粉和细盐。她们做这些事情时，很是认真与熟练。旁边厨师打扮的几位男性则分别站在摆放着平底锅的液化气灶旁，灶具附近的桌子上放着桶装香油与搁有毛豆腐块的木板，另有两位男性村民在调制油辣汤。我与几位女性游客在此观看时，负责旅游节道路交通管理的一位村民走过来拉起了一条分界线，把作为游客的"我们"与正在准备食物的村民们区隔开来。对此，我颇感无奈，顿时有一点失了游兴。略感失望时，见到一位村民开着农用手扶车运来宴席使用的饭碗与器皿等，这又重新提起了我的兴趣。

显然，这里是为街道上的宴席提供食物的地方，而菜品也是很明确的，至少有油煎豆腐、蒸豆腐等。由此，品尝七步场村的美食是豆腐文化旅游节的组成部分。而充当长街宴食客的据说是手中握有餐券的一些贵宾，这些人虽暂时不在现场，但也会在开宴时到来。在此，看到的是旅游节中的宾客安排与社会分层的相关性。

作为一般游客，顺着路口的指示牌，我向美食街走去。经过两旁的民居，走过曲里拐弯的小巷，在终点处，即通往七步场社区菜市场的路口，看到一座约两层且装有高大玻璃窗的小楼，楼外有一丛幼竹。这在七步场村的红色砖与灰色水泥建筑中，特别引人注目。

小楼的正面装有一扇木门，门两边的台阶上摆放着两盆松树盆景作为装点。门上悬一匾额，写着"青方豆腐文化博物馆"。从院门进去，迎面就是一个由白色塑材与木板隔成的两面空间，一面墙上绘制着豆腐制作的工艺流程，另一面墙上的液晶电视中反复播放的则是七步场村近年的发展规划，涉及村落中手工制作豆腐的再度振兴。

博物馆的四面墙上挂满了各类与豆腐有关的故事与诗文，似是要向游客介绍和普及与之相关的知识。但内容却是从呈贡地区发掘出土的上古时期的青铜文物以及明代沐氏夫妇墓中的随葬文物开始的，西汉刘向发明豆腐的传说亦被提及。而宋代陆游的《邻曲》、明代苏平的《咏豆腐诗》以及清代胡济苍的《豆腐制品四咏之一》等也被挑选出来。

关于七步场豆腐的传说亦在展出之列，谈到的是豆腐从平民日常食用之物成为清代康熙皇帝御膳小菜的经历。在此种叙事中，民国时期七步场村的情形以及村民外出卖豆腐的图片也能被看到。在靠近七步香餐厅的一排玻璃橱柜中，展出的则是七步场村村民在20世纪50年代初到昆明市售卖豆腐的凭证以及一些村民的土地使用证和供销合作社的食品供应证。

在博物馆靠近村庙的一面，木架上摆放着盛有绿豆、小红豆、黄豆等的玻璃器皿。通往二楼的楼梯下有一座玻璃柜，柜子里放着一个不大的石磨，石磨周围是被磨碎的黄豆。这是豆腐制作工序的现场展示，与玻璃柜外书写的炮制黄豆等生产技艺相呼应。据说也是因为本地黄豆与井水都比较好，才能够生产出好的豆腐。

由此，在博物馆稍显混乱的历史叙说中，关于豆腐的表述，也似是在大区域内人的生产活动与村落中反复实践与传承、开发的技术、技艺与作物的种植中展开的。

从博物馆的后门出来，沿石阶而上，就是七步香餐厅了。与餐厅相邻的则是一间收拾得颇为整洁的加工间，门口悬着两根十字交叉的竹片，下面吊着一个纱布包，豆浆汁一滴一滴流出，汇集在一个陶缸中，貌似是给未曾见过此景的游客以生动而形象的演示，也是吸引游客的看点了。

七步香餐厅的原址是七步场小学，因此设置还保留了作为小学校的一些特点，餐厅一楼的几处待客房间还保留了××年级××教室的标记。一年级一班的教室对面，是餐厅的附属花园。此园内有盆栽披针状绿植，亦有藤萝缠绕于廊柱上，十分悦目。花园也是客人吃饭与餐厅厨房的所在。花园餐厅宾客满座的同时，伴随的是食物的露天烹煮与加工、制作，此举似乎是在将客人带入享用"放心食物"的行列。

七步香餐厅的拿手菜是以豆腐为主兼顾一些炒菜的豆腐宴，这与晋家客堂、晋家豆腐坊、保记豆腐宴等的菜单几乎是一样的。七步香餐厅的特色是，用小保温暖壶提供现煮的豆浆供客人饮用。更有意思的是，餐厅提供给客人的筷子是统一订制的，黑色的筷尾制作相当精良，却没有筷头，问服务员，说是要客人自己装上去。自然，竹筷头是要另外收费的，但这也很有 DIY 与专属的意味。

食用豆腐圆子时，发现餐厅服务员的着装基本都是运动服，男着黑色，女着红色，衣服上印有"好好学习，天天向上"或"奋斗"的字样。仔细看去，餐桌上的菜单亦如试卷一般，分为简答题、多选题、单选题等，每种题型下有若干菜品。列在整个菜单菜品之后的是酒水与茶水,既有云南本地出产的,也有省外的知名品牌,价格自然也是高低不同。

  从人头攒动的餐厅走出不远,就是社区居家养老服务中心的小广场,这是另一处热闹之地。广场四周的长廊上坐满了大人,也有小孩坐在其中,而站着的游客亦不少。坐与站着的人,其注意力均集中于舞台上。舞台上的演员多是村里的村民,节目也很有村落特色。节目表演告一段落后,呈贡区的领导为参加厨艺大赛获奖的人颁发奖牌。领奖拍集体照后,围观的人纷纷往场外走。不一会儿,小广场上几乎就没有人了。

  我从拐角处折返时,看到了贴在路边墙上的活动日程。按照日程来讲,还应有记者采风。采风的意思,我很是明白,就是挖掘与旅游节相关的美好场景和有价值的信息,然后是报道与宣传。但我在现场并没有见到记者的身影。我反倒觉得自己更像是"记者",一路走来,都在搜集与体验旅游文化节中村落的风俗和民情,挖掘有意思的话题,虽然它们浸染着浓郁的商业化味道。

师公丧场法事田野考察杂记

孙丰蕊（广西民族大学）

2018年正月初六，我到了平果县凤梧镇上林村局六屯韦锦利师公家，此行目的有二：一是对凤梧师公馆进行考察，二是观看丧葬仪式中的师公表演。

初六吃过午饭后，我从南宁出发，先坐动车去平果，再从平果转乘汽车赴凤梧镇。约下午五时，我来到凤梧镇街上，下车即见到一处簇新的亭子，上书"引凤亭"三个大字。韦锦利师公已经在此等候，我们随即上车，他家离镇上约一公里路程，须臾来到家中，门口"凤梧师公馆"首先映入眼帘，旁边一联云："壮族非遗阵地，民族复兴之原。"墙上挂有两块牌匾，一块是梁庭望先生题写的"壮族师公文化馆"，另一块是"平果县壮族师公文化传承基地"。大门上方还保留着一条横幅，上书"热烈欢迎第三期中美民俗影像记录田野工作坊暨第二届《广西民族大学学报（哲社版）》博士生论坛的国内外领导专家教授到我们凤梧调研考察"。据韦锦利师公介绍，这是2016年7月举行的一次活动，当时有二十多位专家学者前来考察。进到房内，墙上挂有师公馆情况介绍和专家学者们给师公馆的题字。这些题字多是韦锦利外出参加会议或活动时请专家题写的，如纳日碧力戈写的是"壮族师公和道公文化是人类生存智慧的重要组成部分，值得深入发掘和研究"（题于2012年9月长春国际萨满学会会议期间），黄凤显题写的是"人神文艺，壮乡奇葩"（题于2014年3月），黄桂秋写的是"壮族民间宗教文化源远流长,平果凤梧师馆传承千古流芳"(题于 2014 年 3 月),蒙元耀题的是"师公馆,为民镇邪祈福"(题于 2014 年 3 月)等。

韦锦利是师公世家,自第一代师公韦法丹起,已传承二十代,其祖父、大伯皆是师公,可谓有家学渊源。韦锦利师公法名韦接印,自 20 世纪 80 年代末开始从事师公活动,其子韦全福也已于 2017 年受戒成为师公,事业后继有人也让他倍感欣慰。

师公馆二楼陈列着师公面具和经书,张贴着影印的师公用神画像,摆放着师公表演服装和道具,此外还有不少专家学者来此调研学习的照片。师公馆三楼设神台,房间墙上张贴着不少早期的神画像,桌上摆放着一些师公做法事时用的道具。

师公馆所藏面具　　　　　　　　　　(孙丰蕊 摄)

初七早上，在韦师公家里吃过早餐后，我们一起赶往环德村局内屯，师公班要为一位去世的老人做法事，这是我此行的另一目的——考察师公丧场法事中的表演。韦师公所居住的上林村离环德村约九公里，出发不久，大雨如注，我们只好到一处加油站暂避，约半小时后雨势稍缓，再次起程，沿山间水泥路蜿蜒前行，约30分钟后，来到目的地。此时道公班已经抵达，正做着一些准备工作，文武二坛紧挨着，是两个在房前稻田中临时搭起的棚，不远处支起的几口大锅正煮着东西，冒着腾腾的热气，前来帮忙的人都头戴白帽，腰系白绳，忙忙碌碌地做着各自的工作。局内屯有三个队，约300人，屯里年轻人多外出务工，只在节假日才回来团聚，平时只有上了年纪的老人在屯里居住，这次恰逢春节，屯里人比较多。这次的事主名韦利堂，家中共七口人，去世的是他的母亲，已95岁高龄。主家的房子是老旧的红砖房，一层养家畜，二层住人，看起来经济不太宽裕。

上午11时许，师公班、道公班及事主家人、亲朋等一行几十人前往附近一水塘边取五龙水，用来给亡灵洗身。据师公介绍，亡者生前吃过各种动物，五脏六腑均被玷污，只有将"清净水"洒到身上，洗刷掉污浊的东西，亡灵才能升往天界。

午饭后，师公发鼓，开坛。领头师公韦成武唱请神词，请三元祖师、土地神、家先、盘古、雷王、三界等诸神前来，以保护法事顺利举行，更保佑主家诸事顺利。其后是招神仪式，师公将"筶子"敲击三下，后掷于地，若阴面或阳面皆朝上，则表示法事可以继续进行，师公拿手简招神，请诸神即位。

之后是功曹请神仪式。功曹指上界年值功曹、中界月值功曹、下界日值功曹和阳界时值功曹。其主要职责是记录出勤（功绩）和值班传达，是人间与天界交流的使者。他们终日繁忙，民间凡有法事活动，必请四值功曹相助。师公开头唱道："土地奏迎，功曹奏请，请到村头里将家王祖宗，孝主家先，历代本门，韦家三代祖宗先灵。"其中，年值功曹负责邀请上界的三圣、佛祖、师主等主神，月值功曹负责邀请中界的邓、赵、马、关等神将，日值功曹负责邀请下界的龙王、佛、道、三藏、玉女、金童等神灵，时值功曹负责邀请阳界的灶王、阴阳师父、土地等，请诸神前来丧场，享受供奉，各司其职，护佑主家顺顺利利。

其后是"跳五龙"仪式。此仪式须邀请五海龙王、家爷、玉女等神灵，前来清洗丧场和亡灵，意在让死者灵魂摆脱人间污秽，顺利升上天界。仪式中有"玉女"角色，由韦全福师公（韦锦利之子）扮演。他换上丝袜、短裙、女鞋，戴好假发，并打粉底，抹口红，扮成一个妙龄女子。这一"男扮女装"的扮相在现场也引起不少观者的兴趣，有人拍照，有人调笑。三位师公扮演的神祇在灵堂前舞蹈，伴奏的师公则唱诵经书，当唱到某处时三神则洒五龙水，以清洗丧场和亡灵。

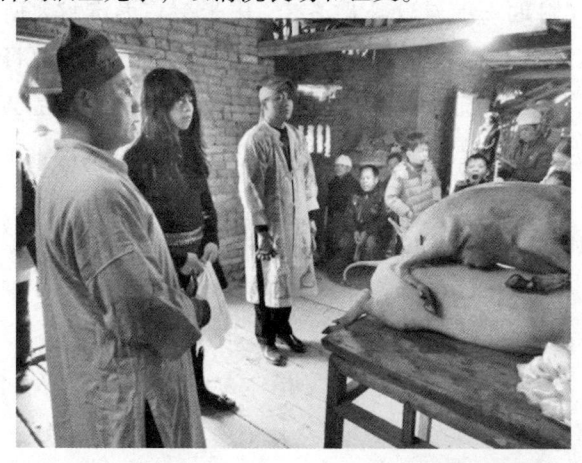

"唱五龙" (孙丰蕊 摄)

"五龙"唱本　　　　　　　　　　　　　　　　　　（孙丰蕊 摄）

晚餐后，师公们稍事休息，上演《唐僧取经》，这出剧中有两个角色，分别是孙悟空和猪八戒，由韦全福和卢海堂两位师公扮演。此时灵堂内观众较多，孩子们也来观看。伴奏的师公们唱唐僧取经词，扮演悟空和八戒的二人则调笑取闹，悟空不断做出挠痒、抓虱子、翻跟头等动作，口中发出怪叫，观者不时发出笑声。猪八戒则不时与围观者"互动"，时而去吓吓小孩，时而去挑逗身边观众，引得众人大笑。其后二人向观者讨钱，悟空直接抱住旁边人的大腿，点头哈腰，周围人会给一元、五元的零票，观者也不断借此挑逗二人。每当拿到钱，悟空和八戒则表示感谢，扮八戒的师公更是数次抱住周围人狂吻以示谢意，场面热闹有趣。《唐僧取经》的唱本很长，完整唱下来要两个多小时，从盘古开天地一直唱到唐僧取经，中间穿插着许多故事传说，如其中有段词是这样的："当年盘古造天地，伏侬子妹造人民。造得人民无衣穿，只要木叶来遮身。造得人民无粮养，只有食土来养身。造得人民无家住，住在岩洞像猴子。只有神农先种米，种得米粮给人吃。只有九公他会造，造得衣裳人民穿。只有鲁班打技巧，造得房子给人住。"唱词中说到的九公造衣、神农种粮、鲁班建房等，都有其渊源，很有意思。唱本当中还有很大篇幅讲《西游记》中的故事情节。

接下来上演的是"四帅舞"。"四帅"指中界神灵，具体是东方赵公明、南方邓元帅、西方马林官、北方关元帅。此一出中上场的神灵还有扫堂神，他身穿师服，肩插两面令旗，手敲铜锣，做出原地快速旋转、绕场敲锣行走等动作，扫堂神会将恶鬼赶走，以保丧场安宁。在这段演出中，师公们扮演的"四帅"各显其能，上演精彩的动作表演，先有棍、叉、刀、斧的轮番演出，又有二人间的对打过招，后有拳术的展示，最后则是团体上演的近乎杂技的动作等，非常吸引人。据师公讲，他们认为法坛秽气熏天，鬼魔虎视眈眈，必须请四大元帅为坛场护法，师公的演武招式很有力量，通过演武，驱逐邪鬼，保护亡灵和主家的安宁。从这段表演来看，师公们都是有一定武术功底的，特别是韦锦利师公，他曾经到福建泉州少林寺习武四年多，根基扎实，表演引人注目。

后记：壮族民间丧场法事中，道公和师公是不可或缺的重要角色，他们在文武二坛各司其职，互不干扰。在正常的丧事中（指丧者寿终正寝），事主家悲伤的气氛很少，师公的表演反倒有很多逗乐的成分，值得思考。韦锦利师公从师三十余年，长期注意收集各种文字资料和师公法器，并在2014年成立凤梧师公馆，自觉保存和传播师公文化，这种意识非常难能可贵，在农村社会中能做到这一点更是极为不易。我在短暂的考察过程中，感受到了韦师公信念的真诚、执着和坚定,对他的所言所行深为感佩。从实地仪式考察的过程来看,壮族丧场中的师公表演,时而庄重神圣,时而诙谐有趣,是壮族民间信仰文化和灵魂观念的集中展现,值得深入观察和研究。

民族小学的笑声

杨　阳（北京市海淀教育书院）

2017年12月25日，民族小学二年级教室里传出阵阵掌声，间或夹杂着笑声和欢呼声。可以想象，孩子们是多么高兴。这让因传统文化论坛而再次踏进校门的我，也不由得微笑起来。在询问过民族小学的教师李艳之后，我才知道，孩子们的情绪里更多的是自豪。因为他们知道，自己的礼物寄到了新疆喀什地区莎车县喀群乡中心小学。在他们看来，那是好遥远的地方呀。的确，对有些孩子来说，这还是第一次给那么远的小伙伴寄礼物。更令他们开心的，则是这些礼物的来历，以及他们这么做的因由。

民族小学的孩子们都知道，与周围的学校相比，他们的学校是与众不同的。因为即使在北京市优质教育资源高度集中的海淀区，拥有120多年校史的民族小学也是那么出众。截至2017年12月31日，这所学校有学生近2000人。其中，少数民族学生279人，来自回族、满族、土家族、蒙古族、仡佬族等16个不同的民族，占总人数的15%。在海淀区的中小学校里，这是独一无二的高比例。所以，孩子们对少数民族、对少数民族自治区的小伙伴们充满了热情、友善与好奇。

故此，学校二年级的同学们想出了一个好主意。他们在老师的帮助下，结合数学圆角分的知识，与语文、美术、英语学科进行整合，开展了爱心义卖活动。当现场售卖活动结束后，家长志愿者帮忙统计了善款数额，居然有10087元之多。随后，同学们和老师、家长用所捐款项购买了文具。最终，七个大大的包裹被寄到了新疆。

面对这份意外的礼物，喀群乡中心小学举行了隆重的爱心捐赠活动。那里的维吾尔族孩子们通过镜头向民族小学表示感谢！当看到视频中的小伙伴们行队礼时，民族小学的孩子们也露出了灿烂的笑容，有的同学甚至欢呼起来。他们共同为这件事，开心了好久好久。

其实，对孩子们来说，"小伙伴就是小伙伴，大家都一样"。在他们心中，少数民族的同学和自己一点隔阂也没有。但是，这并不意味着他们对其他民族的文化和习俗就不关心、不关注。相反，为了更好地与少数民族的同学相处，孩子们主动去学习相关知识，老师们则有意地进行着引导。

在民族小学教师刘晓峥的引领下，大家一起谈论、共同探讨小学里的民族教育故事。对教育工作者来说，这是一件美妙的事情。

而无论多么美妙的事情，对教育实践来说，要落到实处，总少不了规范性的载体。为了更好地开展民族文化教育，民族小学所有教师积极参与编写了《多元文化校本教材》。该书共六册，内容包括对56个民族的整体认知，对有代表性的少数民族服饰、住所、饮食、工艺、节日、文学、舞蹈、体育活动等的介绍，以及对历史上著名的民族人物、民俗礼仪等的讲解，使孩子们从小就对民族多元文化具有认同感。更难得的是，教师们把这套教材融入各学科中，在各科教学中进行渗透。例如，对于苗族银饰的欣赏，教师们选择在美术课上开展。他们带着学生以纸为材料，制作成苗族首饰的造型，并涂上银色颜料，完工一看，漂亮极了。于是，大家便把这些作品拿来展览，向更多的同学和朋友展示美丽的民族服饰。

在此基础上，学校将每周五定为民族服装日，倡导孩子们不仅要穿民族服装，还要学习其背后的礼仪和文化。于是，每到这一天，师生们便纷纷换装打扮，相互交流，互相了解各自的穿戴所展示的民族特点，整个校园都洋溢着满满的民族范儿，充盈着浓浓的中国味儿！

除了民族服装日，每年举办一次的民族运动会、民族艺术节也已成为学校的常规活动，并且处于不断创新中。比如，在2017年9月30日的民族体育节上，各班的入场展示就各具特色，竹竿舞展示、藏族歌舞、哈萨克文化展示、土家族文化展示等节目都非常吸引人。

与校内活动的丰富多彩相比，民族小学的校际交流和校外活动同样异彩纷呈。作为"全国民族团结进步创建示范单位"，这所学校不仅吸引了大量民族学者，而且吸引了全国各地的少数民族的孩子们。就在民族体育节举行的金秋时节，来自内蒙古呼和浩特市民族实验学校的同学们踏进校门，不仅举行了蒙古文书法、皮画等礼物的赠送活动，而且为民族小学的小伙伴们带来蒙古文化的盛宴——母语之歌。在表演中，小演员们使用的语言全部是蒙古语。小观众们虽然听不懂，但都看得津津有味，还彼此互动，又跳又笑，眉毛一扬，眼睛一眨，就是一段友谊的开始。

在敞开大门办教育，为各地师生提供交流平台的同时，民族小学还向周边社区、教委各办公室以及海淀区各中小学发放民族团结宣传小报，在网站中开设民族团结教育专栏，在校报《和声》中定期进行民族知识的介绍，力图使每一位学生、教师、家长和社区居民都能从会心一笑的阅读体验中了解民族文化,增进民族团结。

让很多学者意外的是,在这些多姿多彩的活动背后,是民族小学未曾懈怠的理论学习和积累。教师们积极参与北京市民族教育学会"十三五"教育科研规划课题的申报,以课题为引领,更加深入地开展民族团结教育。在研究方面,他们比我的预设走得更深,也走得更远。

在今天,民族小学要求孩子们"学习中华传统文化,蕴底气;知晓少数民族文化,铸和气;了解世界多元文化,成大气"。在未来,孩子们的笑声会更加自信,更加爽朗,更加豪气地回响于校园上空。听着孩子们的笑声,听着孩子们的歌声,听着孩子们的读书声,旁观者会发现:哇!他们中藏着好多民族学者呢。

大家一起畅聊 (杨阳摄)

斋月纪事

张治乾（宁夏吴忠市红寺堡区第三中学）

2017 年 5 月 26 日 星期五 伊斯兰历 1438 年 8 月 29 日 农历五月初一

今天是主麻日，母亲打来电话说："明天要封斋了，要好好封斋，这么贵重的月份，要坚持礼拜，你也五十多岁的人了，我给你提个醒！"

母亲明年就八十岁了，但她坚持说加上闰年闰月早过八十了。是的，如果按照伊斯兰历法计算，母亲的确八十多岁了。

说起母亲，不得不说说外婆。我没有见过外婆，据母亲说外婆三十七岁就"无常"（去世）了。小时候，我总爱刨根问底，问外婆的妈妈是谁，母亲总是含糊其词，敷衍了事。后来我长大了，母亲才告诉我，外婆是清朝末期从陕西逃难流落到甘肃固原的，就是现在的宁夏固原市。外婆是汉族，还带着一个遗孤，流落到我的家乡石家沟口与我的外公相遇，外公便动了恻隐之心，送给她们娘儿俩吃的穿的。因为外公的妻子刚刚去世，还有些衣服没人穿，外公便一股脑儿送给了她。

外婆嫁给外公后，生了两女一男，我的母亲就是她的长女。外婆一边悉心照料自己的孩子，料理外公的衣食起居，一边学习伊斯兰知识，学习礼拜和斋戒。母亲说，外婆对伊斯俩目教门是虔诚的,自从嫁给外公后,她一日五番"乃麻子"不断,斋戒一日不耽。她的言行给我的母亲留下了深刻的印象,影响了母亲的一生。

母亲一生劳作,直到我们兄弟姐妹陆续成家立业后,才从繁重的农业生产劳动中解脱出来,却又干上了"保姆"的行当,在我们姊妹六个中间来回跑,照看孙子、做饭、洗衣服,样样都干。她一边操持家务,一边还要礼拜,一日五次,次次不落,还学习念《古兰经》。在她七十六岁高龄时竟然背会了长达三十节的《古兰经》国权章。

母亲已经八十岁,身体还很硬朗,虽然眼睛有些花,但头脑清醒,动作灵敏,吃喝拉撒不用别人服侍,念经、礼拜、斋戒从不耽搁。

母亲的教导我必须顺从,因为顺从安拉是主道,顺从父母是孝道。

2017 年 6 月 2 日 星期五 伊斯兰历 1438 年 9 月 6 日 农历五月初八

今天又是主麻日,也是进入斋月以来的第一个主麻日,马訇照例在礼拜前讲"瓦尔兹"。他说:"政府开了会,要求广大穆斯林团结,要自觉维护社会稳定和宗教稳定,保持现状,反对邪教,促进伊斯兰教中国化。穆斯林不要穿奇怪的服装,也不要造谣、传谣。"

阿訇强调指出:"要珍惜国家民族宗教政策带来的宗教自由、宗教和顺的局面,自觉遵守国家法律法规,不干有损于国家和社会稳定的事情。"

阿訇最后将话题转到封斋和礼拜上，他说："斋戒的意义一是敬畏真主。敬畏不仅是个崇高的信仰境界，也是一个高尚的道德境界。非礼勿言，非礼勿闻，非礼勿视，非礼勿思，非礼勿为。二是体验饥渴。如今生活好了，人们追求物质生活的同时往往会出现人性颓废、物欲横流、道德沦丧等一系列社会现象。那么斋戒就是让你亲自品尝饥饿的滋味，体验穷人整天在饥饿中挣扎的痛苦，以此来唤醒对食物的珍惜。三是鼓励施舍。斋月里要慷慨解囊、大舍大散，向穷人伸出援助之手。说到底，斋月也是穆斯林的慈善月、爱心月。四是修身养性。通过斋戒减少私欲，控制欲望的膨胀，达到清心寡欲、修身养性的目的。五是培养自律。斋戒就是控制食色欲，锻炼人们克制自己不去吃喝非法的东西，不干越轨的事情。"

听了阿訇的"瓦尔兹"，我想起了父亲曾经说过的一句话：违法犯罪的事不做，违背教门的话不说，有损道德的事不干，坏良心的事情不做，无根据的传言不听，有损健康的食物不吃，非法的钱财物不拿，不切实际的事不想。要吃亏，吃亏是福，前辈子人吃的亏，就是后辈人的福。这是父亲一直教导我们的话，竟然与阿訇的讲义如出一辙。

我的父亲生于 1934 年，在军阀混战、日寇侵略的背景下度过了他的童年和少年，虽然抗日战争的硝烟没有蔓延到深处内陆的西北乡村，但我的父辈们却是过着水深火热的日子。好不容易熬到抗战胜利和解放战争的胜利，本想着日子能过得好一点，却在年轻力壮的时候，遇上了三年困难时期，吃过树皮、草根，吃过荞柴，甚至吃过土。直到十一届三中全会后，家里的日子才一天天好起来，父亲的脸上开始有了笑容。面对满囤满囤的粮食，父亲蹲在旁边一看就是大半天。

父亲对后半辈子的生活是满意的，也是满足的。有时我们埋怨生活不好时，他总是说："好得很，天天清油白面，皇上吃的也不过如此，还怨啥呢？"

后来，我们兄弟长大成人，举家搬迁到红寺堡，他义无反顾地跟我们来到红寺堡，尽管已经七十岁高龄，尽管我们无须再去以种植庄稼为生，但父亲对农时节令掌握得一清二楚，时不时还会跑到地里看看别人家的庄稼。

2017 年 6 月 21 日 星期三 伊斯兰历 1438 年 9 月 26 日 农历五月廿七

今日是盖德尔夜。盖德尔有前定、高贵的意思。

由于是盖德尔夜，广大穆斯林都去清真寺度过这尊贵的一晚。小孩们提着各种美食陆续来到清真寺，在大人们的指导下给穆斯林群众散开斋食品，有红枣、西瓜、油桃、香瓜、奶糖、酸奶、核桃、油香、馃馃、千层饼等。你方散罢我来散，每个享受乜贴的人手提塑料袋接受众人的施舍，不停地回敬色俩目。小孩们散完自己的乜贴，又加入接受施舍的队伍，人人都在谈论着真主的伟大，赞颂着党的英明，谈论着国家政策的好处，谈论着好日子，脸上洋溢着灿烂的笑容。

真主在盖德尔夜下降了《古兰经》，也会在这一夜为一切顺从真主的人赐福。所以，阿訇、满拉们高声赞颂，多斯达尼们双手向上祈求国泰民安、风调雨顺、平安幸福、子女成才、家庭兴旺。

我的心愿和所有的穆斯林兄弟姐妹一样，我天天祈求真主给我和我的亲人们聪慧、健康、平安、上进。如我所愿，真主给了我丰厚的"瑞兹给"，给了我聪慧的大脑，给了我成才上进的儿女，我还有什么不满足的呢？我真诚地感谢真主并祈求真主给予我和我的穆斯林兄弟两世的吉庆。

盖德尔夜除了有尊贵、高尚的意思外，还有狭窄和定夺的意思。因为天使们在这一夜降临大地，穆斯林们在这一夜彻夜赞主，大地都感觉到狭窄、拥挤。又因为这一夜所有的事情将被定夺，每一个人一年的命运要在这一夜定夺，国家的变化、社会的发展都将在这一夜定夺，所以把盖德尔夜称作"定夺之夜"。

度过尊贵的、忏悔的、饶恕的、安宁的、吉祥的盖德尔夜，离开斋也就不远了。

2017年6月26日 星期一 伊斯兰历1438年10月1日 农历六月初三

今天是开斋节，一大早清真寺的高音喇叭里就传来阵阵诵经的声音，封了一个月斋的回族穆斯林从四面八方陆陆续续向清真寺聚集。进入清真寺要做的第一件事就是缴纳"费图尔"和"学粮"。

费图尔就是天课，只有缴纳了费图尔，这一个月的斋戒才算落到了实处，所以要在礼"尔德"拜之前缴纳。费图尔的主要用途是资助学者和贫困者，而现在的费图尔一般都被开学阿訇"应受"。"学粮"是清真寺按照人头收取的清真寺花费，主要用于清真寺修缮、水费、取暖费、绿化费、人工工资等。两项费用人均五十元，在哈宛提的承受范围之内，所以大家争先恐后，踊跃缴纳。

一是通过封斋锻炼了忍受饥渴的能力和坚守的意志，培养了珍惜粮食的习惯和感恩的情怀。最明显的就是每个人的体重都有所下降，在这个人人都在减肥的时代，封斋应该说是减肥的最有效方法。

二是通过礼拜完成了天命功课，清洁了身体，断了私心杂念，锻炼了身体。有人统计过，一天五番乃麻子就要洗浴五次，这对人的健康是至关重要的。每天礼32拜正常拜外，还要礼20拜"特拉威罕"，共52拜，从站立到叩头的一系列动作，全身都得到活动。要做的动作是：鞠躬52次，叩头104次，头右转18次，左转18次。如此大的活动量，对身体是十分有益的。

三是通过缴纳天课，内心得到进一步净化，让人感到愉悦。

由此可见，伊斯兰教规定了人的生活，让人活得有规律，有目的，有意义；让人心存敬畏，不忘感恩；让人在自觉的宗教活动中不自觉地养成善良悲悯的情怀和清正廉洁的品质。

寺庙风韵

赵巍悦（西北民族大学）

一千座寺庙，有一千种风韵。在西北读书的六年，我时常接触寺庙文化，并深深地沉醉其中。2017年7月末，结束山南地区的实地调查之后，我和我的团队成员返回拉萨休整。放下行李后，我踏上了新一轮寻访寺庙的旅程。

拉萨有三大寺庙——甘丹寺、色拉寺、哲蚌寺，寺庙是拉萨文化乐谱中的重要音符。在最后的一天半中，抛下疲惫，我还是希望能到寺院中去体会拉萨人的生活。

哲蚌寺和色拉寺给我的感觉不太一样。门票的差别对待总是让我对文化的虔诚转成了物质的折磨，埋怨着却也贪心地体味着，也许没有那略显刻薄的门票也不会让我们知晓踏进佛门的不易。哲蚌寺沿山而建，三个庙宇群分别站立着，内部的公路修建得有点像省道。哲蚌寺有巨大的展佛台，拾级而上，无尽的道路以及门框上原始神灵与鬼怪的画像，都是考验人心的明镜，摄向内心深处的脆弱。

色拉寺的外围埋藏着众多的惊喜，左右两侧的山泉印证着我就是那个有缘人，它给整座寺庙增添了神秘的气息。那是一种无须摸索的巧遇，那是一种信众千里赶来急切获取的甘泉，那山泉荡涤着多少世人的心灵。进门前仰视的半山庙宇也成了我视野里俯视的一角，信仰还是好奇，激发了我们向上的动力，让这个平原里长大的城市姑娘一门心思地拉着粗大的绳索攀岩，从而收获了拉萨的"世外桃源"。"一箪食，一瓢饮"是喇嘛的"善"，也

耳背的老阿妈跟作者聊着天 （赵巍悦 供）

是信仰的"诗"。留在这里吧？帮他人舀舀水或是卖塑料瓶装水的玩笑都显得那么单纯。当我们蹲坐在辩经院边缘看着人群从拥挤到稀疏，也就看到了观望者和体会者的不同。还是听不懂藏语，还是止不住游人的轻佻，却能够跟喇嘛们一起笑、一起听、一同悟、一同精，大概也只有有缘人才能做到吧！

人需要一些想象，不然该如何解释那位为我们开门的错钦大殿小师傅的等待呢？人需要一些想象，不然该如何解读错钦大殿中那16幅巨幅画像的深意呢？

哲蚌寺和色拉寺也有很多相同之处。被喇嘛和信众喂养的那些流浪狗构成了寺庙与众不同的画面，还有那些不远万里赶来的信众，这些人和这些狗让整座寺庙生动了起来。别怕做错事，老喇嘛步履蹒跚也不忘给你一个微笑。别怕做好事，你的双手不自觉地就会托起陌生老者的臂弯，慢慢走，我不急……

记忆将我拉回到六年前……

塔尔寺是我人生中去的第一座藏传佛教寺庙，那是一座因宗喀巴大师而闻名于世的寺庙，坐落在青海西宁附近。游人成了寺庙的风景，我先后走访过两次，五年前和五年后的塔尔寺都是人头攒动，但小雨中的仪式还是能够给人以短暂的安宁。雨滴随着喇嘛们诵经声音的起止而忽停或滴落，围观的人头总是忍不住望向天空，仿佛能够找寻到一个究竟。最爱去的是甘肃甘南的拉卜楞寺，广阔而宁静，喇嘛红的衣衫渲染着蜿蜒排列的转经筒的金属光芒。我喜欢到那里去转经，转出不经意的美，还有天刚拂晓时老阿妈送到手里的糖果。

塔尔寺一瞥　　　　　　　　　　　　　　　　　　（赵巍悦 摄）

拉萨八廓街上的大昭寺，除了明晃晃的法轮金鼎，还有记忆中解放军战士执勤时的呵斥声。所以即使第二次去往八廓街时已经没有当年的那种紧张感，我却不愿再走进大昭寺，纵使那里的释迦牟尼金身和千年的壁画是解除贪婪的钥匙。青海化隆村落里不知名的小寺带着新刷的油漆味传递着不对称的恢宏大气，影影绰绰中闪现着背后的清真寺屋顶，不同的信仰守护着人们的心灵。我的心中总是惦念着那位守庙的聋哑人，总觉得他得到了避世的最好方法。

有一种避世的方法叫作大隐隐于市，北京的雍和宫便是这样一座寺庙。作为古时的皇家寺院，连名字也显得"贵气"一点，但当它阅历世间千般文化、万般色彩之后，依然坚守着佛教的那一份禅定。我也喜欢雍和宫，喜欢它从入门时的林荫大道和赠香处为我们递香的手；喜欢它悠久的历史凝结成不同文化的和谐共处；喜欢它在繁华的都市中独有的静谧；也喜欢它在岁月的洗礼后依然能够存在于这里。喜欢它，因为它是它。

都市中的禅意　　　　　　　　　　　　　（赵巍悦 摄）

绕寺　　　　　　　　　　　　　　　　（赵巍悦 摄）

山南昌珠寺的回旋萦绕是悬疑片一样的存在，游走在低矮的庙墙里和昏暗的灯光下，不经意间又回到了起点。长椅上慵懒的猫才是将整座寺庙拉回现实的法宝。那间禁止女性入内的房间到底是担心吓坏女信徒还是展现着传统的性别观？

千万座寺庙都承载着人生的种种遗憾，人生却因遗憾才美丽。来回西藏四次，我始终没能看到唐古拉山口。虽然再也没有进到布达拉宫，但我却在两座寺庙的山上俯视着、远眺着它的侧颜。通过寺庙探寻人类心灵的深度，这是"田野"带给我的财富。

占里：我所能想到的世外桃源

侯林英（中国艺术研究院研究生院）

这里的人儿，男耕女织，日出而作，日落而息，生活简单宁静，却把日子过成了一首诗。

群山环抱的美丽村寨

在贵州省黔东南苗族侗族自治州从江县高增乡的群山深处，有一座美丽的村寨，她的名字叫"占里"。这里山清水碧，远离城市的喧嚣，勤劳朴实的村民世代居于此，日出而作，日落而息，生活简单而宁静。

初闻占里，是在大学的课堂上，老师讲计划生育时提到的。这是一个非常神奇的村落，人口自然增长率几乎为零，村子里绝大多数人家都是一男一女两个孩子，占里也因此有了"计划生育第一村"的称号。那个时候，占里于我而言，是令人着迷的神秘，如同一颗小小的钻石能拆分太阳的光谱一样，无比神奇。

而当我踏上那片神奇的土地，感受到那里淳朴的气息时，想象中模糊的占里，就像是黑白画染上了颜色，一下子鲜活了起来。"占里"不再是一个简单的地名，所有的静物都有了生命，在欢欣地跃动。

因为没有直达的车，我们一行人是包车过去的。山路盘旋多变，距离又远，从从江县城到占里花了近三个小时。当心仪的景色出现的时候,所有的颠簸与劳累,又算什么呢?当村寨一点点地映入我们眼帘,之前的疲惫早已烟消云散。占里的美,值得我们花三个小时甚至更多的时间。

寨子很美,村外,苍山叠翠,竹林环抱;村内,流水淙淙,炊烟袅袅,一幢幢吊脚楼错落有致地矗立在山腰上,除了惊喜还是惊喜。吊脚楼是占里民居建筑的一大特色,多为三层构造,底层用来饲养牲畜,中间层供主人家居住,顶层因通风效果较好,常用来堆放粮食等杂物。看惯了都市的高楼大厦和钢筋混凝土,更向往这种木结构带给我们的质朴和心灵的放松。

错落有致的吊脚楼 (侯林英 摄)

来到村里,村民们都很热情,也许是因为很少见到这么多人,他们纷纷跑出家门,如同瞅着家里新来的客人,好奇,羞涩，欲言又止。当我们沉迷于她们身上的民族服饰时，她们也在上下打量着我们这些背着旅行包、拿着相机的"外来人"。我们试着和她们聊天，希望以此增进了解，拉近彼此的距离，在这个"世外桃源"中，少一分陌生感。这很有效果，一位老奶奶很快就跟我们谈论起来。"元末明初的时候，我们的祖先为躲避战乱，从江苏逃难，长途跋涉后，经广西梧州最终留在这个地方。占里的得名就来源于其祖先'吴占'和'吴里'。我们村有一百多户人家，基本都姓吴。"

村子不大，被一个水塘隔开，水塘两侧架有晒粮食的禾晾，高耸的禾晾架下有几个鸭舍，是用木棍围成的。那鸭子，一只一只，一群一群，追逐嬉戏，像北方的羊群，像天上的白云。晃晃悠悠，拥拥挤挤，卿卿我我，嘎嘎有声，随处可见可闻。村子安静了，连鸭子也多了几分惬意，好不悠哉。一位头裹白色头巾的老汉，在水塘边放着鸭子，一手拿着绳子，一手垂在地上，低着头，似乎在思考着什么。我怕破坏这份美好，便悄悄走开了。

水塘和在水塘边放鸭子的老汉　　　　　　　　　　（侯林英 摄）

途中口渴，便寻觅着哪里有商店。在村子的中间，有一个小卖部，店面很小，却是"麻雀虽小，五脏俱全"，东西也很便宜。老板热情地招呼着我们，还一个劲儿地问我们是从哪来的，喜欢这里吗。小卖部看起来很"旧"，就像记忆中小时候的商店，晚上打烊了，把两个大木板往门槛上一靠，熄灯，睡觉，很是温馨。

村里的小卖部　　　　　　　　　　　　　　　　（侯林英 摄）

再往里走，有一座桥，桥上老人家三五成群地坐着聊天，晒晒太阳，家长里短，让人好生羡慕。我不自觉地停了下来，拿出相机，记录下这美好的一刻。小朋友们在桥头跳皮筋，几个中年妇女在一旁绣花，有说有笑，一片其乐融融。我突然想到陶渊明《桃花源记》里的"黄发垂髫，并怡然自乐"。桃花源，不就在眼前吗？

占里就是这样一个地方，可以让时间慢下来，有东西值得你对她发呆，能让你重新感受在城市中已经迟钝的听觉、触觉、嗅觉和视觉。

把日子过成诗，与花草树木相亲，与明月清涧相邻，与家人亲友相守，看时光沿着二十四节气的驿站且歌且行。

儿女双全的美满人生

很多人应该跟我一样，知道占里，是因为这个村寨数年来近乎不变的人口。漫步在占里的小巷，随处可见刻着有关生育古歌的木板，"盗贼来自贫穷起，多生儿女穷祸根"，"崽多了无田种，娶不了媳妇；女多了无银两，嫁不出姑娘"，"家养崽多家贫穷，树结果多树翻根"……寥寥几笔，却写出了祖先们世世代代留下的经验，道出了现代社会的个中辛酸。字里行间都是人与人，人与自然和谐共处的美好氛围。

很好奇是怎样的环境，怎样的原因让占里人说出"人会生育繁殖，田地不会增加"的箴言？带着疑问，我们一点点地感受着占里所带来的神秘感。

刻着有关生育古歌的木板

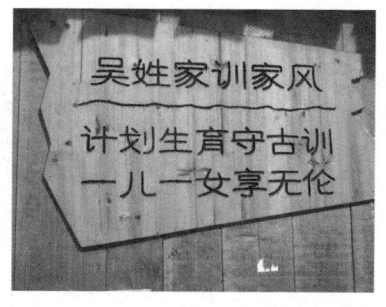

（侯林英 摄）

沿途听说村子的尽头有控制生男生女的"换花草",一路寻去,虽未见到,但也不无收获。我从当地一位老人口中得知,随着占里村人口的增多,为避免出现因对土地等资源的争夺而引发的矛盾,当地寨老便提出"一棵树上一窝雀,多一窝就挨饿",并立下"一对夫妇只能生两个孩子,多生者将严惩"的寨规。计划生育就这样代代沿袭下来,占里人的生育观念已经在几百年的流传中根深蒂固,形成了不成文的村规民约。老人还提到,现在每年农历二月初一和八月初一,寨子里都要举行控制生育的盟誓仪式。虽未亲眼见到,但光听老人说的话就可以感受到仪式的庄重和神秘。

说到人口,不得不提的就是占里的婚俗,当地一年中只有两天可以结婚,时间是统一规定的,其他时间都不允许结婚。占里以其独特的地理环境和生活背景孕育了特有的风土人情,当我们结婚向对方许下爱的诺言时,占里的男女青年在婚礼上则要许下婚后只生两个小孩的誓言,上演着别样的"浪漫"。一路行走,有些许倦意,我们几个人便坐在石墩上休息,抬头便看到两个看似七八岁大的小女孩趴在吊脚楼的栏杆上,两手托着下巴,冲我们娇羞地笑着,那笑容很甜,很温暖,如同初升的太阳,让我沉醉在这淳朴又美好的村寨里。

生活有时候很简单,箪食豆羹,家人相伴,种花种菜,种简单的喜欢,足矣。外界的繁华可能让人着迷,可生活的真谛却从未改变。占里人脸上那满足和祥和的微笑,如同筛子,纷杂的世事被那笑容过滤之后,一切都变得简单明了。占里是第一个让我想要留下来的地方,为她的美景所折服,为她的民风所感动。她太过美好,我不得不小心翼翼地呵护她,就像对待襁褓中的婴孩，生怕她受到一点伤害。我不知道该如何形容占里这个村子，我的灵魂，有一部分永远留在了那里。

趴在吊脚楼栏杆上的女孩 （侯林英 摄）

非遗田野普查故事两则

王永年（哈尔滨市阿城区非物质文化遗产保护中心）

女真人生存于白山黑水之间，长期过着渔猎、采集的生活，依天然的自然物为其衣食住之源，因之便产生了万物有灵的观念，崇拜信奉萨满教，对大山、大河的敬畏是心底使然。据《汉书·肃慎传》载，肃慎人上山采石制箭头，"必先祈神"。先人们这个传统延伸传承几千年，到清代，有《爱新觉罗家族全书》记载："满族人的挖参活动（当然在深山里）起源于罕王努尔哈赤，每年的农历三月十六日举行老把头生日祭祀，老把头即指努尔哈赤。"

按照先民们留下的传承习俗，祭山前要杀一口黑猪，这源于一个古老的传说：玉皇大帝规定黑猪是敬人世间的善人善事的。后来渐渐演变成祭祀活动的内容。

按此说法，这黑猪可称为神猪了，因此在敬神猪（不能称杀猪）的过程中，还要按规定的程序进行，如祭拜、领牲等。

我第一次正式参加祭山活动是在2008年农历三月十六日。那时我正在做非遗保护的乡村田野调查，大山里的这一民俗活动自然就进入了我的视野，我以一个观察员的身份参与进来。平时做采石作业的工人，这一天穿得出奇的精神，神情庄重，心态诚笃，采石场的法人陶相助（也称把头）更是身着民族盛装，一丝不苟地按照每个规定的程序进行。当主持人高喊跪拜山神，宣读祭文时，所有到场的工友和部像我这样的观察者纷纷跪拜在山神庙前。那凝重、庄严、虔诚的场面，使我自然而然地跪在地上，温顺地听从主持人的摆布。不巧的是，我跪的这个地方是一块凹凸石头，膝盖触石处恰好是石头最尖锐的石尖，顿觉石尖入骨肉，疼痛周身。本能地想换一下地方，但周围全是跪拜的工友，一个挤一个，没有一点活动的空间。假如这时也勉强站起来，是可以退出祭拜的队伍的。但这想法只在我的脑海一瞬就消失了。因为我的想法就是对山要诚，在这些敬山神的工友面前，更不能有丝毫的不敬。真是神奇极了，当我全神贯注、心情平静地进行祭拜的时候，疼痛感就消失了。事后才发现，石头的尖已浸入膝盖的软骨，灰白的裤子上已浸出一片鲜红的血迹。可当时我却浑然不觉。还是我的满族老哥伊少玉发现后感叹道："永年老弟对山神最诚心，都跪出血来啦！山神爷会保佑你的。"这也是我结缘山神节，敬畏这一民俗的祭祀活动的开端。

　　山神节还有一个习俗，就是祭山神的仪式禁止女性参加。最初我还心有疑问，山神节上有很多女性参加，就是祭拜这一环节，没有一个女性前往？但后来的一次山神节祭拜活动，却险些破了这个习俗。当时被邀的嘉宾中，有一位是区人大的领导，可能这位领导和我一样，不知道有禁女性上山祭拜的习俗，在大队祭拜队伍抬了黑猪头，各种供品上山时，她就自然加入队伍中，等到行至半山腰时，大家才发现这一情况。由于她是一位人大的领导，主持人也不好意思让她下山去，但主持人的反应还算灵活，他飞快地靠到我身边，说以山神爷的名义指派我一项重大的任务，将这位女同志劝下山去，还得让她心情愉快。本想不干，但主持人是代表山神爷与我谈话，不接也得接，死命令。接吧，怎么说呀？猛抬头，这位女同志就在我眼前，是我非常尊重的一位领导，口碑很好。于是上前主动问好，说要陪大姐到别处看一看美丽的山景。大姐是聪明人，没说什么就跟我下山坡，离开了祭拜的现场。初步任务完成，但还有一条，要她心情愉快，怎么说呢？眉头一皱，计上心来。于是一个完全由我个人创造想象的故事顿时生成："大姐，你知道为什么在山神节祭山场面禁女性参加吗？"她摇头。于是我继续对她说："禁女性，是对女性最大的爱护，你想啊，进山采石、放木都是最苦、最危险的作业，这些活计山神爷是不想让女性来干的，所以古老的传说中就有山神爷定下来的规矩；山神爷对祭山的人员有一个要求，凡是参加祭拜的人员，山神爷都要在进山作业时看到。如果女性去了，山神爷也要看到女性进山，那危险、苦累的活计不就落在女性身上啦。所以，女性不参加祭拜场面，山神爷看不到女性，进山作业的危险就没有了，也就是把女性保护起来嘛。这也可能是中国历史，特别是少数民族对母系氏族社会遗传的一种解释。女真族、满族都有对女性崇拜的传统，这一传统自然也会浸透到山神节这一古老的习俗中。"大姐听得认真，脸上渐渐泛起喜悦的微笑。我暗自庆幸，总算完成了任务。过后我与满族民俗学者那国学等说起这件事，并把我想象中的祭拜禁女性的故事叙述给他们听。他们很赞同我这个说法，并且说就是这么回事。问我是不是以前就知道，我说完全是我即兴发挥的。但这件事却反映出一个文化规律：一个人一旦进入一种文化自觉的状态，那么他的言行举止就会很自然地与文化核心状态相互联系在一起。我深信，而且坚定不移。

请继续往下读下面的故事吧！

一个大雪纷飞的傍晚，我来到了红星镇一个叫西大沟的山坳里，这里是真正意义的山里，山道崎岖蜿蜒，山村人口不多，朴素的民宅错落有致，还没有进村，就能听到大鹅的叫声和犬吠声。奇怪的是，当我们走进一家农户的大门，户主人出来迎接时，这些鹅、狗、鸭什么的，却出奇的安静，仿佛完成了代替主人先行迎接客人的仪式。这是一家普通的农户，四世同堂，户主姓赵，典型的满族人家，这从家中的摆设和房屋内的格局就能看出来。我这次到这个西大沟调查是带着一个田野普查团队的，重点调查萨满文化的遗存现状。因得之这家姓赵的农户四世同堂，而且祖奶奶吴亚琴已 86 岁高龄，是传说中的萨满二神，在当地很有名气，所以见面之后很自然地围绕萨满这一主题聊了起来。吴奶奶很健谈，思维非常清晰，过去的事情她记得清清楚楚。这样，我们就从那些神秘的传奇故事谈起。外屋传来热闹的切菜声，热腾腾的蒸气也挤进屋里来。这是户主人在为我们准备晚饭。这就是山里人的实在，他们留人吃饭，向来都是行动在先，那种真诚和热情是我这几年来真真切切感受到的。这不，为了招待好我们这个团队，又有一只鸡和一只鸭子献出了生命。精彩的故事集中在吴奶奶身上。老人家因家贫 14 岁就进赵家当了儿媳，17 岁正式完婚，不识字，但灵性异常，老人讲过的故事，听过不忘，当地的跳大神（农民不称萨满）神曲、神词她听了就不忘，而且还能模仿，嗓子极好。在她讲故事的时候，屋子里已经挤满了人，一问才知道，除少数几个外人，主要是吴奶奶的后人，孙子辈占多数。这些后生对我讲，奶奶的这些故事他们平常是听不到的，只有像过年这样重大的节日，奶奶在年夜饭的环境下才讲的。我问，你们愿意听奶奶这些神话和传奇故事吗？回答几乎是同声的：愿意。我想，既然大家都愿意听，那就共同听奶奶的故事。我认真梳理着，吴奶奶讲的这些民间广泛流传的故事，如《狐仙救人》《乌鸦救驾》等，都是教人做善事好事，做坏事是要遭报应的，讲究善有善报，恶有恶报。这些故事无疑会对周围的后生们起到一个最原生态的道德启蒙教育。

在吴奶奶家查看家谱　　　　　　　　　　　　　　　　（王永年 供）

吃饭的时候到了，炕上炕下共有三桌人，户主人介绍了四世同堂的各辈人的情况，家族里没有太显赫的人物，但从事的职业都很值得称赞，不是村里的村长、支部书记，就是在某行政部门任职。记得还有一个孙子在某派出所任所长，见面时（特意赶回老家与我见面）发现他干练、聪慧，而且很健谈，对奶奶更是敬畏有嘉。在这样一个家的氛围萦绕的情况下，我认真审视这个家庭，发现他们不论是分开的，还是和奶奶同住的，不论是嫁出去的女儿、侄女，还是娶进来的儿媳、孙媳，以及曾孙媳，大家相处得都非常和谐，这种发自内心的和谐，我从他们四代人那洋溢着喜悦的眼神中捕捉到了。吴奶奶还能饮一点酒,酒至半酣,奶奶的儿媳凑到我耳边小声说:"奶奶的萨满小曲唱得特棒,你让她给你唱几首听听。""既然儿媳'出卖'了奶奶,那就请奶奶唱几首给大家听好不好啊!"我向满屋子的人提议。在一片"欢迎奶奶来一个"的掌声中,奶奶略显红润的笑脸有一些紧张,问我:"这不是迷信吗?"我回答:"不是,奶奶,这是文化,传统文化,我就是听着这样的歌渐渐成人的,知道了人世间的善与恶。"听完我的回答,奶奶像是一名登台的演员,清一清嗓门:"那天上的七星,是星神那丹那拉呼的使者,我是踏着七星的光芒,来到神堂的屋檐下……"吴奶奶的声音圆润,吐字清晰,虽然没有腰鼓和腰铃,但神韵已到家了。

记得那天晚上吴奶奶一口气唱了四首小调,而且奶奶不是一个人唱,地下的一群后生们都是伴唱,都很投入,即使是词对不上,但哼出来的曲子是一致的。这可能就是我们常说的原生态吧。一个老奶奶,她敬畏传统文化,她自己不识字,却传承着那古老的故事传说。一个家正因为有奶奶健在,四代人才更加和睦相处,其乐融融。

歌声成了一个家族的默契、村里的共识和世代的叮咛。但是这种叮咛从来不是疾言厉色的,而是以传统的小曲小调和神秘传奇的神话故事来完成的。这样,山里乡村的古老歌曲和故事就成了一门传播的大课堂。老年传给中年,中年再传给青年,青年传给小孩子,歌(包括诗)是一种载体,传递着人们的基本情感,传递着民族的坎坷沧桑。像吴奶奶这样的家族看上去极土、极俗,其实是极高、极富哲学的。

守护者

哈森其木格（内蒙古民族大学）

人生有很多奇遇，做田野人的奇遇更为丰满。

2015年春天，我在内蒙古通辽市库伦旗做田野调查的时候，听说寿因寺近百岁的堪布喇嘛还健在的消息，就迫不及待去拜访了老人。

老人的家在内蒙古通辽市库伦旗格尔林苏木，内蒙古东部典型的半农半牧型小村子。我们去的时候老人正坐在炕上聚精会神地诵经，丝毫没有被我们打扰。接待我们的是这家的主人退休老师森格嘎日迪。原来这家的主人和喇嘛爷爷没有血缘关系，仅仅是朋友关系。

老人在诵经　　　　　　　　　　　（哈森其木格 摄）

森格老师说:"1992年,我正盖这房子的时候,库伦天女神庙的管家,叫海宝,我家那位的侄女的干爹,赶着骡子车来我家了。黛青堪布喇嘛老人他俩是朋友。海宝说老人在格尔林没有亲戚朋友,修建寿因寺的时候没有个歇脚的地方,今天我把他带你家来,你们两口子多照应着点,然后老人就这么经常来我家了。1996年正月的时候老人的弟弟去世了,从那时起堪布喇嘛老人就来我家常住了。说他弟弟临终前有遗言千万不要离开森格。后来,老人的侄子们也来接他,但他就是不离开我,到现在了"。

喇嘛爷爷听说我们的来意后,便给我们讲起了他传奇的故事。他是1917年生人,名字叫福宁嘎,法号叫嘎拉桑巴拉丹扎木苏,字叫黛青堪布,戒名尼吉德道尔吉,是库伦旗茫汗苏木毛敦塔拉嘎查塔利亚图村人。他7岁那年,被迈德尔和阿扎葛根两位活佛从几百个孩子里挑选出来,并认定为堪布喇嘛。当时他是独生子,父母不愿意让他去当喇嘛,活佛就说,再给他们投胎一个儿子,所以他弟弟比他小好几岁。在他9岁那年,他被请到了寿因寺。他是活佛特别宠爱的堪布喇嘛,每天除了诵经就在寺院里玩耍,有一位打扫经文房的老喇嘛特别喜欢他,就教他一种叫ulahin undsen的咒语,他天生聪明伶俐,不久就练成了隐身术。后来,有一个小和尚去跟活佛告了他的状,说他会隐身。活佛知道这事后特别生气,打了他一顿,又诵经把他那个隐身术给破解了。从那以后,活佛更加严厉地管教他,让他闭关修炼,练就了一身的本领,走遍了蒙古贞旗。20世纪40年代的时候,突然有了要杀迈德尔活佛的谣传,活佛正特别害怕的时候,日本兵过来把活佛接到了蒙古贞的岗嘎村,谎称是在保护活佛,其实是准备将其带回日本。没过多久,来了哈丰嘎等 7 个人,知道活佛在岗嘎村的消息后,以请其诵经的名义把活佛接了出来,随从有堪布喇嘛和他的一个小徒弟。他们坐骡子车路过库伦镇到了乌兰浩特,活佛就留在了葛根庙。堪布喇嘛因为年轻,参加了内蒙古第一军大,做了 5 年的军务,做杂货郎走遍各个村庄打探消息。中华人民共和国成立后到五岔沟工作了几年,后来做勤务工作,主要给乌兰夫、哈丰嘎等同志运牛奶。迈德尔活佛去世后,按他自己的意愿,回到了蒙古贞色浑苏鲁格(院场),和森格仁钦喇嘛一起在生产队打更。"文革"结束后回到自己的老家,在生产队放猪放牛犊。1985 年,库伦旗三大寺修缮,他作为喇嘛代表被请去当了旗政协委员。从那以后,他就为复建迈德尔葛根庙努力了好多年,先后几次找乌兰活佛,终于在 1995 年 10 月 21 日开业了。

老人在讲他传奇的身世　　　　　　　　　　　　　　(哈森其木格 摄)

迈德尔葛根庙又称寿因寺，在库伦旗库伦镇西南格尔林苏木，最初所建庙宇的时间不清楚。后来因为年久失修，戊午年（1918年）从原址后移重新修建，到壬戌年（1922年）竣工。有的资料上也说，这个庙始建于1920年，1929年竣工。寿因寺的历代转世活佛是迈德尔呼图克图，所以也叫迈德尔葛根庙，听老人讲迈德尔是佛心、佛性的意思。寿因寺是唐古特喀尔喀旗的唯一一座喇嘛庙，位于库伦镇西南44公里处，扣河子镇格尔林村，地处厚很河（柳河支流）北岸，南与辽宁省阜新县相邻。

寿因寺内殿　　　　　　　　　　　　　（哈森其木格 摄）

寿因寺外景 (哈森其木格 摄)

当我们问喇嘛爷爷来你们家后有没有给你们添麻烦时，森格老师说："我们倒是没觉得麻烦，快100岁的人了，挺可怜的，我们还是善始善终吧。也有人说出家人和俗人在一起生活咋行啊，送养老院吧。可是，一提送养老院老人就哭，怎么也不去。就这么在我家已经待了18年了。能来到我家，是一种缘分，我们两口子都商量好了，要为老人养老送终。"

从森格老师家出来时，正值夕阳西下，夕阳的余晖照耀着这个既普通又不平凡的一家人。多么执着的信徒，多么善良的人们啊！一位为了自己的信仰而奔波几十年的老人，一位像草原一样胸怀宽广的善良的牧人，他们正用执着的信念和博大的胸怀谱写着平凡又伟大的人生。

后　记

周末，又是周末，时间总是在每日的欢喜与哀叹中过得飞快，我坐在电脑前敲击键盘开始写本书的后记也就意味着本书将要出版了，开心。

田野调查一直是民族学的根本，民族学专业从20世纪20年代末到30年代初传入中国以来，这一方法便受到民族学者的关注。学者们为了扩大视野，对于民族学的面向，不仅重视社会大的政治背景，还要注意背后的民族事象，争取做到整体性的调查研究。田野调查方法的取向，让我们注意到了我们目光所及与深层民族社会结构之间的纠缠不休的关系，也注意到了民族地区的社会两极分化，民族文化的兴起与衰败，民族地区的各种生态、资源与矛盾等。虽然说民族学最早在欧美盛行，且理论与研究议题不断推陈出新，但最初传到中国时似乎还是有点狭隘。好在中国民族学田野调查和实地研究一直往好的方向发展，很多学者开始探索和关注一些民族难题，并从事艰苦卓绝的田野调查。

本书共收录了59位作者的文章，分为三个部分，即田野漫步、田野感悟和田野记事，感谢这些作者的热情投稿。2019年本书的出版面世，相信会让更多人认识我们民族学者所做的工作。中国书市如火如荼，希望有我们温暖的一角。

我与此书的经历似乎也是跌宕起伏，从征文到收稿到选稿到校对编辑再到收集授权书，每一步对我来说都像经历了一个小小的过渡仪式一般。

让读者能够深刻感悟并体悟到我们书中的内容是我们此书的目的，感谢能让本书快点面世的诸位，他们是给予行动支持稿件的热心的作者，感谢工作认真却又对主编无奈的责任编辑，包容努力却又有些"矫情"的我，感谢给我们画插图的李易，更要感谢商务印书馆太原分馆的总编辑李智初。

世界之大无奇不有，本书中所发生的这么多亲身经历的小故事均是我们作者或用心记录，或用心整理，或冷静分析的亲身经历的时光所逝。每本书都有自己的读者，每本书或多或少都会给读者带来不同的感受及意义。不论您是什么样的背景，希望您在看到此书时能够对中国广袤大地上发生的这些小小事件有更多地对多元生活的认识，对人生百态的认识，对民族地区的人情世故的认识，对社会问题和生命态度的认识，我们的故事值得您读一读。大千世界里，作为人类的我们似乎都很渺小，但是我们对于我们所走过的路，做过的田野不曾遗忘，因为，往事并不如烟。大风已过，云开雾散。周末愉快。

宋小飞
2019 年 8 月 16 日